本书是国家社科基金项目"西北民族地区生态移民的经济（13CMZ043）的研究成果

经济管理学术文库·经济类

西北民族地区生态移民的
经济绩效评价研究

A Study on the Evaluation of Economic
Performance of Ecological Immigration of Ethnic
Minority Area in Northwest China

纳　慧／著

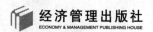

经济管理出版社
ECONOMY & MANAGEMENT PUBLISHING HOUSE

图书在版编目（CIP）数据

西北民族地区生态移民的经济绩效评价研究/纳慧著. —北京：经济管理出版社，2019.9
ISBN 978-7-5096-6893-1

Ⅰ.①西…　Ⅱ.①纳…　Ⅲ.①民族地区—移民—经济—评价—研究—西北地区　Ⅳ.①D632.4

中国版本图书馆 CIP 数据核字（2019）第 195794 号

组稿编辑：杨国强
责任编辑：杨国强　张瑞军
责任印制：高　娅
责任校对：王淑卿

出版发行：经济管理出版社
　　　　　（北京市海淀区北蜂窝 8 号中雅大厦 A 座 11 层　100038）
网　　址：www. E-mp. com. cn
电　　话：(010) 51915602
印　　刷：北京玺诚印务有限公司
经　　销：新华书店
开　　本：720mm×1000mm/16
印　　张：16.5
字　　数：253 千字
版　　次：2019 年 11 月第 1 版　2019 年 11 月第 1 次印刷
书　　号：ISBN 978-7-5096-6893-1
定　　价：78.00 元

前　言

　　社会的不断进步以及经济的飞速发展给人类生活带来便捷的同时，生态环境却遭到了巨大的破坏。当前，贫困问题就是生态问题，生态环境问题已成为困扰人类社会的重要议题，引起社会各界人士的广泛关注。随着西部大开发的不断深入，在生态移民工程不断推进的过程中，取得的成绩有目共睹，生态移民工程成为缓解贫困最重要的手段之一。但西北民族地区生态效益改善，移民迁出地的生态恢复及其定居点的经济效益，以及移民之后的群众脱贫致富的现状，移民后再贫困、再扶贫问题的出现等问题，都是不容忽视的，需要进行量化分析以及更深层次的研究。生态移民工程的经济绩效受多方面因素的影响，必须分析其发展过程中的社会绩效和生态绩效，因此，对生态移民的经济效果、社会效果等选取指标构建评价体系就成为本书的切入点。

　　党的十八大报告重申建设生态文明是关系人民福祉、关乎民族未来的长远大计。党的十九大报告中也将加快生态文明体制改革、建设美丽中国作为重要出发点，要推进绿色发展，着力解决突出环境问题，加大生态系统保护力度等。2017 年 12 月 18~20 日，中央经济会议确定，按照党的十九大的要求，今后三年要重点抓好决胜全面建成小康社会的防范化解重大风险、精准脱贫、污染防治三大攻坚战。西北民族地区的生态移民问题以及精准扶贫工作的推进，生态环境质量的总体改善，是向深度贫困地区聚焦发力，激发贫困人口内生动力的重要举措。由此，生态移民问题的研究，是现实的需求，也是时代的需求。当前很多学者都关注到了生态移民的成效问题，因此，本书对移民迁出地生态环境的考察以及定居点经济、社会结构的探讨，对于我国生态文明体制改革具有重要的理论意义。本书运用多种研究方法，对西北民族地区生态移民现状进行调查研究，检验生态移民的效果，对于生态移民工程的实施以及后续生态移民过程中的相关办法、补偿机制的制定，以及提高后续移民工作的效率，具有一定的理论意义。

生态移民作为国家的一项综合性、长期性的重大工程，对我国缩小贫富收入差距、提高搬迁居民的生活水平、人为干预生态环境的恢复和可持续发展具有重要的现实意义。人口迁移是打破生态环境恶化和贫困恶性循环的有效手段，能够有效促进扶贫工作的开展和生态环境的保护。过去30多年的历史已经可以证明，生态移民工程使得移民的生产方式发生了根本性的改变，生产、生活的基础设施有了很大程度的提升，迁出地和定居点的生态环境有所改善。随着生态移民工程的不断展开，移民的生产方式和生活方式都发生了巨大的改变，生活水平有了较大的提高。同时，人们对于生态环境的破坏也因为人为的干预而停止，这使得生态环境的恢复和可持续发展具备了现实条件。但我们也必须同时看到，移民村的村民们未能真正融入城镇的生活，生态移民过后的再贫困和再扶贫现象的出现，不仅浪费资源，对经济发展也有一定的影响。

因此，本书立足于发展西北民族地区经济、在促进贫困地区实现小康的基础上，通过实地调研和分析，运用经济学理论与方法，利用政府部门公布的统计数据和实地调查取得的资料，考察西北民族地区生态移民发展的历史、现状、特点，对西北民族地区生态移民的经济绩效进行检验，找出移民之后贫困、再贫困的原因，并提出合理的对策建议。希望对解决西部地区不适宜人类生存区域人口的生产生活条件、加快扶贫攻坚、改善生态环境、促进民族地区和谐稳定，起到一定的作用。对于生态移民的研究主要集中在两个方面：一是生态效益改善的问题，考察移民迁出地的生态恢复及其定居点的经济效益；二是研究移民之后群众脱贫致富的现状，以及移民后再贫困、再扶贫问题的出现，并对生态移民的效果选取指标评价。同时基于综合的分析，运用相关分析方法，并对获取的统计数据进行分析，检验当前生态移民的社会效果，对生态移民地区现行的产业结构与经济增长的相关性进行计量分析和实证研究，以准确把握西北民族地区生态移民的生计现状及存在的问题。

本书是国家社科基金项目"西北民族地区生态移民的经济绩效评价研究"（项目编号：13CMZ043）的研究成果。本书的出版，受到了国家社科基金项目（编号：13CMZ043）、北方民族大学应用经济学科研创新团队项目、北方民族大学应用经济学一级学科特色发展引导专项资金项目、国家民委经济管理综合重点开放实验室项目以及宁夏经济改革与发展研究中心的资助，在此一并表示衷心的感谢。

由于学识尚浅，水平有限，书中难免存在不足与疏漏之处，恳请广大读者批评指正。

目　录

1 绪论

1.1 问题的提出及研究意义

1.1.1 问题的提出

社会的不断进步以及经济的飞速发展给人类生活带来便捷的同时，生态环境却遭到了巨大的破坏，对人们的生活和社会经济的发展都产生了极大的负面影响，因此，贫困问题就是生态问题。在我国，由于早期人们单方面地追求经济效益而忽视了环境对经济发展的重要作用，经济发展与环境日益恶化的矛盾日益凸显，在西北地区问题则更加突出。长期以来，由于各种自然因素和人为因素的影响，西北民族地区生态环境并不乐观。林草植被破坏严重，水土流失等问题严重影响着当地居民的生产和生活；草场退化，草原生态失衡等问题降低了畜牧业的质量，从而严重影响畜牧业的发展；水资源匮乏抑制了工农业的发展，引发了贫困问题及区域经济发展困难。生态环境的恶化，不仅制约当地经济的发展，还限制了招商引资的深入开展，造成少数民族地区返贫率不断上升，区域经济可持续发展受到了极大的负面影响。

当前，生态环境问题已经成为困扰人类社会的重要议题，引起各界人士的广泛关注。综合来说，我国当前生态环境状况并不乐观，随着经济和生活水平的日益提升，大气污染、水污染、土壤污染等方面的情况日益严重。在大气污染方面，2013 年以来雾霾成为影响空气质量的重要因素，2014 年全国共出现 13 次大范围、持续性雾霾天气，涉及 11 个省（区、市），覆盖面积大且持续时间长。在污染方面，目前水污染已发展为遍布全国大部分地区的流域性污染问题。2014 年全国地下水资源水质较差或者极差的比重达到了61.5%。土壤方面的污染也越来越严重，全国土壤污染物超标率达到 16.1%，水土流失面积占国土总面积的近 1/3，土地沙化面积占国土总面积的近 1/5。据《中国低碳发展报告（2017）》分析，目前我国整个生态环境恶化日趋严重，环境污染正从城市向农村转移，从人口稠密、经济发达地区向人口稀疏、经济欠发达地区转移，从常规性污染向非常规性污染、有毒有害污染转化；从局地向区域扩散，从江河城市段向流域蔓延，从浅层次向深层次的环境问题演变，呈现压缩型、叠加型、复合型等特点。生态破坏和环境污染已经成为整个社会最重要、最迫切需要解决的问题之一[①]。

生态移民主要是为了保护或者修复某个地区特殊的生态而进行的人口迁移，或者是因为自然环境恶劣、当地不具备就地扶贫的条件而将当地群众整体迁出的移民行为。表 1.1、表 1.2 为 2016 年国家统计局、国家发展改革委、环境保护部和中央组织部联合公布的生态文明建设年度评价结果及各省份评价结果的排名，公布了 2016 年我国各省份绿色发展指数和公众满意程度。

表 1.1　2016 年生态文明建设年度评价结果

地区	绿色发展指数	项目						公众满意程度（%）
		资源利用指数	环境治理指数	环境质量指数	生态保护指数	增长质量指数	绿色生活指数	
北京	83.71	82.92	98.36	78.75	70.86	93.91	83.15	67.82
天津	76.54	84.40	83.10	67.13	64.81	81.96	75.02	70.58
河北	78.69	83.34	87.49	77.31	72.48	70.45	70.28	62.50
山西	76.78	78.87	80.55	77.51	70.66	71.18	78.34	73.16
内蒙古	77.90	79.99	78.79	84.60	72.35	70.87	72.52	77.53
辽宁	76.58	76.69	81.11	85.01	71.46	68.37	67.79	70.96

---

① 清华大学能源环境经济研究所与清华—布鲁金斯公共政策研究中心. 中国低碳发展报告（2017）[R]. 2017–06–29.

地区	绿色发展指数	项目						公众满意程度（%）
		资源利用指数	环境治理指数	环境质量指数	生态保护指数	增长质量指数	绿色生活指数	
吉林	79.60	86.13	76.10	85.05	73.44	71.20	73.05	79.03
黑龙江	78.20	81.30	74.43	86.51	73.21	72.04	72.79	74.25
上海	81.83	84.98	86.87	81.28	66.22	93.20	80.52	76.51
江苏	80.41	86.89	81.64	84.04	62.84	82.10	79.71	80.31
浙江	82.61	85.87	84.84	87.23	72.19	82.33	77.48	83.78
安徽	79.02	83.19	81.13	84.25	70.46	76.03	69.29	78.09
福建	83.58	90.32	80.12	92.84	74.78	74.55	73.65	87.14
江西	79.28	82.95	74.51	88.09	74.61	72.93	72.43	81.96
山东	79.11	82.66	84.36	82.35	68.23	75.68	74.47	81.14
河南	78.10	83.87	80.83	79.60	69.34	72.18	73.22	74.17
湖北	80.71	86.07	82.28	86.86	71.97	73.48	70.73	78.22
湖南	80.48	83.70	80.84	88.27	73.33	77.38	69.10	85.91
广东	79.57	84.72	77.38	86.38	67.23	79.38	75.19	75.44
广西	79.58	85.25	73.73	91.90	72.94	68.31	69.36	81.79
海南	80.85	84.07	76.94	94.95	72.45	72.24	71.71	87.16
重庆	81.67	84.49	79.95	89.31	77.68	78.49	70.05	86.25
四川	79.40	84.40	75.87	86.25	75.48	72.97	68.92	85.62
贵州	79.15	80.64	77.10	90.96	74.57	71.67	69.05	87.82
云南	80.28	85.32	74.43	91.64	75.79	70.45	68.74	81.81
西藏	75.36	75.43	62.91	94.39	75.22	70.08	63.16	88.14
陕西	77.94	82.84	78.69	82.41	69.95	74.41	69.50	79.18
甘肃	79.22	85.74	75.38	90.27	68.83	70.65	69.29	82.18
青海	76.90	82.32	67.90	91.42	70.65	68.23	65.18	85.92
宁夏	76.00	83.37	74.09	79.48	66.13	70.91	71.43	82.61
新疆	75.20	80.27	68.85	80.34	73.27	67.71	70.63	81.99

注：表中数据来自中央组织部在国家统计局官网上公布的 2016 年生态文明建设年度评价结果公报。

　　绿色发展指数由资源利用指数、环境治理指数、环境质量指数、生态保护指数、增长质量指数和绿色生活指数六个方面的 55 项评价指标计算生成，全面客观反映各地区的绿色发展成果。评价结果显示，北京、福建和浙江的绿色发展指数综合位列前三。北京的环境治理指数高达98.36，增长质量指数为93.91；福建的绿色发展指数为83.85，资源利用指数为90.32，环境质量指数为92.84。

表1.2　2016年生态文明建设年度评价结果排序

地区	绿色发展指数	项目						公众满意程度
		资源利用指数	环境治理指数	环境质量指数	生态保护指数	增长质量指数	绿色生活指数	
北京	1	21	1	28	19	1	1	30
福建	2	1	14	3	5	11	9	4
浙江	3	5	4	12	16	3	5	9
上海	4	9	3	24	28	2	2	23
重庆	5	11	15	9	1	7	20	5
海南	6	14	20	1	14	16	15	3
湖北	7	4	7	13	17	13	17	20
湖南	8	16	11	10	9	8	25	7
江苏	9	2	8	21	31	4	3	17
云南	10	7	25	5	2	25	28	14
吉林	11	3	21	17	8	20	11	19
广西	12	8	28	4	12	29	22	15
广东	13	10	18	15	27	6	6	24
四川	14	12	22	16	3	14	27	8
江西	15	20	24	11	6	15	14	13
甘肃	16	6	23	8	25	24	23	11
贵州	17	26	19	7	7	19	26	2
山东	18	23	5	23	26	10	8	16
安徽	19	19	9	20	22	9	23	21
河北	20	18	2	30	13	25	19	31
黑龙江	21	25	25	14	11	18	12	25
河南	22	15	12	26	24	17	10	26
陕西	23	22	17	22	23	12	21	18
内蒙古	24	28	16	19	15	23	13	22

地区	绿色发展指数	项目						公众满意程度
		资源利用指数	环境治理指数	环境质量指数	生态保护指数	增长质量指数	绿色生活指数	
青海	25	24	30	6	21	30	30	6
山西	26	29	13	29	20	21	4	27
辽宁	27	30	10	18	18	28	29	28
天津	28	12	6	31	30	5	7	29
宁夏	29	17	27	27	29	22	16	10
西藏	30	31	31	2	4	27	31	1
新疆	31	27	29	25	10	31	18	12

注：本表中各省（区、市）按照绿色发展指数值从大到小排序。若存在并列情况，则下一个地区排序向后递延。数据来源于2016年生态文明建设年度评价结果公报。

从生态文明绿色发展指数综合排名的情况看，西北地区只有甘肃的绿色发展指数排名相对靠前，排在全国第16位，青海排名第25位，宁夏、西藏和新疆排在全国的最后三位。甘肃绿色发展指数为79.22，环境质量指数为90.27，公众满意程度为82.18；青海绿色发展指数为76.90，分项目中高于90分的只有环境质量指数。宁夏和新疆的绿色发展指数排在全国的最后，单项评分没有达到90分的。

这些数据都说明，西北民族地区的生态文明建设，无论是在质量方面还是在效率方面，都还存在着较大的差距。众所周知，生态文明对经济、社会的发展具有重要的意义，是经济发展的重要的自然基础。为了改善生态环境，促进西部地区的可持续发展，西部地区早期的"退耕还林、退草还牧"政策，逐渐演变成了后期的生态移民。

中国从2000年开始实施生态移民以来，仅西部地区就有约700万农民因不同的原因实现了移民。随着生态移民工程的推进，将生态恶劣地区的居民迁出，改善其生活方式的同时，生态恶劣地区的生态得到恢复。本书所研究的西北少数民族地区，包括甘肃、宁夏、青海，总面积约280万平方千米，地域宽阔，资源丰富。当前，西北地区分布着回、维吾尔、哈萨克、藏、东乡、撒拉等十几个少数民族，少数民族人口约占总人口的1/3，这里是典型的生态脆弱区[①]，基本上可以说是中国当前最贫困的地区。由于地处亚欧大陆腹地，大部分地区降水稀少，全年降水量多数在 500 毫米以下，属干旱半干旱地区，其中黄土高原年降水量在 300~500 毫米，柴达木盆地在 200 毫米以下，河西走廊少于 100 毫米，敦煌只有 29.5 毫米，吐鲁番不足 20 毫米，若羌 10.9 毫米，几乎终年无雨。由于降水稀少等原因，西北地区的地表水量约为 2200 亿立方米/年，占全国总径流量的 8% 左右。生态环境恶劣，人地矛盾突出，贫困恶性循环，生态移民是这些少数民族地区解决生态问题及贫困问题的重要路径之一。党的十八大报告中，重申了建设生态文明，是关系人民福祉、关乎民族未来的长远大计。党的十九大报告中提出，当前我国社会的主要矛盾已经转化为人民日益增长的美好生活需要和不平衡不充分的发展之间的矛盾。而加快生态文明体制改革，建设美丽中国是创造人民美好生活的重要出发点。

随着西部大开发的不断深入，在生态移民工程不断推进的过程中，取得的成绩有目共睹。例如，宁夏是全国生态移民实施较早、规模较大的省区，从 20 世纪 80 年代到 2015 年底，国家和宁夏回族自治区政府先后通过吊装移民、扶贫扬黄灌溉工程移民以及易地搬迁移民等方式，实施了 5 次大规模移民搬迁，累计搬迁移民 113.64 万人、开发土地 232.5 万亩，使生态移民的生产、生活条件得到了较大的改善，收入稳定增长。以 1998 年经国家批准的全国最大的生态移民扶贫开发区宁夏红寺堡为例，自开发建设以来，累计完成投资 22.5 亿元，已开发水浇地 40 万亩，搬迁安置宁南山区 8 县贫困群众近 20 万人，总面积 1999.12 平方米，其中回族人口占总人口的 61%。2008 年，完成地区生产总值 5.02 亿元，地方财政一般预算收入 2100 万元，城镇居民人均可支配收入 7024 元，农民人均纯收入 2660 元，是搬迁初期的 5 倍多。红寺堡开发区历经 10 年的开发建设，优势特色产业稳步发展，近 6 成土地告别了传统种植模式。生态环境得到了明显改善，植树造林累计达到 119 万亩，

---

① 按照 2008 年《全国生态脆弱区保护规划纲要》的界定，西北少数民族地区主要是北方农牧交错生态脆弱区和西北荒漠绿洲交接生态脆弱区。见环境保护部文件环发〔2008〕92 号《关于印发〈全国生态脆弱区保护规划纲要〉的通知》。

林木、植被覆盖率分别达到39%、75%；工业经济开始起步，长山头、红寺堡2个5万千瓦风力发电项目建成运行。2017年，红寺堡实现地区生产总值16亿元，年均增长11.4%，从2013年到2017年，城镇居民的生活逐渐富足起来，可支配收入从15438.6元增长到21197.5元，增加了5758.9元，年均增长6.5%；财产净收入、转移净收入、工资性收入、经营净收入年均增长分别为49.6%、8.4%、5.3%、1.5%。

任何形式的扶贫工作的开展，都需要进行绩效的相关评价，以衡量该项目实施的质量及意义。通过分析当前学者研究生态移民绩效的文献，可以看到，很多学者都关注到了生态移民的经济绩效、社会绩效及生态绩效，以便更加全面地了解生态移民工程实施的效果。对于生态移民工程经济效益的评价，可以通过考察人均GDP、可支配收入水平、物价及消费状况、区域产业结构状况，以及家庭财产情况等指标。对于社会绩效的评价，可以通过考察当地的基础设施状况、城镇化发展水平、社会保障程度等相关指标来评述。对于生态绩效的考察，关注迁出地和迁入地的环境、植被覆盖率、水土保持及气候变化等相关指标的情况。当前，对于西北民族地区，生态移民工程生态效益改善，移民迁出地的生态恢复及其定居点的经济效益，以及移民之后的群众脱贫致富的现状，移民后再贫困、再扶贫问题的出现，都是不容忽视的，需要进行量化分析以及更深层次的研究。因此，对生态移民的经济效果、社会效果等选取指标评价问题就成为本书研究的切入点。

本书旨在对西北民族地区生态移民工程取得的效果进行量化分析，通过运用政府部门公布的数据，以及实地调研所取得的一手资料，对比移民前后的生活水平，选取一些指标对西北民族地区生态移民的绩效进行检验。通过对生态移民现状的分析，找出生态移民工程目前存在的问题，并提出适宜西北民族地区生态移民工程推进的对策建议，为完善民族地区生态移民工程提供理论与实证的支持。本书以西北民族地区生态移民工程的经济绩效为主，但一个地区的经济发展与基础设施、人口结构等社会状况是分不开的，同时，生态恶化问题是影响和制约西北民族地区经济发展的重要因素，因此，本书在分析经济绩效的同时，分析西北民族地区生态移民迁入区的社会绩效和生态绩效，以便更为全面地把握生态移民工程的经济绩效。

1.1.2 研究意义

1.1.2.1 理论意义

党的十八大报告中重申了建设生态文明，是关系人民福祉、关乎民族未来的长远大计。党的十九大报告中也将加快生态文明体制改革，建设美丽中国作为重要出发点，要推进绿色发展，着力解决突出环境问题，加大生态系统保护力度等。2017 年 12 月 18~20 日，中央经济会议确定，按照党的十九大的要求，今后 3 年要重点抓好决胜全面建成小康社会的防范化解重大风险、精准脱贫、污染防治三大攻坚战。西北民族地区的生态移民问题以及精准扶贫工作的推进，生态环境质量的总体改善，是向深度贫困地区聚焦发力，激发贫困人口内生动力的重要举措。由此，生态移民问题的研究，是现实的需求，也是时代的需求。通过对移民迁出地生态环境的考察以及定居点经济、社会结构的探讨，对于我国生态文明体制改革具有重要的理论意义。当前很多学者都关注到了生态移民的成效问题，但对于西北民族地区生态移民的绩效缺乏系统的评述。本书通过多种研究方法的运用，对西北民族地区生态移民的现状进行调查研究，检验生态移民的效果，对于生态移民工程的实施以及后续生态移民过程中的相关办法、补偿机制的制定，以及提高后续移民工作的效率，具有重要的理论意义。

1.1.2.2 现实意义

生态移民作为国家的一项综合性、长期性的重大工程，对我国缩小贫富收入差距、提高搬迁居民的生活水平、人为干预生态环境的恢复和可持续发展具有重要的现实意义。人口迁移是有效打破生态环境恶化和贫困恶性循环的积极手段，能够有效地促进扶贫工作的开展和生态环境的保护。过去 30 多年的历史已经证明，生态移民工程使得移民的生产方式发生了根本性的改变，生产、生活方面的基础设施有了很大程度的提升，迁出地和定居点的生态环境都有所改善。随着生态移民工程的不断展开，移民们的生产方式和生活方式都发生了巨大的改变，生活水平有了较大的提高。同时，人们对于生态环境的破坏也因为人为的干预而停止，这使得生态环境的恢复和可持续发展具备了现实的基础条件。但我们也必须看到，移民村的村民们未真正融入城镇的生活，生态移民过后的再贫困和再扶贫现象的出现，不仅浪费资源，对经济发展也有一定的影响。因此，本书立足于发展西北民族地区经济、促进贫困地区实现小康的基础上，通过实地调研和计量分析，检验生态移民的效果，提出有针对性的对策建议，对于解决西北民族地区不适宜人类生存区域人口的生产生活条件、加快扶贫攻坚、改善生态环境、促进民族地区和谐稳定具有重要的现实意义。

1.2　生态移民概述

1.2.1　生态移民的含义

对于生态移民含义的研究，诸多学者在研究的过程中都给出了各自不同的定义。综合各学者的观点，生态移民也称环境移民，指原居住在自然保护区、生态环境严重破坏地区、生态脆弱区以及自然环境条件恶劣、基本不具备人类生存条件的地区的人口，搬离原来的居住地，在另外的地方定居并重建家园的人口迁移。

在人类社会发展的过程中，人口迁移一直是一个重要的影响因素。"生态移民"一词最早由美国学者提出，源自美国一起肆虐长达 10 年之久的沙尘暴而引起的生态移民潮。中国历史上曾有多次重大的人口迁移事件，最初的迁移多是由战乱所致，而随着社会经济的不断发展，当前的人口迁移主要是人们为了追求更好的物质生活。新中国成立后到改革开放前的这一段时间，我国人口迁移的主要原因有：安置失业人员和闲散劳动力而产生的人口迁移；支援新开发工业基地建设而产生的人口迁移；移民垦荒支援边疆建设农林牧业新基地而产生的人口迁移；高等学校搬迁、招生和分配而产生的人口迁移；兴修水利和水库库区移民而引起的人口迁移；压缩城市人口规模而引起的人口迁移；少量的自发迁移；其他。改革开放后，我国自发流动人口大量增加，主要表现为从农村到城市、从内地到沿海城市等。这些人口流动多为自发性的，目的主要是通过务工和经商提高经济收入。可以看出，改革开放后的人口迁移受我国社会经济发展计划和相关政策的制约比较明显，在迁移总量中占比较大的还是国家有组织的计划性迁移。主要是由于生产方式、产业结构变动、交通运输业的发展、新地区的开发等经济因素，或者是战争、宗教活动等非经济因素等所致。

在我国，从严格意义上说，以消除贫困和保护环境为目的的生态移民起源于 20 世纪 80 年代的"三西"易地扶贫工作，"三西"即甘肃的河西、定西和宁夏的西海固地区。从 1982 年起，我国政府每年拿出 2 亿元资金对"三西"地区进行综合性的扶贫开发，试行为期十年的吊庄移民，1992 年国务院决定再延长十年，进一步支持"三西"地区的发展。1994 年国务院决定：从 1994 年到 2000 年，集中人力、物力、财力，动员社会各界力量，力争用 7 年左右的时间，基本解决全国农村 8000 万贫困人口的温饱问题。为此，国务院制定《国家八七扶贫攻坚计划》，提出对极少数生存和发展条件特别困难的村庄和农户，实行开发式移民。1996 年以来，越来越多的省份都逐渐开始把生态移民纳入扶贫计划。近年来，国家和地方政府相继出台了关于易地搬迁扶贫或生态移民的相关文件。2001 年 6 月，国务院颁布实施的《中国农村扶贫开发纲要（2001~2010）》，在关于专项扶贫的内容中提出了易地扶贫搬迁，坚持自愿原则，对生存条件恶劣地区扶贫对象实行易地扶贫搬迁。引导其他移民搬迁项目优先在符合条件的贫困地区实施，加强与易地扶贫搬迁项目的衔接，共同促进改善贫困群众的生产生活环境。这期间，内蒙古、宁夏等地都相继出台了各地方的易地扶贫移民开发试点项目建设。至此，生态移民工程逐渐发展和推广起来。

生态移民不同于以往的人口迁移，是因为这种移民方式是针对迁出地的人口规模超过了生态环境的容量和承载能力，或者生态环境恶劣、不适宜生存等因素所引起的移民。比如我国三江源地区的大规模生态移民工程，就是由于当地居民的生产生活加剧了生态退化，对地方乃至全国生态的可持续发展产生了不良影响，为了保护或者修复其重要的生态功能而进行的人口迁移。

宁夏的西海固地区由于干旱少雨，自然环境恶劣而不适宜人类生存；贵州的麻山地区，因水土资源不断流失而出现的"石漠化"现象，自然环境恶劣使得当地居民缺乏基本的生存条件。从生态移民的目的来看，将生活在环境恶劣条件下的居民搬迁到生存条件更好的地区，可以减轻人类对原本脆弱的生态环境的继续破坏，使生态系统得以恢复和重建；通过易地开发，逐步改善贫困人口的生存状态；同时，减小自然保护区的人口压力，使自然景观、自然生态和生物多样性得到有效保护。

对于生态移民，区域生态脆弱或者生态恶化是产生生态移民最主要的原因。生态移民最根本的目的是保护生态环境，防止生态环境的进一步恶化，所以通过人口的迁移，对人口规模远远超过生态承载能力的现象进行人为的干预和影响。而这些因为生态环境已经无法哺育的人口，即超载人口的搬迁，寻求新的生产和生活方式，是帮助其摆脱贫困的重要手段。所以，改善移民的生产、生活条件，是生态移民工程最主要的目标之一。

一般情况下，根据移民对迁移是否具有决定权，可以把生态移民分为自愿移民和非自愿移民。一项生态移民工程中，如果移民能够自己选择是否迁移，就是自愿移民；如果对迁移没有选择余地，就是非自愿移民。另外，按照组织形式的不同，把生态移民分为自发性移民与政府主导生态移民。自发性移民指由于生态环境恶化，生产、生活困难而不得不迁移出原居住地；政府主导生态移民是指政府以恢复和保护生态环境为主要目的，有组织地把生态恶化地区或自然保护区的人口迁移出该地区。本书所研究的西北民族地区（包括宁夏、甘肃、青海和新疆）的生态移民类型多为政府主导生态移民，也就是非自愿移民。

1.2.2 生态移民工程的意义

生态移民作为国家的一项综合性、长期性的重大工程，具有一定的战略意义。

第一，生态移民工程促进了西北地区生态环境的改善。历史上，黄土高原也曾经森林茂密、山清水秀、环境优美。近现代史上由于人们追求眼前的经济利益，不断乱砍滥伐、过度放牧以及推行屯垦政策，使大面积的土地沙化，水土流失。再者，由于当代西部地区居民的过度放牧、过度开垦、乱采乱樵，不断加剧水土的流失与沙化，从而导致生态环境逐步恶化，严重影响到了人们的生产、生活，以及地区经济、社会的可持续发展。生态移民工程，通过将人口从生态脆弱的地区迁出，人为降低人们对生态环境的继续破坏，缓解了人口与资源的矛盾；对治理区域进行全面禁牧或者封山育林，退耕还林、退草还牧等，全面规划、整体治理。从降低人为因素入手，恢复植被、缓解沙化问题，有利于保护自然植被和陡坡地退耕还林、草，促进了生态系统的良性循环。

第二，生态移民工程大大提高了搬迁居民的生活水平。生态移民工程极大地改善了生态恶化地区居民的生产生活条件，提高了搬迁移民的生活水平。本书所研究的西北民族地区的生态恶化地区，由于自然环境恶劣，水土流失严重等原因，大部分地方生存条件极差。有些地区水源奇缺，自然灾害频发，居民生活缺乏收入来源，生活水平很低，聚集了大量的贫困人口。联合国环境与发展大会 1992 年里约热内卢宣言中就已指出："为了实现可持续的发展，使所有人都享有较高的生活素质，各国应当减少和消除不能持续的生产和消费方式，并且推行适当的人口政策。"同时，联合国 1982 年大会宣言也指出："因人类活动而退化的地区应予恢复，用于能配合其自然潜力并符合受损害居民福利的用途。"生态移民工程实施以来，统一规划，合理布局，有计划、有目标地进行搬迁安置。将移民搬迁至农业土地资源较为丰富的地区，政府投入资金完善各项基础设施，并为移民们提供能够安稳致富、可持续发展的物质条件，以及良好的生态环境，切实改善了搬迁居民的生产生活环境，使移民的收入水平得到提升，大大提高了他们的生活质量。

第三，生态移民工程转变经济增长方式，促进了地区的经济发展。长期以来，西北民族地区经济社会发展滞后，农村贫困问题突出，并且与生态环境、民族地区发展问题交织在一起。移民在原居住地，经济来源大多是简单的农业收入，部分生态贫瘠地区基本上就是靠天吃饭，生活处于自给自足状态，落后的农牧业生产局面严重制约了居民的收入水平。搬迁后，政府通过产业结构的调整和引导，开发和引入设施农牧业及高效农牧业的发展，不仅提高了农民的收入水平，使移民的经济来源向效益和技术方面过渡，在改善移民生活水平的同时，转变经济增长方式，促进了地区的经济发展。

第四，生态移民工程有利于加快城镇化建设，实现共同富裕。原来生活在山区、农村的居民，通过整体搬迁到集中的城镇定居，居民的生活方式和生活质量有了较大的改善。居住环境、交通设施、医疗、教育、通信、消费等方面的条件总体上得到了较大程度的改善。加之，当前我国社会保障覆盖层面越来越广，受益人数越来越多，大多数搬迁移民都享受到了医疗保险及养老保险的待遇，城镇的功能逐渐体现出来，加快了我国西部地区城镇化的建设步伐，促进了经济落后地区的发展。

西北民族地区的生态移民工程，关乎我国和谐社会的构建以及共同富裕的实现。生态移民工程是缓解贫困的重要手段，是实施西部大开发战略的重要内容，是落实生态环境保护与经济建设的重要措施。生态移民工程的推进，可以改善落后地区的经济面貌，缩小城乡之间、西部各省区之间、东西部地区之间的差距。只有西北地区经济发展了，我国才能够实现共同富裕，才能为和谐社会的构建提供基本的物质保障。

1.3 国内外研究现状

1.3.1 国外相关研究

对于生态移民概念的研究起源于 20 世纪美国科学家考尔斯，他将群落迁移的概念导入生态学，认为生态移民是为了保护生态环境而实施的。随着人类社会的不断发展，经济社会与生态环境之间的矛盾愈发突出，学术界对于生态移民的关注逐渐加深。20 世纪 70 年代以来，全球气候和环境的急剧变化，引发了大量的人口迁移。一些国外学者针对具体情况开始认识到，人口压力、贫困以及环境问题是生态移民产生的主要动因，由此展开了关于生态移民的概念及其相关问题的研究，这是国外生态移民问题研究的真正开端。国外学术界对于生态移民概念的探讨，经历了环境难民、生态难民、环境移民、生态移民几个阶段。

关于生态移民的作用，国内外学者的研究结论并不一致。Black、Sessay（1998）等认为，生态移民在实际发展过程中，是一种摆脱贫困的手段。Curran（2002）指出，在非单纯人口增长的情况下，移民可能不会对环境产生什么改善作用。而且由于高昂的迁移成本及存在的不可预知的风险，真正的穷人是不可能将移民作为提高家庭收入的策略的（Du、Park and Wang，2005）。然而，生态移民作为一种改变穷人生活方式以及改善环境的手段，Debbie Dickinson 等（2007）提出，生态移民更重要的在于关注结果和过程。

迄今为止，对于生态移民的研究并没有形成专门的独立学科，该研究不可避免地与社会学、人类学、民族学、生态学、地理学等各学科交织在一起，不同角度的研究都有不同的侧重点。但需要注意的是，国外与国内生态移民研究领域共性的部分在于，生态移民的后续生计问题、土地和环境问题，以及迁移过程中的文化变迁等。

1.3.2 国内相关研究

1.3.2.1 一般性研究

中国对生态移民的研究兴起于 20 世纪八九十年代，发展于 21 世纪初。任耀武（1993）在其关于三峡大坝移民问题的文章中，分析了三峡库区生态环境的脆弱性和人口环境容量的有限性，总结已有移民工作经验，最早提出了生态移民，他认为生态移民是生态农业思想在移民过程中的应用。葛根高娃（2003），包志明（2004），李宁、龚世俊（2003），阿不力孜·玉苏普（2009）等，都从移民主体及移民产生的原因等方面，阐述了生态移民的定义，大多认为，生态移民是在恶劣的生态环境胁迫下，通过移民改善居民人居环境，并恢复生态的一种做法。王培先（2000），刘学敏、陈静（2002），皮海峰（2004）等从生态移民的目标和意义来界定生态移民的定义，认为生态移民是以保护生态环境和发展经济为目的的。

随着我国生态环境的不断恶化，尤其在 20 世纪末，恶劣的自然环境对居民生活的负面影响逐渐增大，学者们越发认同生态移民和环境保护的理念。从对当前文献的分析统计可以得出，当前我国学者对于生态移民的研究，涉及的地区在我国的东、中、西部地区都有分布，但主要集中在中西部地区。研究较多的主要有三江源生态移民、三峡生态移民、宁夏的红寺堡生态移民等生态移民项目，尤其多以内蒙古、宁夏、青海、新疆、甘肃为主要的研究区域。国内学者对生态移民必要性的分析多集中在三个方面：一是环境承载力和人口压力；二是国家的财政实力和生态移民的效益分析；三是生态移民对生产、生活以及思想观念的影响。学者们普遍认为，在我国扶贫攻坚阶段开展生态移民项目，是非常必要的（方兵等，2002），认为移民对区域经济、环境、社会发展起到了积极作用。同时，对生态移民的内涵进行了分析，认为生态移民从保护生态脆弱区的生态环境出发，既要考虑移民的后期致富又要协调环境和人口的关系，是一种多目标性的移民。从效果上看，虽然在移民中仍然存在着环境破坏、移民生活困难等现象，但刘学敏（2002）认为，生态移民是一个综合的过程，需要各个部门之间相互配合，由于把生态脆弱地区的人口迁移出去，同时又把移民和禁牧以及舍饲圈养结合起来，生态环境渐渐得到较好恢复。移民以后农牧民的生活条件也大为改善。生态移民提高了农地的利用效率，推进了移民地区的产业结构调整（鲁顺元，2008、2009）。

我国多数地区的实践也表明，生态移民对改善地区生态环境和提高当地居民生活水平是有效的（刘海迟、孟向京等，2011）。一些学者在看到生态移民工程积极效果的同时，也意识到了超负荷的移民安置以及对移民区资源开发利用方式不当等方面造成的消极影响，将会对迁入地的生态环境造成破坏（李笑春等，2004），因此，任善英、朱广印（2012）提出，只有实施产业与生态置换机制、建立区域互动机制、补充移民补偿机制、完善利益引导机制，才能实现环境保护与经济发展相互促进、协调持续发展。完善移民法规政策体系、强化移民技能教育培训、把产业开发作为生态移民可持续发展的重中之重是生态移民可持续发展的着力点（李耀松、徐芬、李霞，2012）。张丽君（2013）在梳理中国牧区生态移民实践的基础上，对牧区生态移民实施中存在的问题和困境，以及如何实现牧区生态移民可持续发展进行了对策性探索。除此之外，迁入地居民的社会适应性是居民能否安居乐业的重要影响因素，即改变原有的生产生活方式，在新的定居点稳定生产、生活。学者们通过不同研究角度对不同区域生态移民的适应性进行研究，发现移民们满足于生活环境改善的同时，生活中的问题多集中在收入、住房、移民安置相关政策等方面。

1.3.2.2　关于生态移民绩效的研究

从 20 世纪 80 年代起就有学者不断对生态移民的效益评价进行研究，学者们多会选择一些典型的移民工程作为主要的研究对象，对生态移民的经济、社会绩效进行评估。如本书所研究的西北民族地区，典型的移民工程有宁夏红寺堡移民工程、甘肃甘南移民工程、青海三江源移民工程以及新疆巴音郭楞移民工程。早在生态移民的初始阶段，王朝良以宁夏南部山区的吊庄移民为出发点，分析了吊庄建设的经济效益、社会效益和生态效益。张涛等通过研究现有的生态移民效益评估的理论框架、体系及研究方法，结合我国贫困地区开发性扶贫移民的实际情况，构建了较为完整的生态移民综合效益评估体系。周建等（2009）从社会、经济与生态几个角度分析了生态移民实施的效果，并从法制建设、生态移民规划与重视文化的持续性方面对西部生态移民的实施提出建议。部分学者认为，西部地区生态脆弱与贫困问题高度相关，主张把生态治理与地质灾害防治相结合，推动生态移民与劳务输出，加大人力资本开发和跨区域生态补偿，实现生态与社会经济的良性循环（高新才等，2013）。张灵俐、安晓平（2014）认为，生态移民反贫困的效果取决于制度变迁的方向和绩效。纳慧（2016）认为，移民地区社会发育度低、后续产业乏力以及贫困人口的自我解困能力较弱，是影响移民工程绩效提升的主要因素。以上研究，多以定性研究为主，关注安置区的经济和社会发展成效，认为生态移民改善了生产生活条件、培育了经济增长点等。

从我国西部地区生态移民的效果来看，其经济效益和社会效益都比较明显，即通过生态移民，不仅为移民改善了生活条件，提供更多的就业选择，同时缓解了迁出地的环境压力。一些学者通过定量研究，分析生态移民的经济效益以及社会效益。东梅等（2006、2010、2011）运用双重差分法对宁夏红寺堡开发区生态移民的经济绩效进行了评价，并进行了动态对比。王桂芬、史俊宏（2010）构建生态移民经济效益评价指标体系对生态移民的效益进行实证分析。杨生银（2011）通过对宁夏红寺堡的经济、社会、生态绩效进行评价，探寻适宜宁夏生态移民工程发展的创新模式。裘勇等（2013）建立了移民项目低碳经济可持续发展的评价指标体系，旨在对不同的移民项目低碳经济可持续发展水平进行评价。杨显明（2013）通过建立评价指标体系，选用两种方法定量化评价了宁夏生态移民的生态效益、经济效益、社会效益，虽然移民的生产条件得到了改善、经济状况逐渐好转、社会环境显著改观，但在经济发展过程中依然存在结构不合理、发展潜力不足等问题。聂君等（2014）利用改进的模糊综合评估法对社会稳定进行评估，为宁夏生态移民地区社会的稳定发展提供理论依据。汤榕等（2015）在研究宁夏中部干旱带和南部山区居住地移民搬迁前后的生活状况后，通过问卷调查及定量分析，认为生态移民的生活质量得到了极大的改善，但安置区后续产业发展不平衡问题不容忽视。还有学者构建了宁夏生态移民地区民族关系评价指标体系，为民族关系的检测、预警提供使用工具（冯雪红、聂君，2014）。邰秀军等（2017）依据相关调查数据，采用 FGT 贫困测度指标、偏相关分析方法分析了生态移民户的贫困水平、趋势和相关性，探讨了集中连片和集中但不连片两种安置方式减贫效果差异的原因。

1.3.2.3 关于生态移民对策及可持续发展

生态移民涉及生态、生产、生活问题，以及社会稳定、资源分配和维持发展等问题，是一项复杂的综合工程。阿不力孜·玉苏普、陈祖群（2007）认为，新疆生态移民反贫困问题的关键在于后续产业的合理性以及发展教育提升人口素质。周建等（2009）以新疆塔里木河流域轮台县生态移民为例，从社会经济与生态等角度对生态移民效果进行了分析，并从法制建设、生态移民规划与重视文化的持续性等方面提出了相关对策建议。马玉成（2007），胡振军、黎与（2009），李芙琴等（2010）等，都从不同的角度提出了在青海三江源地区生态移民的发展过程中，要注重后续产业的发展规划及合理布局。黎志俊（2015）认为，青海果洛州生态移民后续产业存在规划不合理、产业化经营水平低以及金融支持受限等问题，提出果洛州应当制定以主导产业为主、立足资源优势的产业规划，提高产业化经营水平和市场化程度，并加大对相关产业的金融支持。王平、温丽（2017）从国家支持、发展经济、社会事业、移民社会适应等方面对宁夏生态移民可持续发展提出了相应的对策建议。

现有的对生态移民绩效研究的文献，定量评估的研究相对较少。大多数文献都肯定了生态移民的有效性，认为这项工程改善了迁出地的生态环境，而迁居居民的贫困状态也相应地得到了缓解。然而，对因贫困、环境恶劣而迁移从而达到缓解贫困、改善环境这三者之间的定量研究以及成效检验还有一定的欠缺。已迁出的居民中存在着一定的贫富差距，对这个问题的深层次原因缺乏进一步探究，以及对移民后续的产业开发模式方面的研究还有一定的不足。尤其从在生态移民可持续发展问题方面的对策综述来看，现有的文献还缺乏一定的深入研究。生态移民是一个长期而复杂的过程，现有的文献从不同的角度对生态移民的相关方面做了一定的研究，为后续研究奠定了基础。但不可回避的是，目前的研究在方法和视角方面还有一定的局限性。因此，本书在此基础上，通过对西北民族地区生态移民效果的实地调研，对比移民前后的生活水平，选取一些指标对生态移民的绩效进行检验，为完善民族地区生态移民工程提供理论与实证的支持。

1.4 研究的主要内容

本书的核心内容是，运用经济学理论与方法，利用政府部门公布的统计数据和实地调查取得的资料，考察西北民族地区生态移民发展的历史、现状、特点等，对西北民族地区生态移民的经济绩效进行检验，找出移民之后贫困、再贫困的原因，并寻求合理的对策建议。

对于生态移民的研究主要集中在两个方面：

一是生态效益改善的问题，考察移民迁出地的生态恢复以及定居点的经济效益。以宁夏红寺堡开发区为例，经过若干年的发展，移民数量迅速增加，2008年达到了14.6万人。经济效益方面也有很大的改善，相对于吴忠市其他地区，红寺堡开发区的城镇居民人均可支配收入和农民人均纯收入增长较快，2008 年分别达到了 7024 元和 2768 元，是搬迁初期的 5 倍多。更为重要的是，移民区目前已经成为生态屏障区，而且构建了以生态林、生态农业为优势种群的植物群落，在一定地域内充分发挥着对农业生产区域内的生态平衡和生物资源的多次利用、多层利用以及综合利用的保障性作用。西北民族地区是我国典型的生态高危地区，对于迁出地的生态恢复情况的调查和考察移民工程当前取得的成绩，是检验生态移民工程积极作用的切入点。

二是研究移民之后的群众脱贫致富的现状，以及移民后再贫困、再扶贫问题的出现，并对生态移民的效果选取指标评价。比如在宁夏红寺堡开发区，大部分的搬迁农户是在 2000 年迁入的，由于现在居住条件好、生活方便、子女教育条件好等原因，他们普遍接受了这里的生活。由于搬迁成本较高、劳动强度比以前大、消费也比以前高等原因，有一部分居民没有迁出。搬迁后，有些居民因为劳动技能欠缺和生活不适应等问题，出现了再贫困和回迁的现象。近些年，宁夏生态移民的政策发生了变化，为了恢复生态，已经迁出的居民不允许回迁，那么如果搬迁后移民的贫困问题得不到治理，生态移民就是失败的。因此，研究已定居居民当前的收入状况和生活水平，将移民前后的生活水平进行对比研究，对生态移民政策取得的效果进行评价是本书的主要内容，并对存在的问题进行实证分析，找出定居居民贫困的深层次原因以及探寻相应的对策建议。

本书的重点是如何选取相关的指标和评价方法，来考察生态移民工程的绩效。课题组初步选定：对迁出地生态环境的改善，可以通过风沙天气日数、地表林草覆盖率以及土地盐碱化面积等指标衡量；对生态移民的经济效益评价，可选择人均 GDP、人均粮食产量、农民人均收入、人均牲畜量以及人均住房面积等指标，通过对社会保障的完善程度以及基础设施完善程度的调研，以及生态移民投入产出比，衡量生态移民工作的经济效益。

本书的难点在于，对于相关指标的测度，数据的可得性和有效性的检验具有一定的难度，同时，移民地区现行产业结构对经济贡献度的测度以及后续产业政策的提出，在方法上存在一定的难度。在西北民族地区的调研过程中，宁夏的生态移民居住相对集中，取得的成绩较为明显，而且数据的可得性较好。因此，在考察西北民族地区生态移民的绩效问题时，宁夏是重点研究的地区。

1.5 研究方法与创新

1.5.1 研究方法

生态移民的研究涉及较多的学科，因此本书采用综合研究方法对生态移民的经济、社会、生态效益进行深入研究。

通过文献研究，充分研读大量的文献，了解现有研究的基本情况，找到本书切实的突破点，更有针对性地选择研究方法，对生态移民工程进行深入的分析。

通过实地调查的方式，进入甘肃民勤、古浪、山丹、甘南等地，青海三江源，宁夏西海固，新疆的天山、阿勒泰等典型的生态脆弱和贫困地区，采用分层抽样的方式，进行问卷调查、访谈等，获得一手数据，为本书的研究提供最真实的数据资料，通过实地访谈了解居民对于生态移民工程的认同度，了解其生活中实际存在的问题，分析研究生态移民共生实际效果。

采用计量研究的方法，运用回归分析法、专家打分法以及综合评价的方法，对获取的相关统计数据进行分析，检验当前生态移民的社会效果，对生态移民地区现行的产业结构与经济增长的相关性进行计量分析和实证研究，以准确把握西北民族地区生态移民的生计现状及存在的问题。

1.5.1.1 背景研究

本书的研究背景主要有以下几方面：

（1）提出问题和文献综述：在研究现阶段中外学者论著的基础上，研究西北少数民族地区生态移民的现实意义和学术意义。

（2）自然地理背景：简要考察西北少数民族地区生态形成与发展的自然

地理条件、生态环境，从而对生态移民工程有准确的认识。

（3）人文社会背景：了解西北少数民族地区的人口分布、民族构成、宗教文化特点及其他社会人文特征。

（4）经济发展背景：宁夏、甘肃、青海及新疆几个少数民族地区的经济发展水平，主要包括人均收入、城市化水平，以及交通、通信等基础设施状况等。

（5）制度政策背景：西北少数民族地区经济社会制度变迁和国家牧区政策、民族政策，生态移民的相关政策等。

1.5.1.2 理论研究

在借鉴参考区域经济学、发展经济学产业结构理论模型等学科基础理论的同时，结合西北少数民族地区的自然地理特点、社会人文特点、经济发展特点和制度政策特点，构建研究民族地区产业结构的理论模型。

1.5.1.3 实证研究

根据历年西北各省的统计年鉴、全国人口普查年鉴提供的数据和实地问卷调研、访谈所获得的一手数据，综合采用 Location Quotient 分析法、主成分分析法、回归分析等分析方法，进行以下研究：移民地区产业结构的演变趋势和特点；少数民族地区经济增长与产业结构之间的关联性；影响生态移民的经济因素、地域因素、社会文化因素、制度政策因素等。运用回归分析来研究变量之间的线性关系。回归分析中，研究的变量分为因变量和自变量，因变量是随机变量，自变量也称为因素变量，是可以控制的变量。回归分析一般可以解决这些问题：建立回归方程或者数学模型，确定因变量与若干个因素变量之间联系的定量表达式，并确定它们之间的密切程度；通过控制可控变量的数值，借助数学模型的结果来预测因变量的取值和精度；进行因素分析，从影响因变量变化的因素中区别重要因素和次要因素。

1.5.1.4 对策研究

基于以上的分析、研究，提出适合西北民族地区生态移民发展的，具有较强针对性、科学性、可操作性的对策建议。希望能够对西北地区生态移民工程的推进具有一定的借鉴意义，能够为后续生态移民工作的顺利开展提供相关理论支持。

1.5.2 研究的技术路线

本书通过研究意义和理论综述提出问题，运用移民地区整体发展历程与经验启示以及各省份生态移民的绩效对主题进行分析，最后根据影响生态移民地区经济发展的问题，提出适宜生态移民工程推进、地方经济发展的对策建议，如图 1.1 所示。

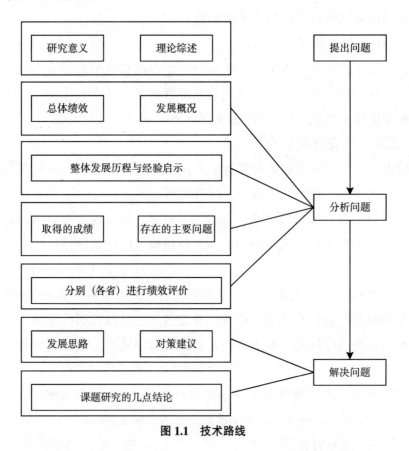

图 1.1 技术路线

1.5.3 创新之处

研究方法上，本书综合运用管理学、经济学、社会学等相关理论形成的

"多维理论架构"，可以为我们认识生态移民工程提供更宽阔的视野。

在理论价值上，本书不仅分析影响西北民族地区生态移民的经济因素，而且分析民族地区特有的地域因素、民族因素、体制制度因素等诸多方面。因而与单纯研究经济因素的其他文献相比，本书在综合研究生态移民影响因素方面具有一定的创新性。

2 数据的选择和评价指标的建立

2.1 数据的选择

关于西北民族地区生态移民工程经济绩效的评价研究，不仅仅是经济核算的相关数据，还涉及生态、经济、社会等多方面的内容，因此数据的来源相对复杂多样。自"西北民族地区生态移民的经济绩效评价研究"项目立项以来，项目组成员通过查阅相关政府部门公布的官方数据、统计公报及统计局的相关统计资料，计算和分析生态移民的经济绩效及社会绩效。通过整理西北民族地区历年统计年鉴中关于产业结构、人均 GDP 等数据，分析西北民族地区及其生态移民安置区域的经济发展状况，以评价其发展绩效。通过对全国第五次、第六次人口普查年鉴中的相关数据进行整理、统计，分析西北民族地区及移民安置区的人口特征。为了更好地研究西北民族地区生态移民的相关工作，项目组多次赴青海、甘肃、宁夏和新疆的生态移民定居点以及迁出地进行调研、访谈并发放问卷，以取得一手的数据资料，对当地生态移民的财产状况、就业、产业发展状况以及移民的经济收入状况等方面进行调研。

2.1.1 宁夏调研的基本情况

对宁夏生态移民的调研，课题组在 2013~2016 年选取了银川、吴忠、中卫以及石嘴山的生态移民定居点作为调查对象。在银川，分别在其辖内的三个区选择了定居点进行问卷调查和访谈。兴庆区以月牙湖乡为代表；西夏区以兴泾镇、同阳新村、镇北堡镇为调查点；金凤区以良田镇和顺新村为调查点。吴忠以全国最大的生态移民开发区红寺堡为调查点，中卫选择南山台生态移民新村，石嘴山以移民开发时间较早、各项事业发展较好的星海镇为调查对象。在宁夏区域内共完成调查问卷870份，其中红寺堡开发区完成问卷300份。在宁夏生态移民定居点的调研过程中，有些地区搬迁时间较久，已经形成了较为稳定的生活状态，也有一部分移民是"十三五"以来陆续搬迁的。

表2.1为宁夏已搬迁移民调研访谈居民户的分布情况。宁夏生态移民战略是全国主体功能区规划战略的延伸和创新，具有全局性和创新意义。宁夏当前的生态移民工程，大部分实行的是整村搬迁，目的是通过政策及有序规划，从根本上彻底解决人们对生态环境的负面影响，同时改变生态恶劣区居民落后的生产方式，提高移民的收入水平，从而提升他们的生活质量。通过多年的发展，宁夏生态移民工程取得的成绩非常突出，解决了大部分移民的生活问题，促进了他们收入的提高，改变了原本落后的生产、生活方式。宁夏的生态移民安置区域相对集中，所以调研的展开相对比较顺利。

表2.1　宁夏已搬迁移民调研访谈居民户的分布情况

单位：户

调查地点	迁出区	样本数量	有效样本户数
兴庆区月牙湖滨河家园	彭阳县	50	50
金凤区良田镇和顺村	彭阳县	78	77
西夏区兴泾镇	泾源县	50	50
西夏区同阳新村	彭阳县	61	60
闽宁镇原隆村	隆德县	50	50
镇北堡镇华西村	西吉县	48	48
镇北堡镇德林村	西吉县	30	30
镇北堡镇团结村	西吉县	42	39
中卫市南山台生态移民新村	原州区、西吉县	38	38
红寺堡镇	红寺堡	38	37
红寺堡大河乡香园村	同心县	40	40
红寺堡团结村	同心新庄集乡	45	43

调查地点	迁出区	样本数量	有效样本户数
红寺堡开元村	泾源县	38	38
红寺堡弘德村	原州区、彭阳县	44	44
红寺堡中圈塘村	同心县	39	39
红寺堡南川乡菊花台村	隆德县	27	27
红寺堡杨柳村	隆德县	33	32
石嘴山市大武口区星海镇	隆德县	53	51
南梁台子	海原县	66	65
合计		870	858

注：表中数据由问卷统计所得。

表 2.2 为在宁夏区域内通过访谈、调查问卷所统计的生态移民人口特征。在宁夏的移民安置点所做的调查，回族移民比重大于汉族移民，且接受调查的回族移民中，文盲率相对较高。生态移民的受教育水平在一定程度上影响着地区的产业状况和经济发展。接受采访的移民年龄主要分布在 30~49 岁，

表 2.2 　2015 年宁夏生态移民问卷调查人口特征

分类		比例（%）	人数（人）
性别	男性	59.70	512
	女性	40.30	346
民族	汉族	21.00	180
	回族	79.00	678
年龄（岁）	19~29	12.82	110
	30~39	24.36	209
	40~49	44.29	380
	50~59	13.05	112
	60 以上	5.48	47
文化程度	文盲	35.78	307
	小学	35.31	303
	初中	21.45	184
	高中及以上	7.46	64

注：数据由问卷统计所得。

女性被调查者所占的比重为40.3%，男性被调查者的比重为59.7%。

2.1.2　甘肃调研的基本情况

甘肃地域广阔，生态移民点分散且相隔距离遥远。课题组于2014~2017年多次进入甘肃，走访了武威、平凉、庆阳、陇南、定西、天水，临夏回族自治州的东乡县、和政县等地，甘南藏族自治州的合作、碌曲、玛曲等地，了解甘肃生态移民的基本状况，尤其是少数民族地区的风土人情、发展状况，生态移民的基本情况。重点走访了武威古浪县西靖镇圆梦新村、黄花滩等地，天祝藏族自治县的德吉新村，以及平凉的崆峒区、庄浪县等地，调研生态移民的效果。在甘肃共完成有效访谈及问卷152户（见表2.3）。甘肃生态移民的情况和宁夏不同，宁夏的移民工程相对集中，像红寺堡开发区这样的情况统计和研究数据的获得相对容易。甘肃的易地搬迁扶贫涉及的地方较多，并且非常分散，调研起来难度很大。所以，项目组在走访了甘肃较多地区之后，选择了平凉个别移民点和武威的移民安置点进行调查研究。

表2.3　甘肃省已搬迁移民调研访谈分布情况

单位：户

调查地点	迁出区	样本数量	有效样本数
古浪县西靖镇圆梦新村	古浪县干城乡等（下山入乡）	32	32
古浪县黄花滩村	五滩搬迁	26	26
古浪县东乡族移民村	临夏（自愿移民）	22	22
天祝县松山镇德吉新村	东坪乡（南阳山片）	21	21
平凉崆峒区	大寨乡、后沟村	31	31
平凉庄浪县岳堡乡大湾移民新村	大湾村后山	20	20
合计		152	152

甘肃对生态环境恶劣、生产、生活条件差的贫困地区群众采取了易地搬迁方式，并大力发展扶贫产业，帮助移民搬迁群众实现脱贫致富。对于甘肃来说，生态移民工程极大地改善了贫困群众的生产生活条件，并且为移民群众的脱贫致富提供了保障。搬迁移民过去多生活在山大沟深、生态环境恶劣

的山区，通过生态移民，使分散的山区群众向有聚集效应的城镇聚拢，使得相关生产设施的利用效率得以提升，自然环境有了很大的改善，经济发展具备了基础条件。我们走访中接触到的居民，明显对搬迁后的生活、生产条件，以及资源环境感到满意。从目前的情况来看，甘肃的生态恶劣区贫困人口多，自然条件严酷，移民的搬迁任务和扶贫任务仍然都比较艰巨。

武威的古浪县和天祝县都位于甘肃省中部，是国家集中连片特殊困难地区贫困县。古浪县海拔在 1550~3469 米，县境南部为中、高山地，中部为低山丘陵沟壑区，中部为倾斜平原绿洲农业区，北部为荒漠区。由于生态环境恶劣，古浪县南部山区常年干旱缺水，农业基础薄弱，从 2012 年起，古浪县开始对生活在海拔 2500 米以上的山区群众进行易地搬迁。古浪县黄花滩乡是以"五滩"（即马路滩、白板滩、四墩滩、黄花滩、旱石河滩）移民开发区和原岘子山区为主体构成的农业综合开发乡，人口构成相对复杂，境内民族成分以汉族为主。平凉位于甘肃东部，与陕甘宁都有交界，境内庄浪县、华亭县是国家扶贫重点工作县区。易地搬迁扶贫工程的开展，为这些生态恶劣的贫困地区居民生活条件的改善带来了重要的机会。

表 2.4 是在甘肃省调研时访谈的移民情况，参与调研的男性占总调研人数的 59.7%，女性比例为 40.3%。民族以汉族为主，少数民族主要包括回族、东乡族和藏族等；年龄最小的 16 岁，最大的 64 岁。接受访谈的居民中，文化程度最高的是高中或者中专，文盲和半文盲率非常高，尤其是下山入川的移民定居点中，女性的文盲率非常高。在甘肃各地区的走访过程中我们了解到，各地区的经济发展差异是比较大的，自然资源禀赋的差异对民生的影响非常明显。总体来看，甘肃省生态恶劣地区的贫困问题更为严重。

表 2.4 2016 年甘肃生态移民问卷调查人口特征

分类		比例（%）	人数（人）
性别	男性	59.7	83
	女性	40.3	69
民族	汉族	71.7	109
	少数民族	28.3	43

续表

分类		比例（%）	人数（人）
年龄（岁）	19~29	11.18	17
	30~39	17.11	26
	40~49	26.97	41
	50~59	42.11	64
	60 以上	2.63	4
文化程度	文盲半文盲	60.53	92
	小学	20.39	31
	初中	13.82	21
	高中及以上	5.26	8

注：数据由调查问卷统计整理所得。

2.1.3 青海调研的基本情况

对于青海生态移民工程的调研，项目组选择了占青海国土面积近1/2 的三江源地区。三江源的生态移民工程源于其草场退化、草原沙化、冰川崩塌、黄河断流及湖泊干涸等问题。为了保护三江源的生态系统，缓解三江源生态恶化趋势，自 2003 年起三江源国家级自然保护区成立。为了了解三江源生态移民工程的绩效，2016 年和 2017 年我们两次走入青海，走访了西宁的湟中县、湟源县、大通回族土族自治县，海东的乐都、平安、互助土族自治县以及循化撒拉族自治县，海北藏族自治州的门源回族自治县，黄南藏族自治州的同仁县，海南藏族自治州的共和县、兴海县等地，对当地生态移民的生计情况进行了解。三江源生态移民分布较广，移民数量大，很多搬迁移民只能用藏语沟通，因此给调研增加了难度。我们聘请当地能够讲汉语和藏语的年轻人当翻译，并对藏族生态移民进行了访谈，在青海共完成有效问卷 59 份，表 2.5 是在青海调研的移民情况。

在青海调研的人数比较少，由于对当地情况不了解以及青海的地域广阔，调研进展得非常困难。表 2.6 是根据调研问卷整理得出的人口基本情况，接受访谈的 59 位居民，男性比例为 54.2%，女性比例为 45.87%，民族成分以藏族为主，少数民族比重占到了调研总数的 96.7%。接受调研的群众受教育程度，文盲率为 23.7%，59 位受访者中有 6 位年轻人的受教育水平达到高中及以上。

表 2.5   2016 年青海省已搬迁移民调研访谈分布情况

单位：户

调查地点	迁出区	样本数量	有效样本户数
青根河生态移民社区（兴海县）	海南州	21	18
北巴滩移民社区	海南州同德县	23	19
尕群移民社区	海南州同德县	26	22
合计		70	59

注：表中数据根据访谈问卷整理所得。

表 2.6   2016 年青海生态移民问卷调查人口特征

分类		比例（%）	人数（人）
性别	男性	54.2	32
	女性	45.8	27
民族	汉族	3.3	2
	少数民族	96.7	57
年龄（岁）	16~29	15.3	9
	30~39	28.8	17
	40~49	37.3	22
	50~59	13.6	8
	60 以上	5.1	3
文化程度	文盲	23.7	14
	小学	33.9	20
	初中	32.2	19
	高中及以上	10.2	6

注：表中数据根据访谈问卷整理所得。

在青海，与三江源地区已经搬迁的生态移民接触过程中我们发现，藏族牧民多秉性正直、吃苦耐劳。为了三江源生态环境的恢复和改善，放弃原本的游牧生活，移居到城镇，生活和生产方式发生了彻底的改变，对他们的心理影响是极大的。现有的关于青海三江源地区生态移民的研究已经具备了一定的数量，众多学者都在关注三江源地区的生态恢复以及搬迁群众的脱贫致富问题，为本书的研究奠定了一定的理论基础。通过在青海三江源地区的走访，期望能够探寻适宜青海搬迁群众生计发展的对策建议。

2.1.4 新疆调研的基本情况

项目组于 2015 年在新疆的昌吉、乌苏等地进行了问卷访谈，对这里生态移民的基本情况有了大致的了解。2016 年 10 月又进入新疆，走访了乌鲁木齐，以及位于天山北麓的昌吉回族自治州、吐鲁番等地，对新疆的部分定居牧民进行调研。新疆的情况不同于西北其他省区，许多年轻的维吾尔族、哈萨克族群众都不讲汉语，语言问题和新疆的特殊情况是增加调研难度的主要因素。我们邀请一些当地的维吾尔族和哈萨克族大学生帮忙进行问卷调研，在部分地区做了问卷和访谈，以了解新疆生态移民的基本发展情况为主。但最主要的是，新疆地域广阔，地区之间距离较远，移民居住分散，能调研的地方实在有限，调研难度特别大。在北方民族大学新疆籍学生的帮助下，在乌苏走访了 8 户定居的牧民，其中哈萨克族 7 名、维吾尔族 1 名；在昌吉回族自治州的阜康、吉木萨尔县老台乡西台子村等地走访了 8 户定居牧民，全都是哈萨克族；在琼塔木村对 10 户定居农牧民进行访谈，10 户均为哈萨克族家庭；在吐鲁番完成了 11 户因为艾丁湖生态保护坎儿井工程而搬迁的水库移民，11 户搬迁居民均为维吾尔族。在新疆共完成有效问卷 37 份，全部为少数民族，主要以对新疆生态移民的生活现状的了解为主。新疆已搬迁移民调研访谈分布情况见表 2.7。

表 2.7　新疆已搬迁移民调研访谈分布情况

单位：户

调查地点	迁出区	样本数量	有效样本户数
吐鲁番地区	艾丁湖乡	11	11
昌吉回族自治州阜康市	奇台县	8	8
伊犁哈萨克自治州	塔琼木村	10	10
乌苏市	古尔图牧场	8	8
合计		37	37

注：数据根据问卷整理所得。

　　表 2.8 是根据调查问卷整理所得的新疆生态移民人口特征，其中 37 户居民均为少数民族，年龄最小的 16 岁，最大的 62 岁。共访问男性 15 人，占总人数的比重为 40.54%；女性 22 人，占总人数的比重为 59.46%。接受调查的移民中，文盲率为 8.11%，小学文化水平的有 16.22%，初中以上文化水平的人数占到了调研总数的 75.67%，移民家庭中学历最高的多是在上大学或者已经大学毕业的子女，受教育水平明显好于青海和甘肃。从访谈中可以看出，新疆移民目前对子女接受教育的问题非常重视。

表 2.8　2015 年新疆生态移民问卷调查人口特征

分类		比例（%）	人数（人）
性别	男性	40.54	15
	女性	59.46	22
民族	维吾尔族	32.43	12
	哈萨克族	67.57	25
年龄（岁）	16~29	32.43	12
	30~39	18.92	7
	40~49	27.02	10
	50~59	16.22	6
	60 以上	5.41	2
文化程度	文盲	8.11	3
	小学	16.22	6
	初中	43.24	16
	高中及以上	32.43	12

注：数据根据问卷整理所得。

2.2　评价指标体系的建立

　　生态移民的经济绩效评价，是检验生态移民效果的重要内容。生态移民效益是指由生态移民工程引致的一定区域的人类生产和生活活动的一系列后果，涉及移民迁出区和迁入区的经济、社会、心理、文化和环境等诸多因素方面的变化[1]。对迁出地来说，生态移民工程缓解了人口对土地、草原的压力，改善了当地的生态环境；对迁入地来说，生态移民的就业以及后续产业的发展，促进了当地经济的发展，同时改善了当地的生态环境，从而产生生态效益。因为区域差异，不同区域的生态移民效益评价在构建评价指标的过程中会有比较大的差别。通过对现有的关于生态移民绩效评价的文献进行分析，早期的研究多集中于定性描述，已有的定量评估侧重于评估体系的构建，以及效益测算等方面。

通过对已有评价指标的收集整理，并参照可持续发展等相关评价指标体系，拟定西北民族地区生态移民的评价指标体系（见表 2.9）。层次分析法（AHP）是构建生态移民评估指标的主要方法，依据本书的研究意图，所建立的对西北民族地区生态移民的经济绩效评价体系包含三个层次。围绕绩效评价的总体目标较为系统地构建生态移民经济、社会及环境效益评价指标体系。

表 2.9　生态移民绩效评价指标体系

目标层	领域层	变量层	指标层	指标属性	表现
生态移民绩效评价（7.10）	经济效益 0.3Y	居民收入水平（0.3Y₁）	农牧业收入（0.5）	∧	
			务工收入（0.5）	∧	
		人均 GDP（0.2Y₂）	经济增长状况（1）	∧	
		居民消费水平（0.15Y₃）	消费数量（0.4）	∧	
			消费质量（0.6）	∧	
		产业结构（0.15Y₄）	农业发展（0.4）		
			工业发展（0.3）		
			服务业发展（0.3）		
		物价水平（0.1Y₅）	食品物价（0.3）		
			农业物资物价（0.4）		
			生活用品物价（0.3）		
		居住条件（0.1Y₆）	住房质量（0.6）	∧	
			住房面积（0.4）	∧	

① 贾耀峰. 中国生态移民效益评估研究综述［J］. 资源科学，2016，38（8）.

目标层	领域层	变量层	指标层	指标属性	表现
生态移民绩效评价 (7.10)	社会效益 0.2Z	城市化率 (0.15Z_1)	服务业水平 (0.4)	∧	
			城市公共设施 (0.3)	∧	
			城市建设规模 (0.3)	∧	
		人口结构 (0.1Z_2)	从业结构 (0.6)		
			年龄结构 (0.4)		
		受教育程度 (0.15Z_3)	子女上学 (0.4)	∧	
			安置区受教育水平 (0.6)	∧	
		公共基础设施 (0.1Z_4)	生产设施 (0.6)	∧	
			生活设施 (0.4)	∧	
		养老保险覆盖 (0.15Z_5)	养老金 (1.0)	∧	
		医疗保险覆盖 (0.15Z_6)	住院报销 (1.0)	∧	
		生活便利程度 (0.1Z_7)	交通便利 (0.3)	∧	
			现代生活条件 (0.4)	∧	
			消费便利 (0.3)	∧	
		移民满意度 (0.1Z_8)	综合满意程度 (1.0)	∧	
	生态效益 0.5X	迁出地生态恢复情况 (0.7X_1)	植被覆盖 (0.4)	∧	
			退耕还林(牧) (0.6)	∧	
		迁入地生态环境 (0.3X_2)	水资源状况 (0.6)	∧	
			土地面积及质量 (0.4)	∧	

经过反复的分析和讨论，对生态移民整体绩效评价指标的描述，先进行了主观赋权，然后通过专家咨询、打分的方式，分析西北民族地区生态移民的绩效问题。首先给各层次的相关指标确定权重，用以说明这个指标对于评价生态移民工程各项绩效的重要程度。但是针对不同的地区，其权重可以是不一样的，应根据地区情况的不同进行谈论和分析，决定赋权的情况。生态移民工程是以恢复生态为出发点，改善和提高移民的生活质量，因此，生态移民的绩效（A）由生态效益（X）、经济效益（Y）和社会绩效（Z）三个部分构成，A=0.5X+0.3Y+0.2Z。根据各地区的实际情况将变量层指标设计各自的权重，以数据分析和咨询相关专家的结果对西北民族地区生态移民的绩效进行评价。

2.3 个别指标的介绍

2.3.1 区位商

区域经济发展离不开产业结构的调整和优化，产业结构的优化程度能够直接决定和影响社会资源的配置效果，并制约经济的可持续发展。产业结构不合理会造成地区资源的浪费、生产效益低下，从而导致社会生产率下降。西北民族地区实施生态移民工程以来，搬迁后大批移民群众的生产、生活方式由过去的分散居住到现在的相对集中居住，从过去的务农、放牧，到搬迁后的重新寻求生活出路。地方政府在经济新常态下要确保移民"搬得出、留得住、有保障、能致富"，首要的是做好扶贫移民搬迁后续产业的发展问题。也就是说，需要确保移民搬迁后生活来源问题得到解决。因此，需要了解当地产业及产业结构的发展情况来检验当地的经济状况。

区位商是判断某产业是否具有比较优势重要指标。与显性比较优势系数 RCA 的原理相似，是通过测定某一产业在特定区域内的相对比重，以反映该产业在更大范围内是否具有相对优势的一种分析工具。

区位商：$Q_{ij} = \dfrac{Y_{ij}/Y_i}{Y_j/Y}$ （Q_{ij} 为 i 地区 j 产业的区位商）

利用区位商判断一个地区产业的专业化水平，就是以背景区域产业结构的平均值为参照系，假定各个地区对产品的消费水平基本一致，以判断所研究地区各产业生产的产品在满足了本地区需要以外是否还有可供输出的剩余产品。如果一个地区某产业的区位商明显大于1，说明该产业具有向区外输出产品的生产能力、较高的专业化水平和比较优势。区位商大于1，该产业在该地区具有比较优势；区位商越大，专业化水平越高；如果区位商小于或等于 1，则认为该产业是自给性产业。①

通过对生态移民地区区位商的测算，可以确定该地区的优势产业，再根据地区的实际情况来判定当地后续产业的发展方向。区域优势产业的发展，是判别地区产业发展质量的一个内容，优势产业具有带动其他产业发展的重要作用。

2.3.2 城镇化率及经济增长波动率

城镇化不仅是人口比重、职业的变迁，还包括产业结构的转变以及土地功能的升级，因此理论上，城镇化率的高低与经济、社会发展程度有直接的联系。随着一个地区城镇化率的提升，我们看到的是，城市户口取代了农业户口，居住环境变成了整齐划一的居民小区。但这并不是最重要的，随着城镇化率的提升，农民的市民化，即就业水平、城市功能的完善和相关社会保障的完善，才是真正的核心内容。经济增长的稳定性是经济高质量增长的重要内容。本书通过城镇化率和经济增长波动率来衡量生态移民定居地区的经济发展及稳定程度。

经济增长波动率=(本年经济增长率−上年经济增长率)/上年经济增长率

过度的经济波动会损害经济的动态效率，破坏经济长期稳定增长而造成资源浪费，还影响经济增长的持续性；同时增大了宏观经济运行的潜在风险。②

2.3.3 居民消费价格指数 (CPI)

居民消费价格指数，是一个反映居民家庭一般所购买的消费品和服务项目价格水平变动情况的宏观经济指标。它是在特定时段内度量一组代表性消费商品及服务项目的价格水平随时间而变动的相对数，用来反映居民家庭购

---

① 吴殿廷. 区域经济学 (第二版) [M]. 北京：科学出版社，2009. 表 3.7 中红寺堡相关产业的区位熵为该公式计算所得。

② 任保平，王蓉. 经济增长质量价值判断体系的逻辑探究及其构建 [J]. 学术月刊，2013 (3).

买消费商品及服务的价格水平的变动情况。

居民消费价格统计调查的是社会产品和服务项目的最终价格，它同人民群众的生活密切相关，同时在整个国民经济价格体系中也具有重要的地位。它是进行经济分析和决策、价格总水平监测和调控及国民经济核算的重要指标，其变动率在一定程度上反映了通货膨胀或紧缩的程度。一般来讲，物价全面地、持续地上涨被认为发生了通货膨胀。

3 宁夏生态移民的经济绩效评价

3.1 宁夏生态移民概况

3.1.1 宁夏概况

宁夏总面积 6.64 万多平方千米，辖 5 个地级市、9 个市辖区、2 个县级市和 11 个县。宁夏地处西北内陆高原，是典型的大陆性半湿润半干旱气候，降水量比较少，常表现出冬寒长、夏暑短，气候干燥、风沙多等特点。2016 年末，宁夏常住人口 674.9 万人，其中城镇人口 379.87 万人，占常住人口比重的 56.29%。随着经济社会的不断发展，宁夏居民的收入不断增加，生活水平不断提高和改善。2017 年 1~9 月宁夏居民人均可支配收入为 14206.82 元，2016 年人均可支配收入为 18892 元。2016 年，宁夏实现地区生产总值 3150.06 亿元（现价），按可比价格计算，同比增长 8.1%，增速比一季度、上半年和前三季度分别快 1.2 个、0.2 个和 0.1 个百分点，比全国高 1.4 个百分点，居全国第 9 位。分产业看，第一产业增加值 239.96 亿元，增长 4.5%；第二产业增加值 1475.51 亿元，增长 7.8%；第三产业增加值 1434.59 亿元，增长 9.1%[①]。总体来说，当前宁夏经济运行进一步向好，产业结构进一步优化，

---

① 数据来源于宁夏回族自治区统计局。

城乡面貌进一步改善，改革开放进一步深化，民生保障进一步加强。

在肯定宁夏经济发展取得成绩的同时，还必须看到，当前宁夏社会经济发展中还存在较多的问题。突出的是，经济运行过程中，地区差距较大，城乡居民收入增长问题亟待解决。生态移民工程的推进以及精准扶贫工作的有效联动，还需进一步推进，搬迁移民、劳务移民和县内安置及产业扶贫等工作是生态移民工程发展过程中不能忽视的。

3.1.2　宁夏生态移民工程

宁夏移民工程起步较早，主要是以宁夏中南部地区为主，包括原州区、海原县、西吉县、隆德县、泾源县、彭阳县、同心县、盐池县、红寺堡区9个扶贫开发重点县（区），以及沙坡头区、中宁县的山区。宁夏中南部地区国土面积4.3万平方千米，占全区总面积的65%；人口256.3万人，占全区总人口的41%，其中回族人口133万人，占全区回族人口的59.1%。这里是典型的生态脆弱区，地形复杂多变，以黄土丘陵沟壑为主，土质疏松多孔，遇水易坍塌，容易被侵蚀，且非常容易发生自然灾害。从气候方面看，干旱少雨，气候干燥恶劣，不利于农作物的生长。常年干旱，降水量小而蒸发量大，沟壑纵横，生态环境脆弱，干旱趋势明显，环境灾害严重，自然条件恶劣，人口压力较大。长期以来，宁夏中南部地区社会经济发展缓慢，贫困问题严重，是我国最贫困的地区之一。宁夏南部山区贫困的产生与生态环境恶化有着紧密的联系，是一种典型的生态贫困[①]。由于自然条件严酷，宁夏中南部山区是最不适宜人类生存和发展的地区之一，也是全国的贫困地区。

为了改变宁夏中南部地区的这种落后和贫困，20世纪80年代以来，宁夏的移民工程先后经历了吊庄移民、"1236"工程移民、易地扶贫搬迁移民、中部干旱带生态移民等几个过程，先后对西海固地区累计搬迁贫困人口66万人。为从根本上改变"三西"[②]地区的贫困落后面貌，1982年，国务院决定

---

① 杨蓉，米文宝，陈丽，郑佳. 宁夏南部山区的生态贫困与反贫困 [J]. 水土保持研究，2005 (4).
② "三西"地区是指甘肃的河西、定西和宁夏的西海固，因受自然条件及多种因素的限制，长期依靠国家救济，是历史上著名的干旱、缺水、贫穷、落后、"苦瘠甲天下"的地区。

实施农业建设项目，我国开始打破行政区划、实施连片开发以实现反贫困。1983 年，宁夏政府根据自身实际，动员宁夏中南部地区生存条件恶劣地区的群众，搬迁到生产生活条件较好的地区进行开发性生产建设，以此，展开了以宁南山区脱贫致富和开发利用荒地资源相相结合的易地移民开发之路，即吊庄移民。吊庄移民投资近 4 亿元，搬迁安置南部山区移民 34.5 万人，已经取得较好成绩形成典范的有芦草洼吊庄移民、隆湖开发区和华西村等地。然而，经过 10 年的开发式扶贫，截至 1993 年底，西海固地区仍有 144.8 万人处于贫困线以下。若要改变人居环境，使生态环境恶劣地区的居民脱贫致富，就必须走移民开发道路。1998 年，在国家实施"八七扶贫攻坚计划"的特定历史时期，宁夏启动扶贫扬黄灌溉工程移民，即"1236"工程移民。主战场红寺堡移民开发区共搬迁安置贫困群众 19.4 万人，先后建成大型行政村 40 多个，开发水浇地 40 万亩。2000 年初，迁出地的生态恢复问题引起了政府的高度重视，生态恢复与扶贫的协调发展成为政府工作的又一重心，生态移民成为宁夏解决山区贫困问题的重要任务。2001 年，宁夏被国家发展改革委确定为"实施易地扶贫搬迁试点工程"项目区之一，标志着宁夏移民工程正式由吊庄移民阶段转入生态移民阶段。

　　"十二五"期间，宁夏实施中南部地区生态移民工程，让 35 万贫困人口搬离了生态贫瘠的西海固地区，实现易地安家、创业、致富。表 3.1 为宁夏回族自治区发展改革委根据对各地区的摸底调查，编制的宁夏生态移民搬迁规划表，规划从水源涵养林区、重点干旱风沙区以及地质灾害区搬迁人口总计 302794 人。2011 年，宁夏启动"十二五"中南部地区易地扶贫搬迁工程，五年时间建设移民安置区 161 个，建成移民住房 7.75 万套，搬迁安置移民 7.65 万户 32.9 万人。2016 年 8 月底，宁夏回族自治区政府印发《宁夏"十三五"易地扶贫搬迁规划》，计划到 2018 年，完成 82060 人易地扶贫搬迁，到 2020 年使移民生活得到明显改善，移民收入接近全区农民收入水平。

　　对于宁夏的生态移民工程的研究视角，主要定位在吴忠红寺堡开发区。红寺堡位居宁夏中部干旱带核心区，行政区域面积 2767 平方千米，辖 2 镇 3 乡（红寺堡镇、太阳山镇、新庄集乡、大河乡、柳泉乡）、1 个街道办事处（新民街道办事处）、5 个城镇社区（罗山、鹏胜、创业、振兴、东方社区）、

表 3.1 宁夏生态移民搬迁规划①

规划迁出地区		规划搬迁人口（人）
总计		302794
水源涵养林区		167764
西吉县	白崖、新营、沙沟、火石寨、偏城、马建、红耀 7 乡 59 个行政村 128 个自然村	41420
海原县	树台、西安、海城、红羊、九彩、曹洼 6 乡及 1 个林场 18 个行政村 46 个自然村	19529
原州区	中河、张易、彭堡、开城 4 乡 6 个行政村 13 个自然村	7801
隆德县	大庄、观堡、好水、城郊、陈靳、山河、崇安、奠安、杨沟、上梁、峰台 11 乡 70 个行政村 146 个自然村	31800
泾源县	大湾、六盘山、黄花、泾河源、香水、兴盛、新民 7 乡 57 个行政村 70 个自然村	47136
彭阳县	古城、新集 2 乡 13 个行政村 74 个自然村	20078
重点干旱风沙区		104490
海原县	兴仁、徐套、蒿川、西安、贾塘、李旺、关庄、关桥 8 乡 24 个行政村 34 个自然村	13643
原州区	甘城、高台、炭山、马渠、寨科、官厅、程儿山、河川	10000
彭阳县	古城、小岔、罗洼、草庙、冯庄、孟塬 6 乡 14 个行政村 20 个自然村	2707
同心县	窑山 4 个行政村 22 个自然村	8000
中宁县	喊叫水 10 个行政村	10000
盐池县	花马池、王乐井、青山、冯记沟、惠安堡、苏步井、城郊 7 乡 42 个行政村 114 个自然村	31000
中卫县	三眼井、红泉、景庄 3 乡	10000
红寺堡	原同心新庄集、纪家 2 乡	17624
贺兰山东麓地区	贺兰、惠农、陶乐三县沿山乡镇禁牧户	1516
地质灾害区		30540
西吉县	平峰、苏堡、兴坪、白崖、新营、田坪、王民、马建、红耀 9 乡 31 个行政村 31 个自然村	9671
海原县	李俊、徐套、九彩、西安、贾塘、李旺、关庄、关桥、高崖、西安、郑旗、红羊 12 乡 24 个行政村 24 个自然村	7469
原州区	寨科、开城、张易、河川、炭山 5 乡 5 个行政村 12 个自然村	944
隆德县	凤岭、陈靳、官堡 3 乡 12 个行政村 12 个自然村	5548
泾源县	六盘山、泾河源 2 乡 3 个行政村 3 个自然村	2700
彭阳县	古城、小岔、新集、王洼、白阳、冯庄、孟塬、红河 8 乡 36 个行政村 54 个自然村	4208

注：数据出自宁夏回族自治区发展改革委。

---

① 宁夏回族自治区发展改革委地区处. 宁夏回族自治区易地扶贫搬迁专题之十一：宁夏生态移民搬迁中的突出问题及对策 [R]. 2010.

63 个行政村。该地区是宁夏回族自治区党委、政府贯彻落实国家"八七"和宁夏"双百"扶贫攻坚计划，为从根本上解决宁夏南部山区群众脱贫致富问题建设宁夏扶贫扬黄灌溉工程主战场；是国家大型水利枢纽工程——宁夏扶贫扬黄灌溉工程（"1236"工程）的主战场；是全国最大的生态扶贫移民开发区。1998 年开发建设，2009 年 9 月经国务院批复设立吴忠市红寺堡区。主要搬迁同心、海源、原州区、彭阳、西吉、隆德、泾源 7 个县（区）生活在贫困带上的贫困户。多年来，红寺堡开发区坚持迁出区生态恢复和安置区生态建设并举，走消除贫困和改善生态双赢的路子；依托安置地的资源环境条件和承载能力，采取以水头定地头、以地头定人头等方式，高标准规划。经过多年的建设，经济社会各项事业从无到有，扶贫开发成效显著，基本实现了"搬得来、稳得住、能致富"的目标，移民生产生活水平得到了显著提高，呈现出经济发展、政治稳定、社会进步、民族团结、移民安居的良好局面[①]。

3.2 宁夏生态移民的经济绩效

宁夏的生态移民工程自 20 世纪 80 年代起步以来，搬迁后经过一段时间的发展和巩固，移民的生活水平都不同程度地得到了提高和改善。本书对于宁夏的生态移民的绩效检验，在考察银川、中卫、石嘴山各生态移民定居点的同时，主要以地处宁夏腹地的全国最大的扶贫移民开发区吴忠红寺堡为例，红寺堡走开发式移民道路取得了显著的成绩。截至 2015 年底，红寺堡区总户数 49092 户，总人口 197350 人，平均家庭人口数为 4.02 人，回族人口占总人口的比重为 62.64%，占城镇人口的比重为 29.23%。2015 年，红寺堡地区生产总值为 15.61 亿元，人均地区生产总值 8069 元。2017 年，红寺堡实现地区生产总值 19.34 亿元，同比增长 9.1%，三次产业增加值分别为 4.73 亿元、9.04 亿元和 5.57 亿元。

---

① 红寺堡政府网站［EB/OL］. http://www.hspzfw.gov.cn/zjts/qqjj.htm.

宁夏根据"十三五"易地扶贫搬迁规划的建设任务，并参照国家易地扶贫搬迁投资的相关标准，到 2018 年完成 82060 人的搬迁任务。估算在"十三五"期间，一共需要投资 49.68 亿元，其中住房建设 31.74 亿元，配套设施建设 9.79 亿元，土地权属处置 4.17 亿元，产业发展 1.73 亿元，生活补助、生态建设、工程前期费等 3.25 亿元①。按人均计算，每人投入资金 6.05 万元，计划到 2020 年，移民的收入水平接近宁夏全区农民收入的平均水平，移民生活步入小康。由此看来，此项工程的投入和产出是有一定的经济效率的，极大地改善了移民的生产生活条件，为他们的脱贫致富打下良好的基础，还拓宽了移民的致富空间，引导移民从以往的低效农业生产中走出来，转移到第二、第三产业中，转变成以劳务、商贸等方面的收入为主，拓宽了移民致富的渠道，还促进了产业升级。

3.2.1　生态移民收入持续增长，生活水平转好

宁夏生态移民工程取得的成绩，最直接的表现就是搬迁居民的收入有非常明显的增长。比如银川兴庆区的移民吊庄月牙湖乡，位于银川东北部 58 千米，土地总面积 333 平方千米，总人口 7186 户 27722 人，"十二五"期间，兴庆区完成了安置 3979 户 1.68 万人在月牙湖滨河家园的生态移民安置任务。2014 年，月牙湖乡社会生产总值就达到 1 亿元，农民人均纯收入约 7000 元。从 2014 年开始进行精准扶贫建档立卡工作后，通过详细的调查走访以及动态调整，兴庆区共有建档立卡户 2321 户 10950 人。2014~2017 年，脱贫 1495 户 6996 人，其中仅 2017 年就脱贫 642 户 3215 人。月牙湖乡移民的收入水平和生活水平都得到了较好的改善，经济、社会都有了一定的发展，贫困问题得到了较好的缓解。由江苏华西村援建的位于银川西夏区的镇北堡镇华西村，村人均收入也从曾经不足 600 元上升到现在的数万元，居民收入水平和生活质量都逐渐提高。位于吴忠的红寺堡地区，随着产业结构的不断调整优化，农业发展逐渐形成了一定的规模，移民的收入状况也有了比较好的改善，

---

① 宁夏回族自治区发展和改革委员会.宁夏"十三五"易地扶贫搬迁规划［Z］.2011.

2017 年，红寺堡开发区加快精准扶贫脱贫摘帽，扶贫的结果是 15 个贫困村销号、2952 户 12118 人脱贫。这些都是生态移民工程的推进过程中所带来的移民收入水平提高的表现，曾经居住在山区的农民，搬迁后因为生产方式及生活方式的改变，收入水平大大提升，生活状态越来越好。

表 3.2 是 2016 年宁夏生态移民的人均可支配收入，数据来源于 2017 年10 月银川市统计局发布的简明统计信息。从数据可以看出，较之 2015 年，宁夏各地生态移民的收入都表现出较好的增长趋势，居民的生活水平也相应地有所提高。2016 年，宁夏生态移民人均可支配收入增长最多的是银川金凤区，增长量为 771 元，增长速度为 10.7%；收入最高的是西夏区，2016 年人均可支配收入为 7019 元；人均可支配收入增长速度最慢的是银川兴庆区，增长速度为 7.9%。

表 3.2　2016 年宁夏生态移民人均可支配收入

单位：元，%

县区	2016 年	2015 年	增量	增速
银川	6679	6086	593	9.7
兴庆区	6498	6022	476	7.9
西夏区	7019	6431	588	9.1
金凤区	7985	7214	771	10.7
永宁县	6331	5755	576	10.0
贺兰县	6513	5911	602	10.2
灵武	5830	5309	521	9.8
石嘴山	6363	5854	509	8.7
吴忠	5794	5281	513	9.7
固原	6493	5898	595	10.1
中卫	5428	4955	473	9.6

注：数据来源于 2017 年银川市统计局简明统计信息。

表 3.3 是近年来红寺堡居民的家庭收入基本情况，家庭收入由工资性收入、经营性收入、财产性收入和转移性收入四部分构成。近年来，红寺堡居民的家庭收入状况表现出上升趋势，家庭总收入从 2013 年的 16617.76 元上升到 2015 年的 20339.74 元，增长了 3721.98 元。不同性质类型的收入，都有不

同程度的上升表现。

表 3.3 红寺堡居民家庭收入基本情况

单位：元

年份	家庭总收入	工资性收入	经营性收入	财产性收入	转移性收入	出售资产所得	借贷性所得
2015	20339.74	12838.53	6011.54	432.82	1056.85	85.23	471.64
2014	17720.57	11788.2	4835.55	428.55	668.27	23.71	174.4
2013	16617.76	15438.55	4024.23	61.76	331.52	—	1092.96

注：数据根据 2014~2016 年的宁夏统计年鉴整理所得。

从城镇居民的收入情况看，2017 年，红寺堡城镇居民的人均可支配收入达到 21195 元，同比增长 9.2%，增速位居山区九县第一，这是红寺堡城镇居民人均可支配收入首次突破 20000 元，主要体现在工资性收入稳定增长、财产性净收入稳步增长以及转移净收入快速增长。工资性收入的增长，主要是因为机关事业单位各种奖金、补贴的增加，以及当年各类新增就业提升了城镇居民的个人可支配收入。转移性净收入的增加，体现在近年来红寺堡惠民资金发放力度的增大上，低保标准和高龄补贴都有所上调。同时，对于红寺堡很多居民来说，外出务工是移民搬迁后的一个主要收入来源，问卷调查中，48.6%的受访者在搬迁后外出务工，而且外出务工的年均收入较之搬迁前都有上升，平均上涨 1~2 倍。

在红寺堡镇调研时，一些搬迁较久的居民，因为家里土地少，选择购买私家车在镇上载客运营，收入相对灵活、稳定；红寺堡镇有很多回族经商者，主要是传统的榨油生意和餐饮生意，也逐渐发家致富。农业收入较搬迁前也有比较大的增加，搬迁前由于生态环境恶劣、土地贫瘠、灌溉设施缺乏、种植方式落后，农业产量普遍较低，而且部分地区农民靠天吃饭，收入无法保证。搬迁后，农户家里的土地质量、灌溉条件等都大为改善，粮食产量提高，农民收入不断增加。在城镇，宁夏回族移民特有的经商氛围（榨油、牛羊肉、餐饮等），不仅可以增加其收入，还促进了红寺堡地区的商业发展。搬迁后移民家中的电器拥有率显著上升，摩托车、农用车及轿车更多地走进移民家庭，贫困人口比重降低，居民收入较从前涨幅较大，生活水平提高，说明宁夏的生态移民工程对于增加移民收入、提高移民生活水平的效益非常明显。

同时，红寺堡政府坚持稳中求进，推进农业供给侧结构型改革，农业产业结构得到了进一步的优化，农村居民收入也表现出持续增长的态势。2017年，红寺堡农村居民人均可支配收入达到7896元，较2016年增加814.4元，同比增长11.5%，增幅在山区九县中排名第三。项目组在调查中还发现，对于生态移民来说，外出务工逐渐成为他们收入的重要来源。在红寺堡、芦草洼、南梁台子以及同阳新村等地的调查问卷结果显示，48.6%的受访者在搬迁后选择外出务工，搬迁前外出务工的年平均收入在4500元左右，搬迁后则上升到9500元左右，移民的收入水平有了显著的提高。金凤区和顺新村的居民在政府的帮扶下选择种植温棚瓜菜，并通过种植合作的作用引进经销商，帮助移民销售瓜菜，使得移民收入均有增加。

通过调查我们发现，移民搬迁后收入水平上升非常明显，尤其以红寺堡的调查结果来看，调查的300户居民中，搬迁前收入水平在10000元以下的农户比例为77.37%，搬迁后此比例下降到48.91%，收入变动不大的群体，主要是新搬迁居民，或者搬迁前就相对贫困的家庭，缺乏生计资本，发展相对困难。从图3.1中反映的结果看，移民搬迁后收入增加的情况是比较明显的，尤其是搬迁前所调查的家庭收入在30000元以上的只有4户，搬迁后收入在30000元以上的家庭比例达到了16.79%，我们调研中居民家庭年收入最高的一户在2015年达到8万元以上，其收入主要来源于在红寺堡从事建筑行业的收入；另一户年收入达到7万多元的家庭，其收入主要来源于养殖业。调研问卷显示，当前红寺堡居民收入的主要来源是农牧业收入及打工收入（建筑业），还有一小部分来源于小生意的经营。红寺堡搬迁居民回族较多，回族经商特有的榨油、牛羊肉、餐饮等成为经商移民的主要收入来源。调研中，红寺堡有10.22%的农户饲养禽畜的目的是改善家里的伙食；88.32%的农户养殖禽畜是为了弥补家里的日常开支；有2户为职业养殖户。调研中访谈的红寺堡区团结村，由过去的团结、红兴、富祥、希望四个村合并而成，属于纯回民村，全村总户数2460户，10260人，耕地面积21980亩。为了强村富民，团结村领导班子通过多种渠道想办法，找门路。几年来，团结村的面貌发生了翻天覆地的变化，截至2016年，团结村有大型装载机40多辆、家用小汽车 340 多辆、货用车 180 多辆，群众收入逐年提升。

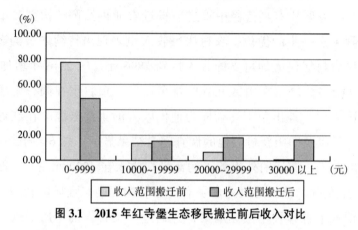

图 3.1　2015 年红寺堡生态移民搬迁前后收入对比

通过数据的比对和实际调研发现，目前红寺堡收入稳定增长更多的是来源于搬迁有一定时间且当地相关产业发展稳定的村子或者农户家庭，如中圈塘村的葡萄种植，农户收入相对稳定。新搬迁居民的收入主要来源于零散的打工收入，收入相对较低。像镇北堡镇也是如此，由于搬迁时间较久，且当地葡萄酒产业发展已经有一定的规模，居民大多选择把土地流转出去而在家门口打工，所以务工收入比例相对较高。

但我们也必须注意到，虽然统计数据所反映出来的结果是，居民的收入普遍提升，且大部分接受调查者所反映出来的收入水平都有提高，但搬迁地区也存在着一定程度的返贫现象。在红寺堡调研的一名农户家里，院子里堆着收回来的蔬菜，因为同村居民种植趋同，而居住地离市区较远，导致村民不仅没有盈利，连投入的成本也没有收回。这在一定程度上影响了村民种植的信心。在兴泾镇调研中，有的贫困家庭由于缺乏生计资本，而且不适应搬迁后种植方式和搬迁前不同，在生产经营中缺乏营利能力，导致陷入了"贫困的恶性循环"。

3.2.2　消费水平不断提升

以 2017 年红寺堡区居民生活消费数据为例，红寺堡区居民生活消费水平随着人均可支配收入的提高而不断提高，城镇居民消费水平稳步增长，人均消费 14199.8 元，较上年增长 11.7%，农村人均消费支出 8103.9 元，比上年增加 13.3%。搬离过去的生活环境，生活方式也有很大程度改变，过去的生活基本自给自足，自家吃喝基本都靠自己种植，而现在，吃穿住用基本都靠消费购买，这也是居民消费不断增加的一个因素。

在生态移民们收入提高以及生活方式改变的同时，移民消费水平也上升了，尤其表现在恩格尔系数的下降上，移民的消费质量较搬迁前有所好转。从图 3.2 可以看出，较 2016 年，红寺堡区农村居民的八大项消费均有所提升，说明农村居民的生活水平和生活质量都提高了。八项消费中，食品烟酒消费和衣着类消费的增加幅度不大，居住消费和生活消费大幅度上升。2017 年红寺堡农民人均居住支出 1578.4 元，同比增长 38.3%；生活消费和服务人均支出 683.1 元，同比增长 24.1%。教育文化娱乐消费表现出持续上升的趋势，同比增长 27.5%，表明红寺堡区农民的消费结构和生活水平有了提升，居民用于精神需求的消费有所增长。同时，医疗保健支出以及其他用品和服务都迅速增长，这说明移民生活质量较从前有所提升。

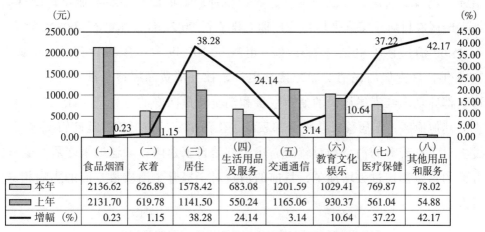

	（一） 食品烟酒	（二） 衣着	（三） 居住	（四） 生活用品 及服务	（五） 交通通信	（六） 教育文化 娱乐	（七） 医疗保健	（八） 其他用品 和服务
本年	2136.62	626.89	1578.42	683.08	1201.59	1029.41	769.87	78.02
上年	2131.70	619.78	1141.50	550.24	1165.06	930.37	561.04	54.88
增幅（%）	0.23	1.15	38.28	24.14	3.14	10.64	37.22	42.17

图 3.2　2017 年与上年红寺堡区农村居民生活消费对比情况

表 3.4 为调研所得的红寺堡居民搬迁前后耐用消费品拥有量对比，搬迁后，电视机、电冰箱、电脑、洗衣机等家用电器逐渐普及，说明红寺堡居民生活水平较从前有很大改善。轿车数量的从少到多，说明移民的收入水平和生活水平较搬迁前有很大提升，而农用车等数量的提升，说明红寺堡居民生

产方式有明显改变，拥有的土地质量和土地数量较搬迁前都有改善，生活质量也和以往大不相同。我们在调研中发现，手机、电视机是每个家庭的必备品，搬迁后由于道路条件改善较大，农民家庭摩托车的拥有量逐步提高，有些收入条件较好的家庭拥有小汽车。

表 3.4　红寺堡移民搬迁前后平均每百户耐用消费品拥有量对比（2014）

	电视机	电冰箱	电脑	手机	洗衣机
搬迁前	65.5	10.8	2	10.1	14.2
搬迁后	96.6	64.9	20.3	59.5	62.4
	轿车	农用车	摩托车	电动车	自行车
搬迁前	4.7	16.2	33.8	13.5	23.6
搬迁后	10.8	31.8	68.2	6.8	20.3

注：表中数据根据问卷调查结果整理所得。

　　红寺堡农民消费支出的变化说明，随着农民收入水平的提高，农民的生活消费正逐渐由生存型消费向享受型消费转变。而随着农民个人消费能力的增强，消费的质量也在逐渐提升，农民精神层面的消费不断增加。2015 年，红寺堡区农村居民家庭平均每百户拥有洗衣机 90.22 台，冰箱 67.88 台，摩托车 85.69 辆，移动电话 247.61 部，电视机 107.49 台，家用计算机 8.4 台。2016 年，红寺堡居民消费能力持续提升，社会消费品零售总额增长 10.4%。这些都体现出红寺堡居民的消费数量和消费质量向好的趋势。除此之外，调查的其他地区，定居移民几乎全都表示，生活消费的情况较搬迁前转变很多，过去对于衣着等的消费相对较少，房子都是自家建的；搬迁出来之后，这些方面的消费都比过去增加了，目前的消费对于提升生活质量方面的影响相对较大。

3.2.3　物价水平略高于宁夏平均水平

　　关于物价问题，搬迁移民中 86% 的受访者表示，自搬迁以来花费较从前有较大增长，生活成本上升，生活压力较大。究其原因，大多数受访者表示，搬迁前，自家种植的五谷杂粮基本上能够满足自家生活需要，粮油蔬菜等几乎不用外购；没有水费的困扰，家电较少，因此电费消耗低；种子等自留，农业支出较低，农业种植中很少使用农药化肥等产品；交通及通信费用支出较少。因此，搬迁前他们的生活基本处于自给自足的状态，即便收入低，但支出也低，生活压力很小。搬迁后，水电费是生活中的固定支出，最主要的是，大多数生活用度都需要购买，农药、化肥、种子、地膜等农业生产必需品成为农业生产支出的重要部分。同时，搬迁后的生活方式和以前也不一样了，去大城市比以前更方便，城镇生活比搬迁前更加丰富，需要花钱的地方也更多。所以，支出增多了，就会感到明显的入不敷出，主观上感到物价水平高。

表 3.5 是 2012~2015 年吴忠（红寺堡地区）与宁夏 CPI 指数的变动情况，通过对比可以发现，红寺堡的物价水平与宁夏整体水平的差距并不大。对比的 8 个指标中，2012 年，除了衣着、娱乐教育文化用品及服务、居住成本价格指数略低于宁夏总体水平，其他价格指数均高于宁夏总水平。2013 年 CPI 上升，但红寺堡多数价格指数低于宁夏总水平。2014 年 CPI 略有下降，但红寺堡地区的食品消费、衣着消费、交通和通信的物价指数高于宁夏水平。2015 年，居住价格指数上升，略高于宁夏水平。在红寺堡的调研中，有 53% 的居民表示曾向亲朋好友借过钱，借钱支出的方向多数用于农业生产，也有

表 3.5 宁夏与红寺堡 CPI 对比

指标	2012 年		2013 年		2014 年		2015 年	
	宁夏	吴忠	宁夏	吴忠	宁夏	吴忠	宁夏	吴忠
居民消费价格指数（CPI）	102	101	103.4	103.2	101.9	101.7	101.1	100.3
食品	104.5	105.6	107.2	106.9	102.7	103.2	100.4	99.4
烟酒及用品	101.5	101.8	99.8	100.3	99.1	98.8	102.6	101
衣着	103	95.5	103	99.9	102.7	104.1	102.8	103
家庭设备用品及维修服务	100.2	100.5	101.3	100.4	101.1	100.8	101.4	99.9
医疗保健和个人用品	101.6	102.1	103.2	102.1	101.6	100.4	101	100.9
交通和通信	99.5	100.6	98.6	102.7	99.6	101.4	98.6	99
娱乐教育文化用品及服务	98.6	95.7	99.7	99.7	102.8	99.3	105.7	101.8
居住	100.8	97.8	102.2	101.5	101.2	99.7	100.3	100.4

注：本表数据根据历年宁夏统计年鉴数据整理所得。

用于子女上学、看病就医或者翻盖房屋等。整体看，物价总水平与宁夏总水平相比没有大幅度波动，但相对于红寺堡的收入状况以及发展水平而言，物价水平并不低。

调研中我们了解到，红寺堡大部分蔬菜、水果依靠外运，如果遇到不良天气，会造成蔬果的采摘、运输及储存成本上升，从而价格上涨。同时，红寺堡地区商业并不十分发达，服装鞋帽等同样依靠外运，销售又缺乏竞争，价格水平相对较高。相比银川的生态移民，除月牙湖乡离市区较远，兴泾镇、镇北堡镇、同阳新村、和顺新村等地离银川市区都比较近，并且都开通了公交车，居民进城购物等都非常方便，相对而言，购物、消费比红寺堡更方便，大多数产品的物价更接近市场价格。

3.2.4 产业结构逐渐优化，移民后续产业发展势头较好

宁夏随着经济社会的不断发展，近年来产业结构也不断优化。当前，宁夏农业比重不断降低，但通过不断地提升传统农产品附加值、延伸产业链，进一步将第一产业做大做强。2017 年，宁夏粮食生产"十四连丰"，产量达368 万吨，草畜、瓜菜、枸杞、酿酒葡萄等特色农业品牌效应显现。第二产业目前比重最大，过去宁夏依托资源优势，大力发展以煤炭为主的相关优势产业，推动了宁夏经济的阶段性快速发展。2017 年，宁夏规模以上工业增加值增长 8.6%、利润增长 22.3%，宁东基地工业产值突破 1000 亿元。宁夏实施 100 个重点技改项目，化解煤炭产能 593 万吨，质量效益进一步提高。

目前，围绕丝绸之路经济带建设的良好机遇，宁夏依托地区优势以打造大数据信息产业和其他新兴产业为主，如大力发展太阳能光伏产业。红寺堡地区第三产业在发展传统服务业的同时，不断提升现代服务业的比重，通过新兴产业与传统产业相结合，现代化和信息化的管理手段相结合，从而促进经济发展。2017 年，宁夏全域旅游示范区建设稳步推进，全年接待游客量和旅游收入分别增长 21.7%和 20.4%，电子商务、健康养老、文化创意等新业态蓬勃发展。

从 2015 年宁夏产业结构情况（见表 3.6）来看，宁夏的产业结构中，第

一产业所占的比重相对较高，说明农业在宁夏经济发展的过程中所占据的地位非常重要，同时从宁夏三次产业的就业人口情况看，农业作为宁夏的优势产业，从事农业的人口占总人口的比重也相对较高。但是，从表3.6中数据的对比分析也可以看出，经济相对落后地区的第一产业比重都相对比较高，如银川市辖内永宁县、贺兰县的农业比重相对高于银川市的三区。吴忠市辖内红寺堡农业比重最高，而人均GDP相对最低。吴忠、固原、中卫的第一产业比重均高于银川和石嘴山。

表 3.6 2015 年宁夏产业结构构成表

单位：%，元

地区	第一产业	第二产业	第三产业	人均 GDP
宁夏	8.20	47.40	44.40	43805
银川	3.90	52.30	43.80	69594
兴庆区	1.40	24.20	74.40	60893
西夏区	2.90	53.60	43.50	77801
金凤区	1.90	50.10	48.00	58598
永宁县	12.40	55.00	32.60	51943
贺兰县	13.10	55.80	31.10	48726
灵武市	2.80	85.10	12.10	126730
石嘴山	5.40	63.90	30.70	61845
大武口区	0.50	65.30	34.30	66313
惠农区	4.20	68.00	27.90	71832
平罗县	13.80	57.80	28.40	50043
吴忠	13.50	56.00	30.50	29756
利通区	11.20	58.10	30.70	36703
红寺堡区	29.60	42.60	27.80	8069
盐池县	9.00	57.00	34.00	41725
同心县	22.40	39.70	37.90	15154
青铜峡市	13.10	60.80	26.10	44640
固原	20.80	26.30	52.80	17819
原州区	14.40	26.60	59.00	22459
西吉县	25.60	22.40	52.00	14166

续表

地区	第一产业	第二产业	第三产业	人均GDP
隆德县	23.20	28.20	48.60	13014
泾源县	18.80	33.00	48.20	13235
彭阳县	29.40	27.20	43.40	20732
中卫	16.60	44.50	38.80	27857
沙坡头区	15.90	38.30	45.80	36394
中宁县	14.40	56.30	29.20	37355
海原县	25.50	31.20	43.30	11065

注：本表指数按可比价格计算，数据来源于2016年宁夏统计年鉴。

表3.6中数据也明显地表现出，宁夏目前存在着较大的收入差距，2015年宁夏人均GDP为43805元，有14个地区的人均GDP高于宁夏水平。分地区看，人均GDP最高的是灵武市（126730元），银川市人均GDP为69594元，灵武市高出银川57136元。而人均GDP最低的红寺堡地区当年GDP仅为8069元。固原的情况则整体偏低，原州区人均GDP最高以外，平均为17819元。目前宁夏存在着比较大的收入差距，产业结构状况也存在一定的不足，还需要对产业结构不断优化，以提升经济质量。

从红寺堡的产业基本情况看，为促进经济发展、移民增收，产业培植始终是红寺堡地区的重点工作，通过推进农业现代化、新型工业化、服务业多元化等提升整体的经济发展质量。红寺堡是承接宁夏东西南北的地理中心，属于典型的温带大陆性气候，常年干旱少雨，昼夜温差大，适宜发展以葡萄种植为主的农产业。产业结构经过不断的协调发展，三次产业结构比由2012年的33.2∶40.5∶26.3调整为2014年的31.5∶43.9∶24.6。2013年人均地区生产总值7161元，粮食种植面积为32.5万亩，总产量11.2万吨，同比增长4.67%。2014年人均生产总值7572元，第一产业增长5.4%，第二产业增长10.8%，第三产业增长6.0%。近年来，红寺堡农业发展较好，酿酒葡萄、设施农业、畜牧养殖等特色优势产业成为当地农民增收的主要渠道，比重占红寺堡产业总数的62%。2014年农林牧渔业实现总产值8.37亿元，增长5.6%；

实现增加值 4.4 亿元，增长 5.4%[①]。红寺堡柳泉村，是全区 500 个重点贫困村之一，农业以种植玉米为主，每亩地的纯收入只有 600 元左右，成本高、效益低，产业结构不合理。为了提高种植效益，引导种植结构调整，积极探索了"支部+合作社+农户"的经营模式发展黄花菜种植产业，经济效益比玉米要高 5~8 倍。目前，合作社已经流转了 74 户建档立卡贫困户共计 625 亩土地用于种植黄花菜，全村已有将近 2000 亩土地用来种植黄花菜，还吸引了 5000 多人次的贫困劳动力参与种植等工作，通过产业升级为贫困户增收 40 余万元。2013 年红寺堡开发区产业结构见表 3.7。

表 3.7　2013 年红寺堡开发区产业结构

指标名称	GDP（万元）	同比增长（%）	结构（%）	区位商
地区生产总值	128466	13.50	—	—
第一产业	41126	4.90	32.01	—
第二产业	55404	28.40	43.13	—
工业	28292	22.20	51.06	1.18
建筑业	27112	32.60	48.94	1.13
第三产业	31936	7.40	24.86	—
交通运输、仓储和邮政业	1432	6.00	4.48	0.18
批发和零售业	6129	6.30	19.19	0.77
住宿和餐饮业	1874	4.60	5.87	0.24
金融业	3045	17.20	9.53	0.38
其他	19456		60.92	—

注：表中数据根据 2014 年统计公报整理计算所得。

2017 年，红寺堡产业结构不断优化完善，各产业发展取得了较好的成绩。农业发展中，大力发展"3+X"产业，调减玉米等高耗水作物 12.2 万亩，新增葡萄 8100 亩、枸杞 7000 亩、牧草 3.3 万亩、黄花菜 1.42 万亩，牛、羊饲养量分别达到 8.3 万头、83.5 万只；建成富硒农产品基地 4 个，打造自治区级休闲农业示范点 2 个、市级三次产业融合试点 1 个。新认定自治区级龙头

---

① 红寺堡经济信息统计网 [EB/OL]. http: //www.hsbtj.gov.cn/onews.asp? id=227.

企业 7 家，培育各类新型经营主体 230 家、专业合作社 26 家；建成农业机械化服务中心 3 家。举办了第三届全国精品葡萄酒挑战赛暨红寺堡葡萄酒高峰论坛等活动，戈蕊红 2014 赤霞珠干红等 34 款葡萄酒获国内外葡萄酒大赛金、银、铜奖 34 项。为了增加农民收入、促进农产业发展，红寺堡"扶贫到户、责任到人"的双到扶贫攻坚方案为农户提供基础母牛、肉羊、经果林、大拱棚、中药材等项目的补助，增加农民收入的同时，细化了产业方向。

以红寺堡弘德新村为例，结合当地人多地少的现状，弘德新村重点打造高效节水生态设施农业，种植品种的推广结合前期培训成绩、先易后难、合理分布。按照接收能力和操作难易程度将农户的生产种植分为三个等级：一是对种植技术掌握不足的农户引导种植叶菜类蔬菜如韭菜、生菜、香菜、油菜等；二是对于掌握一定种植技术的农户引导种植结果类蔬菜如辣椒、西红柿、黄瓜、茄子等；三是对于在原驻地从事过瓜类作物种植的农户引导种植西瓜、甜瓜等高产值作物。这样推荐种植，既可以保证设施农业的有效利用，又可以保证不因农产品种植结构单一而造成滞销。在推进设施农业发展的过程中引导农户组建专业合作社，以合作社为主体开展订单农业、生态农业、有机农业种植。同时，为了推进移民尽快使从"旱作农业"向"灌溉农业"转变，弘德新村对移民开展实用农业技术培训和农民工技能培训。培训内容结合当前农业生产发展现状，培训方式采取集中授课、田间实践、单独技术指导等方式。通过多种渠道，引导农民有序经营，在增加收入、改善生活状况的同时，促进了定居点后续产业的发展。

红寺堡工业经济增速明显加快，2017 年新增规模以上企业 5 家，预计实现规模以上工业增加值 5.2 亿元，增长 18% 以上。弘德园区预计完成工业总产值 13.1 亿元，增长 20%；实现增加值 4.3 亿元，增速 25%。建成的 3 个葡萄酒庄，葡萄酒年加工能力达 2 万吨。同时，红寺堡政府还完善了相关的企业扶持政策，出台了《2017 年红寺堡区扶持工业经济发展资金奖励办法》，红川科技、索米亚被认定为自治区"专精特新"企业，弘德包装等 5 家企业获得第六届"宁夏中小企业 50 强"，壹加壹、天得被评为标准化良好行为 AA 企业，嘉泽新能源在上海证券交易所主板成功上市。第三产业蓬勃发展，建成县级电商服务中心 1 个、村级服务站 60 家，注册电商企业 10 家，电商孵化园开园运营，入驻电商企业、个体 30 家。博大三期、鹏胜·时代广场等商贸综合体开工建设。快递年业务量达 66.94 万件，实现收入 231 万元。编制完成《红寺堡区全域旅游发展总体规划》，实施"三改一整"工程，新建中圈塘等旅游示范村 3 个，罗山飞行营地等 4 个旅游驿站投入使用。承办了 2017 年全国青少年航空航天模型锦标赛暨第四届航空旅游节、"中华民族一家亲走进红寺堡"等活动，初步形成了"民族团结游""航空体验游"等新型旅游模式。

虽然红寺堡的产业结构得到了进一步的调整和升级，但根据对红寺堡各产业区位商的测算可以看出，只有工业、建筑业的区位商大于 1，能够成为当地具有比较优势的产业，然而整体发展能力还比较弱，产业水平还需要进一步提升。第三产业整体发展还比较滞后，缺乏带动地区经济增长的优势产业且现代服务业发展滞后。同时，红寺堡地区的第三产业多是简单低效的服务业，未能很好地发挥与第一、第二产业间的互动作用。

3.2.4.1 特色林果经济——葡萄产业成为红寺堡创收优势产业

特色林果产业已经成为红寺堡创收的优势特色产业，同时，发展特色经果林产业一直以来都是红寺堡区委、区政府调整产业结构、增加农民收入的主要农业经济工作措施，经过多年的探索和努力，确立了以酿酒葡萄、枸杞等为主导的经果林产业发展政策。截至 2017 年，红寺堡共计种植葡萄、枸杞等经济林 19 万亩，其中葡萄 10.6 万亩、红枣 1.5 万亩、枸杞 5.6 万亩、苹果等其他经济林（庭院为主）产业 1.3 万亩。目前，葡萄产业已经成为红寺堡的优势特色产业，带动了农民增加收入、发家致富，也发挥了红寺堡劳动力安置的重要功能。

宁夏贺兰山东麓是全国最佳酿酒葡萄种植区之一，这里所产的葡萄含糖量高、糖酸比适中、着色饱满、无污染，葡萄酒质优、适口，已得到全国葡萄界人士及世界葡萄行业人士的普遍认同，影响正在逐步扩大和升级。红寺堡位于宁夏中部干旱带，北纬 38 度世界酿酒葡萄种植的黄金地带，光照充足、干旱少雨、土质疏松，加之无污染的生态环境，被公认为是种植优质酿酒葡萄的最佳产区。目前，葡萄种植也已经成为红寺堡群众致富的重要来源，酿酒产业成为红寺堡的一大支柱型产业。2010 年，红寺堡区被国家质监总局批准扩大贺兰山东麓酿酒葡萄国家地理标识保护范围，同年《中国（宁夏）贺兰山东麓百万亩葡萄文化长廊发展规划》中以"一廊、一心、三城、五群、十镇、百庄"定位宁夏葡萄产业发展规划，其中红寺堡区以"一城两镇一心"的规划比重被列为自治区葡萄产业发展的重点区域。红寺堡区始终秉承"绿色、生态、有机"的理念，推进葡萄"全产业链"发展，集中连片种植规模已居宁夏4个葡萄产区之首，截至2013年底，红寺堡区葡萄累计种植总面积达到12.6万亩，保留面积6.67万亩，其中，酿酒葡萄5.81万亩，鲜食葡萄0.86万亩。先后引进了宁夏凯仕丽实业有限公司、宁夏罗山国际贸易有限公司、瑞丰农产品加工有限责任公司、内蒙古汉森酒业集团有限公司、宁夏紫尚葡萄酒业有限公司等11家企业来红投资，总投资额近8亿元，基本建成葡萄酒厂6家、酒庄2家，葡萄年加工能力近4万吨[1]。从2015年开始，红寺堡大力改善种植结构，推广酿酒葡萄、黄花菜等节水经济作物种植，目前红寺堡酿酒葡萄种植面积达到10.6万亩，已经有12家酒庄在这里发展，注册葡萄酒企业30余家，培育形成罗山、红粉佳荣、千红裕等40多个葡萄酒品牌，年生产葡萄酒800余万瓶。

表3.8是2014~2016年红寺堡区酿酒葡萄的产量及收益情况，可以看出，红寺堡区酿酒葡萄的挂果面积持续增长，单产数量也逐渐上升，单位面积种植收益也表现出增长趋势。但从近几年葡萄的销售单价情况看，价格涨势不太乐观，没有突破4元/千克。

表3.8 红寺堡区酿酒葡萄产量及收益情况[2]

年份	挂果面积 （公顷）	单产 （千克/公顷）	每年果量 （吨）	销售单价 （元/千克）	单位面积种植收益 （元/公顷）
2016	3300.00	3866.06	12758.00	3.30	12757.99
2015	2680.00	3638.36	9750.80	3.20	11642.75
2014	2578.00	3091.93	7971.00	3.50	10825.50

过去，红寺堡居民种植玉米等经济作物收入较低，遇到干旱缺水的情况还会亏损。现在，红寺堡的葡萄种植采用订单式生产，村民与酿酒公司签订

---

① 宁夏回族自治区商务网站［EB/OL］. http：//www.nxdofcom.gov.cn/zbzz/1938.jhtml.
② 张永红，张永明. 宁夏吴忠红寺堡区酿酒葡萄产业发展现状及对策［J］. 宁夏农林科技，2016（10）.

合同，这保证了葡萄成熟后的销路。部分农民选择在葡萄地里套种黄花菜，增加了土地的利用价值和收入。调查中，还有部分居民选择将土地流转给当地的葡萄种植基地，在赚取土地流转费的同时，再通过外出打工赚取生活费用。现在，红寺堡年葡萄加工能力4万吨，农户年均收入4万元，最高单户收入达到20万元；产业发展解决农民就业8万人次，带动农户年均劳务收入8000万元。

3.2.4.2　光伏发电与扶贫、农业开发相结合

近年来，闽宁镇积极调整产业结构，寻求农民脱贫致富的新门路。如闽宁镇原隆村，目前已形成了以劳务输出、葡萄种植、光伏农业、肉牛养殖、红树莓种植为主的五个产业增收渠道。在精准扶贫工作中，探索发展光伏农业产业成为经济生活中的亮点。光伏农业产业是把光伏发电与扶贫、农业开发相结合，通过发电的短期收益对农业进行以短养长。主要是青岛昌盛日电太阳能科技股份有限公司从2014年开始在闽宁镇原隆村实施的集温室设施农业种植、光伏太阳能发电售电为一体的现代农业产业项目。目前，已逐渐形成以花卉、茶叶种植为重点，以蚯蚓、蝎子特种养殖为亮点，以食用菌、有机蔬菜种植为抓手的产业布局。使415户贫困户每户每年增加土地流转收入1500元，带动350多人就业，每人每年劳务收入超过2.5万元。按照年初托底分红计划，2016年11月26日，该公司按照年初承诺拿出76万元给闽宁镇76户建档立卡贫困户分红。

3.2.4.3　劳务产业：加强劳务培训和输出，增加移民收入

以闽宁镇为例，闽宁镇在发展过程中一直以产业协作为基础，在发展农副产品加工项目上大大加速了劳务产业的发展，努力消化镇上的富余劳动力，以达到群众增收致富的目的。1998年以来，福建的菌草产业每年向闽宁镇派驻菌草种植技术人员，示范推广食用菌种植技术，5200余名农民得到培训，带动了1000余户农民脱贫致富。早在2009年，我们就曾在闽宁镇的木兰村、玉海村、园艺村等地进行了关于闽宁镇劳务输出与劳务产业发展情况为主题的调研。据闽宁镇政府相关统计资料显示，2008年闽宁镇共完成劳务输出总人数4620人，全年创劳务总收入2777.95万元，务工人员人均创收6012.9元。由劳务经纪人带队输出和中介组织输出人数占输出总人数的52.19%，从

事第二、第三产业人员达到 12471 人，以武河、园艺两个设施园区为主要活动场所，从事蘑菇种植的特色品牌从业人员 480 人。当时闽宁镇很多居民的主要经济收入是外出务工，调查人数中的 39.18% 在镇上务工，38.14% 在银川务工，去其他省务工的只占全部的 16.49%。[1] 现在，闽宁镇还通过筹建生态移民创业就业示范基地，为居民搭建培训、实操平台，同时在示范基地的基础上，成立闽宁镇创业就业中心，定期举办专场招聘会，为闽宁镇乃至周边群众的就业提供了良好的就业信息，目前已经取得了实效，促进了农民的增收。

闽宁镇每年组织开展各类培训 1 万人次以上，培养了近千名技术工，焊接工、瓦工、木工，培育成立了 8 家劳务派遣公司，向望远工业园区、永宁县紫荆花造纸厂、永宁县伊品集团、金盾保安公司、中银针织厂等企业输送技术工近 500 人。随着中粮集团和德龙酒业的大力引进，目前葡萄种植也已成为闽宁镇的支柱产业。目前已有 2500 多闽宁镇人在德龙酒业工作。闽宁镇原隆村的大多数村民都是通过技术的培训，被吸收到附近的酒庄工作，人均月收入约 3000 元。在家门口工作，不仅省去了外出打工的花销，而且还可以照顾老人和孩子，避免了留守儿童、老人等社会问题的出现，收入增加了，生活也便利了。劳务输出现在已经成为闽宁镇居民的重要增收渠道，据闽宁镇创业就业中心相关数据显示，2015 年上半年闽宁镇有组织输出 5700 余人，

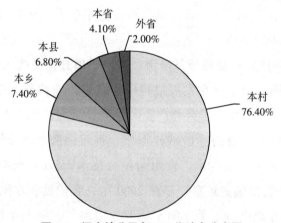

图 3.3 　闽宁镇移民务工工作地点分布图

---

① 纳慧. 优势产业推动地区经济发展——宁夏闽宁镇劳务经济产业发展调研 [J]. 内蒙古农业科技，2009（12）.

自发输出 1100 余人，生态移民有组织输出 2375 余人，自发输出 800 余人，上半年劳务输出创收 6038.6 万元。

对于搬迁移民而言，搬迁后生活环境变好了，通过努力工作勤劳致富，是他们最大的心愿。闽宁镇建立劳务培训、劳务派遣、劳务输出的平台，是促进搬迁移民增收致富，改变他们生活方式的重要手段。

3.2.4.4 旅游产业：休闲观光农业促进移民增收

移民迁入定居点后，最先发展起来的是农业，传统农业存在的问题在于低效且收益低。选择旅游+特色小镇的方式，加快镇北堡特色小镇、兴泾镇国际陆港小镇建设步伐，在移民定居点发展休闲观光农业以及休闲农庄，是提升当地经济的重要举措。目前，银川西夏区在镇北堡投资 1.1 亿元，启动实施 7 条规划路建设、镇区外立面改造、镇区小微公园建设、幸福小镇三期四大工程，镇北堡镇先后被住建部、国家旅游局、国家发展改革委等部门评选为"全国特色小城镇（首批）""全国景观旅游特色名镇""深化城镇基础设施投融资模式创新特色镇""最受中国报业关注的十大古镇"，并成为首批自治区文化旅游类特色小镇。兴泾国际陆港小镇完成投资 1.6 亿元，跻身银川十大特色小镇行列。

贺兰山东麓葡萄产区大力发展以葡萄文化、塞北风情为主题的休闲和观光农业集群，全力实施葡萄产业"六名"工程（名产区、名葡萄、名酒庄、名酒标、名酒、名企业）。张裕摩塞尔十五世酒庄现已跻身国家 4A 级景区，源石酒庄入选"国家文化产业示范基地"和 3A 级景区，葡萄产业直接、间接带动就业 1 万余人；特色化发展华西村城市农夫乐园等休闲农业旅游场所；2017 年 1~10 月，辖区 34 家休闲农业点接待游客达 45 万人（次），营业收入达 3800 万元。观光农业与旅游产业的融合进一步增强，在促进社会经济发展的同时，发展了农业，提高了农民的收入，解决了大量闲置劳动力。

以银川市兴庆区月牙湖乡一户移民脱贫致富为例，我们可以看到，生态移民工程对生态恶劣区居民生活水平的改善具有重要的作用。

兴庆区月牙湖乡滨河家园三村余海生，是"十二五"从彭阳县新集乡赵口村搬迁来的生态移民。搬迁以前在老家养牛，收入不多，仅够维持生计。当时交通不便，孩子上学要走 4.5 千米的山路。2013 年搬迁至滨河家园后，政府解决了余海生的住房和基本生活问题，孩子上学也有了保障。2014年确定为建档立卡贫困户。因为搬迁后土地流转，没有地方干老本行去养牛。余海生通过市场调查，发现周围豆腐加工暂时没人做，市场潜力大，就有了想开豆腐作坊的念头。说干就干，2013年8月，余海生专门去了甘肃平凉峡门沟口豆腐加工厂学习豆腐加工技术，在学习了一个月后，筹集资金开了间豆腐作坊，厂家派技术员现场指导一个星期，开始经营豆腐生意。起初生意并不好，加工出来的豆腐并没有得到市场认可。但余海生坚信，生意是熬出来的，在政府扶贫政策的支持下，他向月牙湖乡黄河银行申请贷款10万元，对生产环节进行了改进，继续咬牙坚持，功夫不负有心人，生意渐渐有了起色，生产出来的豆腐得到了周围居民和饭店老板的认可，生意越来越红火。2015年底，全家人均纯收入达到了脱贫标准，在兴庆区验收后成为了滨河三村首批脱贫户。后来为了扩大店面，余海生又继续向黄河银行贷了15万元，到2016年底纯收入10余万，完全走上了脱贫致富的道路。[①]

3.3　宁夏生态移民的社会绩效

3.3.1　基础设施不断完善，移民满意度提升

基础设施作为经济社会发展的重要条件，是城市和社会经济协调发展必备的物质条件，也是城市化进程加速的物质保障。搬离山大沟深、资源匮乏的生态恶劣区，移民们对现有的生活环境是否满意，取决于生产和生活两个方面基础设施的改善情况。

依据政府公布的官方数据，从生产环境看，宁夏国民经济各行业固定资产投资表现出上升趋势，2015年宁夏国民经济各行业固定资产投资比2014年

---

① 案例数据来源于宁夏银川市兴庆区扶贫办。

上升 9256 万元。银川及银川三区在第一产业的固定资产投入中均有所上升，银川农林牧渔业固定资产投入 2015 年比 2014 年增加 178436 万元。整体投资水平的上升，说明宁夏政府对各地生产环境以及生产设施方面的重视程度不断提升，各地的生产环境较从前均有所改善。

从月牙湖的生产设施看，"十二五"期间，银川兴庆区在月牙湖整合各类项目资金，开发农田 9869 亩，开发节水灌区 2500 亩，购置托管奶牛 3155 头，兴建羊绒针织厂 11000 平方米，建设 2500 亩红树莓基地、600 亩花卉园区、300 亩苹果林和占地 100 亩的清真兔产业园，建设商业网点 20000 平方米和占地 30 亩农贸市场。配套建设村部、卫生室、老年活动室各 5 处，建设中小学、幼儿园各 1 所，规划建设了治安室、宗教场所，同时完善了安置区的绿化、亮化工程，满足了移民群众各项日常生活所需①。

以红寺堡（见表 3.9）为例，2015 年红寺堡在农林牧渔业，电力、燃气及水的生产和供应业，水利环境和公共设施管理业等方面的固定资产投入都有一定幅度的上升，而这几个方面投资的上升代表着生产投入的增加，以及农业生产基础设施方面的不断完善。政府不断加快交通、水利等基础设施的建设，农村公路的修建方便了居民的出行；诸多水利项目的增加，部分解决了农田的高效节水灌溉问题。2016 年，建成节水灌溉项目区 23 个，建设各种调蓄水池 84 座，总调蓄库容 1562 万立方米，灌区供输水能力不断增强。红寺堡以改善农村生产生活环境为重点，截至 2017 年，建成豹子滩等美丽乡村 10 个，改造危房 1840 户，大河乡小城镇一期建设基本完成；建成滚新南路等农村公路 24 条 160 千米；实施金庄子水库等 23 个重点水利工程和农村饮水安全项目，治理塘坊梁等盐渍化土地 1.2 万亩，打造柳泉、白墩等 13 个重点治理示范区 6.42 万亩高标准农田，改善和恢复灌溉面积 15.3 万亩，新增高效节水灌溉 4.2 万亩，新增蓄水能力 704 万立方米，巩固提升 4.8 万农村人口饮水安全；防汛、抗旱等工作扎实推进。生态环境持续改善。从调研、访谈情况看，76.32% 的农民表示，搬迁前由于生态环境恶劣、土地质量差、相关的灌溉设施缺乏，农业收入根本无法保证，而搬迁后种田的方便程度提高很多，

---

① 数据来源：http://www.nxszs.gov.cn/xinwendongtai/zdbd/tpgjjhs/283363.htm.

农业收成也比搬迁前好。还有 23.68% 的农民表示，对当前的生产设施比较满意，但家里存在着人多地少的现象，从而使得种田的收入较少。98.2% 的接受调查者表示，对当前的土地质量非常满意，而搬迁前的土地质量满意度仅为60%。移民对当前的农业生产环境满意度较高，灌溉、运输，以及农药、种子、化肥等的购买都非常方便。不论是红寺堡，还是其他移民定居点，居民都不用为这些生产物资的购买而发愁，生产活动较搬迁前更加方便，农民满意程度较高（见表 3.10）。

表 3.9 红寺堡区国民经济各行业固定资产投资表

单位：万元

年份	国民经济行业	农林牧渔业	采矿业	制造业	电力、燃气及水的生产和供应业	建筑业	交通运输、仓储和邮政业	批发和零售业
2015	652417	193175		72558	129955	17746	5000	31200
2014	643161	96122	1537	135525	72205	42334	7670	42560

年份	房地产业	科学研究和技术服务业	水利、环境和公共设施管理业	居民服务、修理和其他服务业	教育	卫生和社会工作	文化、体育和娱乐业	公共管理、社会保障和社会组织
2015	58906	10058	54587	1500	14780	8072	600	54280
2014	120814	10603	50370	11338	1426	1589	4600	44468

注：表中数据根据历年宁夏统计年鉴整理所得。

表 3.10 宁夏已搬迁移民对基础设施改善情况的看法统计

单位：户，%

调查地点	有效样本户数	改善很多	改变不大	不如从前
兴庆区	50	100.00		
金凤区	77	98.70	1.30	
西夏区	342	96.20	2.34	1.46
中卫市南山台生态移民新村	38	100.00		
红寺堡	300	89.05	0.11	3.65
石嘴山市大武口区星海镇	51	94.12	5.88	
合计	858	95.69	3.15	1.17

注：数据根据问卷统计整理所得。

从红寺堡地区的生活环境看，从 2013 年起这里就开展了道路整治工程，大力拆除危旧及违法违章建筑；深入实施绿化工程，平整绿化用地 1.8 万亩，使城乡人居环境质量大为改善，居民生活质量整体得到提升。2014 年，红寺堡新建续建住宅小区 6 个，总面积 39 万平方米；改造老旧小区 5 个，总面积 4.2 万平方米。为加快美丽乡村建设，红寺堡加大市容市貌整治，2017 年，城区机械化清扫率达 78%、垃圾处理率达 95%。目前，农村集中供水受益人口比重已达到 99.34%，自来水普及率 100%，卫生厕所普及率达到 62%。2016 年不断深入推进"创城""创卫"工作，加大城乡接合部、老旧小区等改造力度，整改不合格住宅小区物业，改善人居环境。实施农村饮水安全巩固提升、盐渍化治理等项目，开展永久基本农田划定分解入户工作，并且不断加大闲置土地处置力度。据有效问卷结果显示，居民住房质量有显著的改善，搬迁前居民家庭房屋结构 82.4% 是土木结构及窑洞，搬迁后 92.3% 是砖砌平房结构①。住房条件改善的同时，调研过程中移民们反映的问题在于，新的定居点房屋的分配，一般都是按户分配。而搬迁前，大多数移民家庭所居住的窑洞、房屋面积都很大，即便儿女成家分开过，多数也是分家不分户。搬迁后面临的问题就是两到三代人甚至四代人，要居住在一套房子里，这样或多或少地对生活产生一定的影响。

从银川西夏区一移民安置区南梁农场南梁台子的情况来看，南梁台子是早期实行吊庄移民的安置点，大部分地区基础设施相对完善。从 20 世纪 90 年代，这里就已经安置了来自南部山区的大量吊庄移民，2007~2011 年"易地扶贫搬迁"移民 69 户，2014 年规划安置海原县和原州区生态移民 340 户。搬迁之初遇到的问题就是生活水平虽然得到了改善，但安置区饮用水安全供给设施配套不完善，住户用水保证率低，使得移民群众的正常生活受到影响。2017 年，贺兰县投资 304.61 万元，新建 100 立方米蓄水池，并在南梁水厂新打机井两眼，完善相关配套设施，解决了移民的吃水问题。

"十二五"期间，银川兴庆区月牙湖乡筹资投入 8.57 亿元，建设安置房

① 纳慧. 宁夏红寺堡生态移民经济效益提升的调研分析 [J]. 北方民族大学学报（哲学社会科学版），2016（3）.

3979 套，并配套水、电、路、污水处理等基础设施，完成了 3979 户 1.68 万名生态移民安置任务，硬化各类道路 61 千米，建设 1 所幼儿园和 1 所中小学，建设商业网点 20000 平方米，建设 5 个村部、5 个村级卫生室及老年幸福大院等公共基础设施。在谈论生态移民是否有回迁意愿这个话题时，个别年老的移民比较怀念生活了大半辈子的山区，年轻人多不愿意回迁，因为城镇生活带给他们的便利和吸引更多。大多数定居移民表示，非常适应现在的生活，各方面条件好了，不太想回迁。

从问卷调查的结果来看，宁夏各地的生态移民们普遍认为当前定居点基础设施的改善情况较好，对当前定居点基础设施的满意度较高，普遍认为不论是生产还是生活，方便程度较搬迁前都大为提高，生产和生活方式得到了根本的改变，生活水平和质量都有所提升。

3.3.2 城市发展水平有所上升

城镇化是指人口向城镇地区聚集和乡村地区转变为城镇地区的过程，城镇化是当前社会经济发展的必然结果，也是社会进步的表现。从宁夏城镇人口状况（见表 3.11）看，2015 年宁夏的城镇化率达到 55.23%，银川城镇化率达到 75.8%，银川的兴庆区、西夏区城镇化率目前已高达 90% 以上，金凤区为 87.10%。吴忠、固原和中卫的城镇化率相对于银川来说则比较低，还未达到宁夏的平均水平。

表 3.11 2015 年宁夏城镇人口状况表

单位：人，%

地区	常住人口	城镇人口	乡村人口	城镇人口比重
宁夏总计	6678778	3688983	2989795	55.23
银川	2164119	1640418	523701	75.80
兴庆区	734353	671272	63081	91.41
西夏区	352172	317131	35041	90.05
金凤区	302047	263083	38964	87.10
永宁县	234398	107565	126833	45.89
贺兰县	253329	123498	129831	48.75

续表

地区	常住人口	城镇人口	乡村人口	城镇人口比重
灵武市	287820	157869	129951	54.85
石嘴山	788009	580565	207444	73.67
大武口区	303619	282426	21193	93.02
惠农区	200536	168049	32487	83.80
平罗县	283854	130090	153764	45.83
吴忠	1373223	629933	743290	45.87
利通区	404667	249680	154987	61.70
红寺堡区	197350	57685	139665	29.23
盐池县	153974	63283	90691	41.10
同心县	325441	121064	204377	37.20
青铜峡市	291791	138221	153570	47.37
固原	1211789	391976	819813	32.35
原州区	415865	185808	230057	44.68
西吉县	344045	76963	267082	22.37
隆德县	157894	44226	113668	28.01
泾源县	99488	27369	72119	27.51
彭阳县	194497	57610	136887	29.62
中卫	1141638	446091	695547	39.07
沙坡头区	403151	219354	183797	54.41
中宁县	341549	139728	201821	40.91
海原县	396938	87009	309929	21.92

注：表中数据根据 2016 年宁夏统计年鉴整理所得。

从吴忠辖内的 5 个地区看，利通区的城镇化率高达 61.70%，是几个地区中最高的，其经济发展状况在吴忠也是最好的。红寺堡的城镇化率最低，只有 29.23%，低于宁夏全区平均水平 26 个百分点。城镇化率的高低代表着一个国家或地区经济结构和社会发展程度的高低。红寺堡目前还是一个以农业为主，服务业相对简单、低效的地区，与利通区、青铜峡市等地相比，无论是在经济发展水平，还是在基础设施建设等方面，都存在非常大的差距。

从近几年来红寺堡的发展情况看，城镇化率表现出不断提高的趋势（见表 3.12），2016 年底已经达到 30.6%，比 2015 年上涨了 1.37 个百分点，但同期水平仍然低于吴忠十几个百分点且不及银川一半的水平。2011~2015 年的数据相比，红寺堡地区的经济增长波动幅度比较大，说明政府的宏观调控和干预起到了比较大的作用，使得红寺堡经济以较快的速度增长。在红寺堡的调研过程中我们发现，目前红寺堡的经济发展虽然取得了一定的成绩，但整体来看还比较落后，只有红寺堡镇中心相对繁华，这里集中了市场、商铺等，是红寺堡开发区管委会所在地，是红寺堡开发区的政治、经济、文化和交通中心，已经被纳入宁夏回族自治区的重点城镇建设规划。红寺堡城区道路硬化 72 万平方米，道路硬化率达到 90%以上；路灯设施完备，亮灯率达到 92%以上；自来水入户率和光缆、电缆城区覆盖率均为 100%。但是离开红寺堡镇，辖内的村子里条件不是太好，与红寺堡镇相比还存在一定的差距，如果和经济发展较好的其他地区相比，差距则较大。

表 3.12　红寺堡城镇化率及经济增长波动率

年份	2016	2015	2014	2013	2012	2011
城镇化率（%）	30.60	29.23	28.00	27.40	26.72	26.00
经济增长波动率（%）		0.36	−0.46	0.19	0.08	−0.10

数据来源：表中数据依据历年统计公报计算整理所得。

目前，红寺堡城区有医疗卫生机构 6 家，卫生技术人员数从 2000 年的 20 人增加到 2015 年的 430 人，说明随着红寺堡城镇化率的提升，基础硬件设施在逐渐完善，其应当具备的城市功能也逐渐显现出来（见表 3.13）。同时，伴随着城镇化率的变化，同心县以及固原的其他地区相关设施也在逐渐完善，卫生技术人员的数量有明显的增加。同心县卫生技术人员人数从 2000 年的 441 人增加到 2015 年的 1150 人，中宁县从 645 人增加到 1239 人，属于增加比较快的地区。表 3.14 是 2015 年宁夏各市县卫生机构床位数的年度数据，红寺堡区现有医院床位 433 张，高于同期泾源县和彭阳县的数量。原州区医院床位数为 1856 张，是表中几个市县里数量最高的。

表 3.13　主要年份宁夏各市县卫生技术人员数

单位：人

地区	2000 年	2005 年	2010 年	2015 年
红寺堡区		20	195	430
同心县	441	376	366	1150
原州区	1287	1482	1954	1979
西吉县	592	678	781	897
隆德县	424	426	446	640
泾源县	207	250	238	330
彭阳县	405	427	355	544
中宁县	645	715	885	1239
海原县	577	537	562	1030

注：数据来源于 2016 年宁夏统计年鉴。

表 3.14　2015 年宁夏各市县卫生机构床位数

地区	合计	医院	卫生院	妇幼保健院（所、站）	其他卫生机构
红寺堡区	503	433	30	40	
同心县	645	470	160	15	
原州区	2050	1856	74	120	
西吉县	662	479	137	46	
隆德县	594	519	58	17	
泾源县	277	200	62	15	
彭阳县	765	380	259	120	6
中宁县	1045	805	220	20	
海原县	913	555	308	50	

注：数据来源于 2016 年宁夏统计年鉴。

　　这些数据表明，伴随着政府的不断投入以及城镇的不断发展，城镇的公共服务设施逐渐完善，居民的生活质量以及生计水平都得到了不同程度的改善。遵照配第一克拉克定律中所说，伴随着社会经济的不断发展，原来从事传统低效的第一产业的劳动力逐步转向从事现代高效的第二产业，继而由第二产业转向第三产业，产业结构逐步升级变换，国家创造财富的能力不断提高。然而，从现在宁夏生态移民定居点的状况看，虽然城市化水平在不断提高，但由此带来的产业结构的升级，还没有较好地体现。不仅红寺堡，其他移民定居也存在着产业结构单一、服务业水平低、现代服务业发展严重滞后等问题。

3.3.3 社会保障覆盖面不断拓宽

按照宁夏回族自治区"十二五"期间的生态移民安置政策，生态移民和劳务移民搬迁后，与当地居民享有同等的教育、医疗卫生、养老保险、失业保险、社会救助、社会福利和慈善等社会保障政策。调查中发现，生态移民搬迁后，主要面临的问题就是医疗、养老等社会保障问题，这也是搬迁居民不能够市民化的一个体现。搬迁前，移民家庭的养老方式大多数以子女赡养为主，而搬迁后，落后的养老模式需要完善，要向社会养老过渡。在调查过程中，回答是否愿意搬迁以及是否有返迁意向两个问题时，年轻人几乎全部表示愿意搬迁，更喜欢现在充满挑战的新生活。而部分老年人则表示，更喜欢过去相对安定的生活。谈及深层次的原因，是现在的生活成本更高，年轻人生活压力大，养老、医疗等成本都在增加。

调查中，接受调查的居民大部分都参加了新型农村合作医疗，移民们表示，如果生病住院，有一定的报销比例，如果再有低保，自己花不了几个钱，看病问题得到了基本解决。但是调研过程中，在红寺堡以及银川西夏区的同阳社区和兴泾镇的农户家，我们遇到了两例移民家里有慢性病的卧床老人，而该病例当时不在医保报销范围内，导致家庭生活困难。患病老人和家属都选择在家休养而放弃治疗，疼痛的时候买些药吃，觉得医治花钱太多会增加家庭负担。个别农民在生病后选择自行购药，害怕医药费高而不敢治疗，目前"因病致贫、因病返贫"已成为农村贫困地区突出的社会问题和顽疾。

调查中，在谈及享受政府的补贴问题时，接近一半的移民享受过政府的相关补贴，未享受到政府补贴的原因有很多，部分移民并非政府统一搬迁，这些自发搬迁户没有享受到政府的相关补贴；部分移民在我们调查期间其户口关系还未落定，所以相关配套优惠政策还没有到位。

3.3.4 人口结构以农业为主

通过调查数据的对比,移民定居点的人口结构以农业人口为主。表 3.15 是全国第六次全国人口普查中宁夏就业人口情况。例如,红寺堡区,农业就业人口高达 80.01%,第二、第三产业人口比重仅有 8.75% 和 11.24%,目前是宁夏各市县中第一产业就业人口比重较高的地区。除此之外,生态移民的主要迁出地同心县,西海固地区的西吉县、彭阳县、海原县,第一产业的就业比重都非常高,在 80% 以上。

表 3.15 第六次全国人口普查就业人口产业构成

单位:%

地区	第一产业	第二产业	第三产业
全区总计	51.12	18.70	30.18
银川	25.64	26.00	48.36
永宁县	60.92	17.52	21.56
贺兰县	51.52	20.36	28.12
灵武市	32.62	41.68	25.70
石嘴山	32.89	33.22	33.89
平罗县	62.74	15.33	21.93
吴忠	61.17	15.07	23.76
利通区	39.07	22.41	38.52
红寺堡区	80.01	8.75	11.24
盐池县	58.98	14.32	26.70
同心县	84.03	5.33	10.64
青铜峡市	54.88	20.45	24.67
固原	74.58	8.97	16.45
原州区	61.10	11.28	27.62
西吉县	87.72	3.40	8.88
隆德县	71.70	14.47	13.83
泾源县	70.19	14.56	15.25
彭阳县	80.28	8.18	11.54

续表

地区	第一产业	第二产业	第三产业
中卫	69.53	11.64	18.83
沙坡头区	53.07	19.39	27.54
中宁县	70.66	11.22	18.12
海原县	86.07	3.75	10.18

注：数据来源于国家统计局第六次全国人口普查公报。

2016 年，宁夏回族自治区人口总数中，回族人口比重为 36.18%，其他少数民族比重为 0.84%，汉族人口比重为 62.98%。红寺堡区回族人口比重相对较高，占红寺堡区人口总数的 61.77%。同时，红寺堡区家庭平均人口数为 4.1 人，是宁夏各地区中最高的。调研中我们看到，在红寺堡区，家庭人口总数超过 5 个的家庭数量还是比较多的，有些家庭因为未就业或者正在读书的孩子比较多，生活压力就会相对大些。

我国第六次全国人口普查资料显示，与第五次全国人口普查相比，宁夏每 10 万人中具有大学文化程度的由 3690 人增至 9152 人，具有高中文化程度的由 10934 人增至 12451 人；具有初中文化程度的由 27859 人增至 33654 人；具有小学文化程度的由 31845 人减少为 29826 人。文盲率（15 岁及以上不识字的人口占总人口的比重）为 6.22%，比第五次全国人口普查的 11.26% 下降 5.04 个百分点。各种受教育程度人口和文盲率的变化，反映了 10 年来随着宁夏经济的不断发展，九年制义务教育的普及、大力发展高等教育以及扫除青壮年文盲等措施取得了积极成效，使宁夏居民整体受教育水平得以提升，人口素质有所提高。从宁夏生态移民的受教育程度来看，调查数据显示，调研的 858 份有效问卷中，文盲率高达 35.78%。这说明经济落后地区居民的生活水平以及受教育的条件和普及程度都相对较差。同时也说明，宁夏生态移民地区人力资本匮乏的因素影响到了移民地区经济和社会的发展。

3.4 宁夏生态移民的生态绩效

党的十八大以来，宁夏回族自治区认真贯彻落实党中央、国务院关于生态文明建设和环境保护的决策部署，深入学习贯彻习近平总书记系列重要讲话精神，确立建设"美丽宁夏"奋斗目标和"生态优先"发展战略，出台《关于落实绿色发展理念加快美丽宁夏建设的意见》，在全国率先出台空间发展战略规划和空间发展战略规划条例，实行全区域草原禁牧封育，生态建设成效明显。生态移民工程，一方面，将生态脆弱地的居民搬迁到适宜生存的地区，增加他们的收入，提高其生活质量；另一方面，缓解生态脆弱地区的生态压力，恢复生态环境。退耕还林是党中央、国务院为改善生态环境做出的重大决策，是一项投资大、周期长的重大生态工程。2000~2013 年，宁夏共完成国家下达的退耕还林任务 1305.5 万亩，包括退耕地造林 471 万亩、荒山造林 766.5 万亩、封山育林 68 万亩，工程建设覆盖了全区除青铜峡市以外的 21 个县（市、区）以及自治区农垦系统，其中退耕地造林涉及 20 个县（市、区）及自治区农垦局的 152 个乡（镇、场）、1461 个行政村，32.32 万多退耕农户、153.02 万退耕农民，人均退耕还林面积位居全国第一。[①] 可见，生态移民工程对宁夏的生态环境的恢复和可持续发展，带来的意义是非常重要的。

3.4.1 退耕还林效果较好，森林覆盖率逐渐提高

宁夏中南部山区生态移民工程取得的生态绩效是非常明显的。截至 2013 年，宁夏完成新村绿化、防护林建设 3.96 万亩，生态恢复 42.1 万亩。其中，

---

① 宁夏退耕还林工程建设情况 [EB/OL]. 宁夏林业网，http://www.nxforestry.gov.cn/readnews.asp? ID=21807.

银川新村绿化、防护林建设完成 0.35 万亩，石嘴山完成 0.06 万亩，吴忠完成 0.4 万亩，固原完成 0.077 万亩，农垦局完成 0.1 万亩。吴忠超计划完成生态恢复 11.6 万亩，固原完成生态恢复 22.35 万亩，中卫完成生态恢复 8.13 万亩。

退耕还林自 1999 年在固原原州区试点以来，2000 年确定全民启动退耕还林工程。经过近 15 年的封山禁牧，固原城市山地绿化率逐年上升。整个移民迁出工程涉及 15000 多户近 7 万人，目前已经修复完成 78% 左右的面积。"十二五"期间，固原原州区坚持一手抓搬迁入住，一手抓生态修复治理，对迁出区土地全部收归国有，采取"封、造、育、管"等措施，宜林则林、宜草则草，修复生态。截至 2016 年 7 月，原州区完成移民迁出区生态修复面积为 32.6 万亩，其中，人工造林 25.5 万亩，封山育林 7.1 万亩。气象部门选取了 2002~2015 年作植被修复的动态监测和评估期，评估结果显示，六盘山植被指数呈明显的增长趋势，生态环境逐渐变好。

从生态移民定居点生态环境的情况看，红寺堡 2016 年完成人工造林、封山育林、退耕还林 5.1 万亩，改造提升城区道路两侧景观绿化带 518 亩，森林覆盖率达到 12.48%。2017 年全面落实"河长制"，编制完成 11 条区级沟河道名录和"一河一策"方案；全面排查 32 家非煤矿山，打击非法乱盗滥采行为 60 余起；完成营造林 10.7 万亩，森林覆盖率提高到 10.33%；强化禁牧封育监管，制定出台了《红寺堡区禁牧工作问责办法（试行）》；深入开展"蓝天碧水·绿色城乡""绿盾 2017"等专项行动，扎实整改中央环保督察组反馈问题，完成生态保护红线划定，加强农业面源污染防治；第二污水处理厂提标改造全面完成，15 家葡萄酒庄污水处理设施建成投用，淘汰燃煤锅炉 18 台 88.4 蒸吨；同时，加大罗山自然保护区生态保护力度，清理保护区内 46 处人类活动点。通过一系列的努力及专项整治，红寺堡区生态环境表现出持续向好的趋势，为提高定居居民生活质量起到了一定的积极作用，是增加红寺堡区居民幸福感的一项重要指标。

3.4.2 土地利用情况趋于合理

随着政府对生态环境方面的关注程度不断提高，近些年来，宁夏土地利用情况趋于合理，农用地数量有所下降，林地面积有所上升。2015 年，宁夏农用地总面积为 3814732 公顷，林地面积上升到 767945 公顷。我国正处在城市化快速发展的阶段，宁夏也是如此。宁夏的土地利用结构较从前来说结构有所好转，利用效益有所提升，尤其是针对环境保护方面，土地的利用更加合理。2016 年，宁夏河流水面 21535.19 公顷，湖泊水面 9301.11 公顷，水库水面 6097.53 公顷，基本都是扩大的趋势。

表 3.16 是同心以及西海固地区近年来土地使用情况，表中所列的地区农用地的面积都表现出减少的趋势。同心县、固原市、原州区、隆德县、泾源县以及彭阳县的林地在表中所列的三年里，都表现出较好的增加趋势。西吉县、隆德县和海原县的耕地面积略有增加，其他地区都是下降的。这表明，生态移民工程实施以来，退耕还林的政策取得了较好的效果。同时也说明，不论是生态移民的迁出地，还是当前的迁入地，通过不懈的努力，宁夏生态移民的生态绩效非常明显，正向效应突出，是宁夏生态移民工程取得的非常重要的成绩。

表 3.16 同心以及西海固地区土地利用情况

单位：公顷

地区	年份	农用地	耕地	园地	林地	草地	其他农用地
同心县	2015	269494	139314	1727	57641	60447	10365
	2012	519200	161300	1200	46200	305600	4900
固原市	2015	890686	407567	1865	380614	52773	47867
	2012	955000	355000	5100	305900	221400	67500
原州区	2015	209566	103728	1313	65470	29341	9714
	2012	281100	123500	700	51800	92600	12500
西吉县	2015	271378	162330	14	69521	21675	17838
	2012	274900	115400	100	91700	50300	17400

地区	年份	农用地	耕地	园地	林地	草地	其他农用地
隆德县	2015	85519	36775	37	42251	941	5514
	2012	87900	30900	100	33800	9300	13800
泾源县	2015	100378	17724	43	79599	668	2343
	2012	101700	17300	1300	59400	17500	6100
彭阳县	2015	218984	83706	410	122739	132	11996
	2012	209500	68000	2900	69200	51600	17700
海原县	2015	413996	162595	1442	70114	166965	12880
	2012	472500	147400	300	87000	225500	12300

注：数据根据历年宁夏统计年鉴整理所得，数据来源于宁夏国土资源厅。

3.4.3 气候环境有所好转

随着生态环境治理的不断深入，宁夏生态环境不断改善，气候环境也随之有所好转。从表 3.17 可以看出，2016 年以来，宁夏大部分市县的降水量有所增加，风速有所减缓，主要表现在各地区最大风速的降低上。这些变化虽然是微小的，但却是经过多年的生态恢复才会产生的变化，说明生态环境的治理有了一定的效果。

表 3.17 宁夏各市县主要气象数据

地区	2016 年				2013 年			
	降水量（毫米）	日照时数（小时）	风速（0.1 米/秒）		降水量（毫米）	日照时数（小时）	风速（0.1 米/秒）	
			平均	最大			平均	最大
银川	264.9	2845.7	1.7	9.5	148.8	2693.5	1.6	10.4
永宁县	241.9	2990.4	1.6	11	148.3	2989.9	1.6	10.4
贺兰县	208.3	2734.1	0.8	7.1	180.2	2743.2	1	8.6
灵武	264.4	3191	2.3	12.4	133.3	2826	2.2	11.6
石嘴山	148.9	2815.8	1.6	13.4	108.3	2875.4	1.3	14.3
惠农区	156.4	3175.7	2.3	15.4	146.1	2999.4	2	14.6
平罗县	171.9	2958.4	2.3	14.8	173.3	2888.8	2.2	16.2
吴忠	288.7	3080.9	1.8	10.7	116.1	2898.7	1.4	8.8

地区	2016 年				2013 年			
	降水量（毫米）	日照时数（小时）	风速（0.1 米/秒）		降水量（毫米）	日照时数（小时）	风速（0.1 米/秒）	
			平均	最大			平均	最大
盐池县	347.7	2873.6	2.1	10.4	288.2	2807.7	2	11.8
同心县	212.7	3182.8	3.3	15.1	248.6	2896.4	2.9	16
青铜峡	289.3	3230.1	1.8	12.3	113.3	3088.5	1.9	11.4
固原	465.2	2599.4	2.3	11	706.2	2622.6	2.2	11.7
西吉县	300.5	2537.4	1.8	8.9	592.2	2197.6	1.6	10.1
隆德县	406.8	2219.1	1.9	8.3	766	2265.7	1.5	10.9
泾源县	520.3	2185	2.1	11.1	919	2295.9	1.8	9.7
彭阳县	416.7	2249.1	2.1	12.3	653.5	2395	1.7	12.4
中卫	229.9	3106.7	2.4	13.1	111.2	2947.9	2.4	13
中宁县	205.4	3066.7	2.1	10	208.9	2899.8	2	9.7
海原县	449.8	2778.7	2.5	14.9	422.4	2655.3	2.2	10.1

注：本表数据来源于宁夏回族自治区气象局。

按照全国生态环境监测方案的要求，通过对 2014 年遥感影像及相关统计资料，对宁夏 19 个市（县、区）的评价结果显示，2014 年宁夏生态环境状况指数（EI）值为 46.19，比 2013 年下降了 0.19，整体环境质量保持稳定。根据《生态环境状况评价技术规范》中的生态环境状况分级标准，当年宁夏生态环境状况级别为"一般"，评价表明，宁夏全区"植被覆盖度中等，生物多样性处于一般水平，较适合人类生存，但有不适合人类生存的制约性因子出现"。考察的 19 个市县的生态环境 EI 值介于 39.97~66.07，其中 10 个县域低于全区平均水平。同年对农村环境质量试点监测村庄 30 个，监测结果显示农村环境质量总体保持稳定，水质安全，土壤属于清洁（安全）水平。2017年，宁夏农村环境质量监测结果表明农村环境质量总体保持稳定，30 个试点村中环境空气质量达标天数（优良天数）比例为 70%，土壤属于清洁（安全）水平。这些指标都反映出，宁夏的生态环境出现了好转的趋势，尤其是固原地区。

表 3.18 是来自宁夏环境保护网的 2017 年和 2015 年宁夏环境保护公报中

整理出的环境空气质量优良天数的统计，2015~2017 年，石嘴山、吴忠以及固原的优良空气质量优良天数是增加的。这些都是生态环境保护潜移默化的结果，尤其是固原，降水量和优良天数的变化都是比较好的。

表 3.18　宁夏环境空气质量优良天数统计

指标	年份	银川	石嘴山	吴忠	固原	中卫	全区
有效监测天数	—	365	365	365	365	365	365
优良天数（二级或好于二级）	2017	237	254	292	330	281	279
	2015	259	228	270	323	268	—
优良天数比例（%）	2017	64.9	69.6	80	90.4	77	76.4
	2015	71	62.5	74	89	73.4	—
优良天数同比变化	2017	−15	18	12	10	−8	4
	2015	−15	−2	—	—	—	—
优（一级）	2017	9	4	28	41	38	24
	2015	19	13	36	50	13	—
良（二级）	2017	228	250	264	289	243	255
	2015	240	215	234	273	255	—

注：数据来源于宁夏环境保护网 2017 年、2015 年宁夏回族自治区环境保护公报。

3.5　宁夏生态移民绩效的综合评价

以上的综合分析表明，宁夏生态移民的经济绩效、社会绩效以及生态绩效是非常明显的。结合我们根据官方数据的分析，以及实地调研的结果，将所有计算分析结果体现在表 3.18 中。

从宁夏生态移民的绩效检验看，经济效益、社会效益和生态效益都表现出了明显的上升和改善，其中生态效益明显优于经济效益和社会效益。生态移民工程，逐步扭转了宁夏山区和川区的差距进一步扩大的局面，有利于优化当地产业布局和劳动力资源的优化配置，促进了宁夏中南部山区农村人口的合理化转移，推进了宁夏经济社会的全面改善。当前，宁夏的生态移民地区还存在着不同程度的贫困和返贫问题，这是生态移民工程推进过程中不容忽视的问题。但总体来说，生态移民工程对宁夏扶贫工作的展开以及生态环境的恢复和发展所带来的意义是重大的。通过生态移民的方式改变了贫困农民的思想观念，通过主观的努力改变了贫穷落后的状况。同时，已搬迁居民的生活和生产状况对后续生态移民工程的开展会有较大的示范效应，生态移民是缓解宁夏生态恶劣地区贫困问题的重要手段。

表 3.19 是根据项目研究所整理出来的宁夏生态移民绩效指标体系的变化情况，通过对相关数据的分析，经济绩效的取得主要表现在产业结构的优化，后续产业取得经济效益非常明显，同时，搬迁移民的收入和消费水平都发生了相应的变化，因此我们认为经济绩效是上升的。社会绩效主要表现在基础设施的完善、社会保障程度的提升及城市功能的拓宽，也表现为上升的水平。而生态绩效水平也根据植被覆盖、水土保持以及空气、天气质量的变化表现

表 3.19　宁夏生态移民绩效评价指标体系表

目标层	领域层	变量层	指标属性	表现
生态移民绩效评价	经济效益	居民收入水平	∧	↑（上升）
		人均 GDP	∧	↑（上升）
		居民消费水平	∧	↑（上升）
		产业结构	—	↑（优化）
		物价水平	—	—
		居住条件	∧	↑（改善）
	社会效益	城市化率	∧	↑（上升）
		人口结构	—	农业人口为主
		受教育程度	∧	↑（上升）
		公共基础设施	∧	↑（改善）
		养老保险覆盖	∧	↑（上升）
		医疗保险覆盖	∧	↑（上升）
		生活便利程度	∧	↑（上升）
		移民满意度	∧	↑（上升）
	生态效益	迁出地生态恢复情况	—	↑（优化）
		迁入地生态环境	—	↑（优化）

说明：∧表示越大越好，∨表示越小越好，—表示其他指标。

为上升的趋势。

表 3.20 是通过专家打分得出的红寺堡区生态移民绩效评价结果，因为专家打分存在着一定的主观因素，因此我们选择了当地 3 位定居移民打分的平均结果作为一份数据，根据在村里访谈的工作人员、高校教师以及负责移民工作的工作人员的打分情况，以 1~10 分为打分区间，得出红寺堡区生态移民的综合绩效为 7.10，经济效益为 7.03，生态效益为 7.34，社会效益为 6.62。得出了宁夏红寺堡区生态移民工程的生态效益大于经济效益，经济效益又大于社会效益的排名结果。总体来说，宁夏生态移民的综合绩效水平 7.10，属于不错的结果，说明宁夏的生态移民工程在推动地区缓解贫困、发展经济方面，带来的效果比较好。

表 3.20 宁夏（红寺堡）生态移民绩效评价结果

目标层	领域层	变量层	指标层	综合评分	加权平均	结果
生态移民绩效评价（7.10）	经济效益 0.3Y	居民收入水平（0.3Y_1）	农牧业收入（0.5）	7.50	7.250	7.03
			务工收入（0.5）	7.00		
		人均 GDP（0.2Y_2）	经济增长状况（1）	6.75	6.750	
		居民消费水平（0.15Y_3）	消费数量（0.4）	7.25	7.100	
			消费质量（0.6）	7.00		
		产业结构（0.15Y_4）	农业发展（0.4）	7.75	6.925	
			工业发展（0.3）	6.50		
			服务业发展（0.3）	6.25		
		物价水平（0.1Y_5）	食品物价（0.3）	7.00	7.000	
			农业物资物价（0.4）	7.00		
			生活用品物价（0.3）	7.00		
		居住条件（0.1Y_6）	住房质量（0.6）	7.75	7.050	
			住房面积（0.4）	6.00		
	社会效益 0.2Z	城市化率（0.15Z_1）	服务业水平（0.4）	5.00	5.375	6.62
			城市公共设施（0.3）	5.50		
			城市建设规模（0.3）	5.75		
		人口结构（0.1Z_2）	从业结构（0.6）	6.00	6.400	
			年龄结构（0.4）	7.00		

续表

目标层	领域层	变量层	指标层	综合评分	加权平均	结果
生态移民绩效评价 (7.10)	社会效益 0.2Z	受教育程度 (0.15Z₃)	子女上学 (0.4)	7.75	7.050	6.62
			安置区受教育水平 (0.6)	6.00		
		公共基础设施 (0.1Z₄)	生产设施 (0.6)	7.25	7.250	
			生活设施 (0.4)	7.25		
		养老保险覆盖 (0.15Z₅)	养老金 (1.0)	6.25	6.250	
		医疗保险覆盖 (0.15Z₆)	住院报销 (1.0)	7.50	7.500	
		生活便利程度 (0.1Z₇)	交通便利 (0.3)	7.50	6.325	
			现代生活条件 (0.4)	5.50		
			消费便利 (0.3)	6.25		
		移民满意度 (0.1Z₈)	综合满意程度 (1.0)	7.00	7.000	
	生态效益 0.5X	迁出地生态恢复情况 (0.7X₁)	植被覆盖 (0.4)	7.25	7.490	7.34
			退耕还林(牧) (0.6)	7.75		
		迁入地生态环境 (0.3X₂)	水资源状况 (0.6)	7.50	7.000	
			土地面积及质量 (0.4)	6.25		

红寺堡区作为宁夏最大的生态移民开发区，始终将改善民生作为根本，社会治理得到了加强，精准扶贫工作也扎实稳步推进。通过对宁夏生态移民农户生存现状的分析发现，农户家庭收入、生存环境相对搬迁前明显改善的同时，贫困、返贫现象以及后续发展乏力还进一步影响着生态移民工程的进展。为了考察影响宁夏生态移民可持续发展的相关因素，通过二元 Logistic 回归分析，假设 P 为家庭收入最低生活标准以上，(1-P) 为家庭收入低于最低生活标准的指标，其中 α 是常数项，β 为影响因素的回归系数，x 为移民生计的影响因素自变量。构建模型对影响生态移民工程可持续发展的相关因素进行实证分析。

$$\ln\left(\frac{P}{1-P}\right) = \alpha + \beta_1 x_1 + \beta_2 x_2 + \cdots + \beta_m x_m$$

在生态移民搬迁后，受教育水平，迁入区的水资源、土地资源状况，社会保障、社区服务及管理水平等都是影响居民是否"搬得出、稳得住、能致富"的关键因素，但其影响程度又都有不同。通过 SPSS 软件进行回归分析，得到的结果如表 3.21 所示。

表 3.21　宁夏生态移民生计影响因素的回归结果

指标	系数值	标准差	卡方值	自由度	P 值	发生比率
性别	−0.5540	0.4310	1.6520	1	0.1990	0.5750
民族	1.0240	0.7140	2.0600	1	0.1510	2.7850
受教育水平	0.0230	0.3920	0.0030	1	0.098*	1.0230
家庭人口结构	−0.2300	0.0880	6.8310	1	0.019**	0.7950
家庭住房	1.4530	0.4320	0.0790	1	0.6750	1.0000
食物消费	−1.1170	0.4620	5.8530	1	0.016**	0.3270
电器拥有率	0.0874	0.4650	2.3210	1	0.1350	0.3560
出行工具	1.4670	0.6310	3.2450	1	0.1260	0.4360
生态环境	1.3260	0.3280	0.0890	1	0.045**	1.0000
土地资源	0.0940	0.0390	5.8290	1	0.009***	1.0980
空气质量	0.0760	0.0320	5.5260	1	0.1240	1.3560
水资源	−1.1260	0.4530	5.6250	1	0.023**	0.4520
人均可支配收入	−1.2240	0.0780	5.7540	1	0.006***	0.6340
家庭收入结构	−0.6350	0.3780	4.6320	1	0.2340	0.3540
务工收入	0.0830	0.0270	5.6320	1	0.009***	1.2310
禽畜养殖	0.6080	0.5480	1.2280	1	0.268	1.8360
金融支持	−4.4440	0.4510	97.0130	1	0.002***	0.0120
政府补贴	0.3654	0.6540	0.3690	1	0.106	1.3420
社会保障	−0.8580	0.3740	5.2540	1	0.022**	0.4240
社区服务管理	0.6987	0.3540	3.3650	1	0.045	0.3650
社会地位	−0.7230	−0.7230	5.3240	1	0.134**	0.4560
常数	5.5190	5.5190	1.3380	1	0.000***	173.9800

注：***<0.01，*<0.05，***<0.1。

从检验结果可以看出，搬迁移民的受教育水平是影响生态移民生计的显著变量，因为文化水平的高低直接影响居民的就业选择，文化水平较高的移民在选择就业的过程中具有优越性，其就业层次也相对较高。在现实中，宁夏生态移民也更加重视子女的教育问题，这说明当前的就业情况对移民的选择有很大的影响。家庭的人口结构的系数值为−0.2300，P 值为 0.019（P<

0.05），移民家庭存在着一定程度的人口结构不合理现象，根据 2015 年我们在红寺堡区的调研结果，家庭人口数最多 11 口、最少 1 口，平均家庭人口数 5 口。人口数多的家庭相对家庭负担会重，尤其是移民家庭中有老人，或者未成年的孩子较多的家庭，劳动力少、收入少而支出较多，如果家里有上大中专院校的学生或者身体状况不好的家属，家庭负担会更大。社区服务管理的 P 值为 0.045，小于 0.05，说明有效的社区管理是提升移民的生活质量的因素。移民搬迁后所面对的社会问题是比较多的，新环境的适应、与外界的沟通、生活习惯的改变等，影响着定居点的安定和谐，良好的社区管理解决了移民生活中一些不必要的争端，提升了居民的幸福感，从而实现"稳得住"。

生态环境、土地资源和水资源的状况是影响生态移民搬迁后生产、生活水平的自然变量。从检验结果可以看出，土地资源的 P 值小于 0.01，说明土地资源的质量是影响生态移民经济收入水平的重要因素，搬迁后移民所拥有的土地数量和质量的好坏直接影响到移民一年的经济收入。水资源状况在很大程度上影响着搬迁居民相关产业的发展，比如种植业，水资源的充沛程度决定了移民选择耐旱作物或者喜水作物。水资源短缺一直是制约红寺堡区发展的"瓶颈"，为了缓解这样的情况，红寺堡区积极调整农业种植结构、推行高效节水灌溉、深化水务改革，引进龙头企业流转农民土地，压减籽粒玉米等高耗水低效益作物，示范带动农户发展葡萄、枸杞、优质牧草等特色产业，发展养殖业。同时，生态环境也是影响移民定居点经济、社会发展的较显著变量，因为生态环境的好坏影响着居民是否决定扎根新的生活环境的主观感受。

生态移民的人均可支配收入、食物消费水平、务工收入以及来自外界的金融支持，是促进居民发展的重要变量，居民手中是否拥有资本是其能否实现脱贫致富的关键因素。食物消费水平的系数值为−1.1170，说明当前移民的食物消费水平处在相对较低的水平。而从检验结果看，食物的消费水平对移民的影响比较显著，食物消费水平的提高越大，移民的生活质量改善就越大，后续发展的能力也会相应地提高。居民务工收入的 P 值小于 0.01，是非常显著变量，说明移民外出务工收入对家庭收入有较大的影响。我们在宁夏生态移民定居点调研的过程中发现，大多数家庭的年轻劳动力都选择外出打工，土地留给家里的老人，或者农闲时外出打工，农忙时回家务农，打工收入是积累家庭资本最重要的方式。像闽宁镇，已经形成了较为发达的葡萄产业，能够吸引较多的劳动力在家门口打工，这是当地产业发展对地区经济的正向影响。而另外一些地区，由于后续产业发展薄弱，不能吸纳较多的劳动力，移民只好选择外出务工。调研中我们还发现，移民发生借贷的概率还是比较高的，而这部分借贷的原因，多是因为种田的投入，或者子女外出上学。如果搬迁地所能提供的金融服务较好，家庭借贷会相对容易，那么移民家庭的生产性投入就得到了解决。但目前的问题是，广大农村的金融支持水平虽然有了较大提高，但对于搬迁时间较短、相对落后地区的金融支持，力度还是欠缺的。

通过对宁夏生态移民工程的综合评价、分析，以及构建各指标的计算和考量，本书所构建的综合评价方法和评价指标体系是符合宁夏生态移民实际情况的。同时，得出的结论显示，宁夏生态移民工程的总体效果是良好的，生态效益最为显著，通过生态移民工程的实施改善了生态恶劣区的生态环境，为构筑我国西部生态屏障做出了一定的贡献。生态移民工程加快了宁夏西海固地区居民脱贫的进程，搬迁移民收入较搬迁前普遍增长，生活水平有了很大的改善。社会效益的提升体现在移民社会保障程度得到提升，居民更好地融入了当前的社会环境，对社会主义新农村的建设起到了较大的推动作用。

4　甘肃生态移民的经济绩效评价

4.1　甘肃生态移民概况

4.1.1　甘肃概况

甘肃地处北纬 32°31′~42°57′，东经 92°13′~108°46′，位于黄土高原、青藏高原、内蒙古高原三大高原交会处，东接陕西，南邻四川，西连青海、新疆，北靠内蒙古、宁夏并与蒙古国接壤。甘肃是连接欧亚大陆桥的战略通道和沟通西南、西北的交通枢纽，总面积 42.58 万平方千米，辖 14 个市（州），86 个县（市、区），1353 个乡（镇、街道办事处），总人口为 2763.65 万人，常住人口 2553.9 万人。甘肃境内地形复杂，山脉纵横交错，海拔悬殊，兼有高山、盆地、平川、沙漠和戈壁等，是山地型高原地貌。地貌复杂多样，山地、高原、平川、河谷、沙漠、戈壁交错分布，山地和高原约占总面积的55%，河谷川地占 30%，戈壁占 15%；山地丘陵地貌占全省面积的 78.2%，未利用土地占 42.05%，主要是山地、戈壁、沙漠等。

甘肃自然条件非常严酷，是我国生态最为脆弱的地区之一。甘南藏族自治州地处青藏高原，其水源涵养功能降低，湿地面积减少，草场退化，图 4.1 为笔者 2010 年拍摄于甘南州，图片清晰地反映出甘南州草地沙漠化的情况：远处的草地已被沙漠吞噬，草地上块块秃斑；陇中、陇东黄土高原沟壑发育，土地侵蚀，水土流失严重；陇南山地植被退减、自然生态恢复功能下降，地质灾害频发，生物多样性保护面临巨大压力；河西内陆河流域祁连山冰川萎缩、雪线上升，地下水位下降，沙漠和沙尘源地扩大。甘肃大部地区属于半湿润至半干旱的区间内，有很大面积属于干旱地区。

图 4.1　甘南州的草地沙化现象（2010 年摄于甘南州）

近年来，甘肃经济平稳健康发展，2016 年全省生产总值 7152.04 亿元，比上年增长 7.6%，第一产业增加值 973.47 亿元，增长 5.5%，第二产业增加值 2491.53 亿元，增长 6.8%，第三产业增加值 3687.04 亿元，增长 8.9%。2016 年城镇居民人均可支配收入 25693.5 元，比上年增长 8.1%；农村居民人均可支配收入 7456.9 元，比上年增长 7.5%；三次产业比重分别为 13.61%、34.84% 和 51.55%。

4.1.2　甘肃省的贫困状况及生态移民

甘肃的区位优势明显，经济社会稳步发展，但基础设施建设情况比较薄弱，社会事业发展相对落后。从全国整体水平看，甘肃的贫困问题非常突出，多项经济指标在全国的比重显著偏低，多年来城镇居民人均可支配收入和农民人均纯收入均低于全国平均水平而处于全国末位。甘肃目前仍然是全国最贫困的省区之一，全国 14 个集中连片特困区，甘肃涉及 3 个；全国 680 个集中连片特困区县，甘肃涉及 58 个（见表 4.2）。甘肃的贫困问题主要体现在，贫困人口比重大、分布广，经济发展水平低，社会事业发展慢，生存发展环境差。2011 年底甘肃省贫困人口为 842.19 万人，贫困发生率高达 40.3%，居全国第二，全省 58 个片区特困县、17 个插花型贫困县，涉及扶贫重点开发乡 760 个、重点村 8790 个。2016 年，贫困人口减少到 227 万人，贫困人口发生率下降到 10.9%，易地扶贫搬迁 82 万人，扶贫开发工作取得了较好的成绩。从政府部门发布的相关统计数据及甘肃省的实际情况来看，目前甘肃的贫困状况比较严重，地区间发展不平衡的问题也非常突出。表 4.1 是当前甘肃省贫困县分类统计。

表 4.1　甘肃省贫困县分类统计

市州（县区）	所辖县市区（86 个）	其中贫困县（75 个）		插花型贫困县（省扶县）（17 个）
		国家集中连片特殊困难地区贫困县（58 个）		
		国家扶贫工作重点县（43 个）	仅是国家片区县（15 个）	
临夏州（8 个）	临夏市、临夏县、康乐县、永靖县、广河县、和政县、东乡县、积石山县	临夏县、康乐县、永靖县、广河县、和政县、东乡县、积石山县	临夏市	
定西市（7 个）	安定区、通渭县、陇西县、渭源县、临洮县、漳县、岷县	安定区、通渭县、陇西县、渭源县、临洮县、漳县、岷县		
庆阳市（8 个）	西峰区、庆城县、正宁县、环县、华池县、合水县、宁县、镇原县	环县、华池县、合水县、宁县、镇原县	庆城县、正宁县	西峰区
天水市（7 个）	秦州区、麦积区、清水县、秦安县、甘谷县、武山县、张家川县	清水县、秦安县、甘谷县、武山县、麦积区、张家川县		秦州区
平凉市（7 个）	崆峒区、泾川县、灵台县、庄浪县、静宁县、崇信县、华亭县	庄浪县、静宁县	崆峒区、泾川县、灵台县	华亭县、崇信县
兰州市（8 个）	城关区、七里河区、安宁区、西固区、红古区、永登县、皋兰县、榆中县	榆中县	永登县、皋兰县	七里河区
白银市（5 个）	白银区、平川区、靖远县、景泰县、会宁县	会宁县	靖远县、景泰县	白银区、平川区

续表

市州 (县区)	所辖县市区（86个）	其中贫困县（75个）		插花型贫困县 （省扶县） （17个）
		国家集中连片特殊困难地区贫困县（58个）		
		国家扶贫工作重点县 （43个）	仅是国家片区县 （15个）	
武威市 (4个)	凉州区、民勤县、古浪县、天祝县	古浪县、天祝县		民勤县、凉州区
陇南市 (9个)	武都区、成县、徽县、宕昌县、西和县、两当县、文县、康县、礼县	武都区、宕昌县、西和县、两当县、文县、康县、礼县	成县、徽县	
甘南州 (8个)	迭部县、碌曲县、玛曲县、临潭县、舟曲县、卓尼县、夏河县、合作市	临潭县、舟曲县、卓尼县、夏河县、合作市	迭部县、碌曲县、玛曲县	
张掖市 (6个)	甘州区、肃南县、山丹县、民乐县、高台县、临泽县			甘州区、肃南县、山丹县、民乐县、高台县
酒泉市 (7个)	玉门市、敦煌市、肃州区、瓜州县、金塔县、肃北县、阿克塞县			玉门市、瓜州县
金昌市 (2个)	永昌县、金川区			永昌县
嘉峪关市				

注：资料来源于甘肃省扶贫办网站（http://www.fupin.gov.cn/index.html）。

表4.2是甘肃政府网的甘肃省贫困县、贫困村以及贫困人口的统计。甘肃的贫困问题，与当地恶劣的生态环境分不开，特殊的自然环境成为制约经济发展的一大难题，导致贫困的加剧。甘肃的山区地质结构复杂，山大沟深，陡坡较多，大部分的土地贫瘠无法耕种，多山地高原，少平原川地，其中居住在高寒阴湿区的贫困人口占23%，半山半干旱区占41%，深山林缘区占22%，河谷川坝区占14%。气候条件恶劣，寒冷阴湿不利于农作物生长；地质灾害频繁发生，是全国地质灾害最为严重的省份之一；交通条件极为不便，是西部自然条件十分恶劣的地区之一。长期以来，甘肃许多地区还一直被水资源短缺的问题所困扰，短缺的水资源分布不均衡，全省大多数地区处于干旱和半干旱区域。并且在日常经济生活中，水资源不能被有效利用，工业耗水量高，过度开发，污染严重。全省约有200万人口生活在自然条件恶劣、

基础设施匮乏、缺乏基本生存条件的深山区、林缘区和地质灾害频发区。由于生存环境恶劣，自然灾害频发，山区群众人畜饮水及生产用水困难，医疗、教育等公共设施匮乏，居民缺乏可持续发展的空间，因此需要进行易地搬迁。

表 4.2　甘肃贫困县、贫困村、贫困人口统计

县村户 行政区划	贫困县（个）		贫困村（个）	贫困人口		贫困发生率（%）
	片区县	插花县		户数（万户）	人数（万人）	
合计	58	17	6220	100.39	417.57	20.12
陇南	9	0	1365	15.82	64.55	26.01
定西	7	0	869	15.13	63.4	23.89
甘南	8	0	284	2.91	12.44	21.93
临夏	8	0	560	9.65	43.26	24.77
庆阳	7	1	537	11.82	47.93	20.87
平凉	5	2	594	10.04	40.62	20.86
天水	6	1	1034	14.95	67.76	22.08
白银	3	2	295	6.66	28.7	21.29
武威	2	2	322	6.7	25.83	17.53
兰州	3	1	256	3.79	13.65	10.86
张掖	0	5	65	1.17	3.42	3.41
酒泉	0	2	24	1.55	5.38	8.29
金昌	0	1	15	0.2	0.63	2.63

注：贫困人口及贫困发生率为 2014 年底数据，数据来源于精准扶贫大数据管理平台，数据截至 2016 年 11 月 5 日。此表数据出自甘肃省"十三五"脱贫攻坚规划，甘肃政府网，发布时间：2017-04-14。

　　易地扶贫搬迁是深入实施"1236"扶贫攻坚行动的重要抓手，是从根本上解决缺乏基本生存条件地区贫困人口脱贫致富问题的有效途径和恢复保护生态环境的重要举措，对于加快推进甘肃扶贫攻坚进程，与全国一道努力实现全面建成小康社会目标具有重要意义。实践证明，通过生态移民等用地扶贫搬迁的开展，贫困现象得到了缓解。甘肃从 2001 年开始实施易地扶贫搬迁试点工程，到 2012 年搬迁贫困群众 12.77 万户 64 万人，总计投入 116 亿元。2012 年以来，武威古浪县已累计搬迁移民 5.3 万人，建起了 12 个移民点。绿洲生态移民小城镇计划修建 100 栋楼房，目前已建成 96 栋，全部用于安置古

浪山区搬迁下来的贫困户。到"十一五"末，甘肃在群众自愿的基础上，搬迁群众7万户35.3万人，其中贫困搬迁26.5万人，生态移民6.3万人，地质灾害避险搬迁2.5万人。国家和甘肃累计投入15.6亿元，有效改善了贫困群众的生产生活条件，搬迁群众脱贫致富步伐明显加快。"十二五"期间，甘肃依托城镇和中心村、工业园区、重大工程、国有农林场和矿区棚户区改造等实施集中安置，累计搬迁贫困群众22.4万户111.6万人，有效地解决了搬迁群众上学难、看病难、吃水难、行路难、发展难这些生活中最基本的民生问题。2016年，甘肃共投入106.7亿元，对24.9万居住在深山、高寒、荒漠化等环境恶劣地区的贫困人口实行了易地扶贫搬迁。《甘肃省易地扶贫搬迁实施规划（2013~2018)》中，规划搬迁范围涉及全省13个市（州），72个县（市、区），834个乡镇，3445个行政村、7403个自然村（组、社），计划到2018年，完成全省234780户112万名贫困群众的易地扶贫搬迁。

"十二五"期间，甘肃共投入财政专项扶贫资金243.8亿元，是"十一五"的3.05倍；金融机构对贫困地区贷款总额3310亿元，是"十一五"末的3.29倍。自"1236"扶贫攻坚行动实施以来，瞄准制约贫困地区发展的瓶颈问题，投入大量的人力和物力，集中攻坚基础设施建设、富民产业培育、易地扶贫搬迁、金融资金支撑、公共服务保障、能力素质提升"六大突破"。建制村道路通畅率由40%提高到82%；政策性融资担保机构在58个贫困县实现全覆盖，金融服务网点在贫困乡镇实现全覆盖；农村自来水普及率由51%提高到80%；贫困村动力电覆盖率达到100%；完成农村贫困户危房改造102.8万户，完成易地扶贫搬迁12.72万户63.48万人；建成贫困村卫生室5600个。[①]扶贫工作取得了较好的进展。

表4.3为甘肃"十三五"期间，规划搬迁的规模的汇总情况。"十三五"期间，甘肃将充分发挥搬迁群众的主动性，加大产业的扶持力度，明确土地、财政、金融等扶持政策，坚持创新、协调、绿色、开放、共享五大发展理念，积极稳妥地继续推进易地扶贫搬迁，以促进生态恶劣地区贫困农民走上小康之路。

---

① 甘肃省人民政府办公厅. 甘肃省"十三五"脱贫攻坚规划 [EB/OL]. http://www.fupin.gov.cn/policy/viewpolicy-10848.html.

表 4.3　甘肃"十三五"易地扶贫搬迁规模汇总

地区	户数（万户）	人数（万人）	建档立卡贫困人口		同居住地同步搬迁的非建档立卡贫困人口	
			户数（万户）	人数（万人）	户数（万户）	人数（万人）
全省	17.3916	73.1374	11.9613	50	5.4303	23.1374
陇南	1.7866	7.1834	1.3544	5.4912	0.4322	1.6922
甘南	0.538	2.5952	0.3444	1.4763	0.1936	1.1189
临夏	1.8072	8.0767	1.6465	7.48	0.1607	0.5967
定西	1.9042	8.4159	1.584	7.07	0.3202	1.3459
天水	2.5324	11.6846	1.1502	5.32	1.3822	6.3646
庆阳	2.2378	9.6053	1.6017	6.5936	0.6361	3.0117
平凉	1.2261	4.9015	0.8608	3.4359	0.3653	1.4656
兰州	0.4678	1.8693	0.1329	0.4753	0.3349	1.394
白银	2.6861	10.803	1.4244	5.883	1.2617	4.92
武威	1.2123	4.8649	1.1124	4.4762	0.0999	0.3887
张掖	0.9506	3.0003	0.7401	2.2664	0.2105	0.7339
金昌	0.0425	0.1373	0.0095	0.0321	0.033	0.1052

注：数据来源于甘肃省政府办公厅 2011 年发布的甘肃省"十三五"异地扶贫搬迁规划。

4.2　甘肃生态移民的经济绩效

　　课题组于 2014~2017 年多次进入甘肃，通过对搬迁移民以及生态恶劣区居民的问卷调研和访谈，了解甘肃生态移民的基本情况。重点走访了武威的古浪县西靖镇圆梦新村、黄花滩等地和天祝藏族自治县的生态移民点德吉新村，平凉的崆峒区、庄浪县等地，临夏回族自治州的东乡县等地，以及甘南藏族自治州的碌曲、玛曲、合作等地，在甘肃共完成有效访谈及问卷 152 户。武威古浪县生态移民工程开展的规模相对较大，自 2012 年以来，古浪县已经累计搬迁 5.3 万人，建起了 12 个生态移民点，西靖镇圆梦新村是古浪县生态移民暨扶贫开发"下山入川"移民村，目前已搬迁入住 924 户 4316 人，水、电、路及教育、卫生、文化等设施完善，建成养殖暖棚 3996 座、日光温室 146 座。古浪县还开发黄花滩闲置土地 8.62 万亩，搬迁南部山区 4 万多贫困群众，依托绿洲生态移民产业基地，规划新建规模为 2 万人的绿洲生态移民小城镇，在山区水川河谷区，实行行政村内就近集中安置；对无搬迁能力的低保户、特困人群实行政府兜底，免费提供小户型住房。2017 年，通过新建和续建绿洲生态移民小城镇，黄花滩 10 号、11 号移民点，兴民新村、立民新村 B 区和黄羊川、十八里堡、黑松驿、古丰等南部山区 4 个乡镇 8 个集中安置点，落实搬迁移民 8873 户 34073 人，开工建设住宅 8873 套，完成主体 8759 套，年内搬迁入住 6276 户 2.5 万人。预计 2018 年全部搬迁入住后，黄花滩移民区搬迁移民将达到 6.4 万人，实现生活在南部山区自然条件恶劣、缺乏基本生存条件、有搬迁意愿的群众应搬尽搬[①]。

武威经济发展状况良好，以天祝县、古浪县和 2 个深度贫困镇、115 个深度贫困村以及特定贫困人口为重点，提升精准扶贫效率，完成 74 个贫困村、3.18 万人脱贫。在加快易地扶贫搬迁的过程中，2016 年易地扶贫搬迁入住率为 64%，2017 年规划新建的 3970 户易地扶贫搬迁移民住宅主体完工。全面完成 2016 年、2017 年度规划搬迁任务，新增易地扶贫搬迁 515 户 2166 人。2016 年，古浪县全面建设小康社会总体实现程度达到 68.81%，较 2015 年提升 2.57 个百分点。据全县 80 户农村住户调查资料显示，2017 年全县农村居民人均可支配收入 6341 元，比上年同期增加工资性收入 2297.29 元，经营净收入 3399.37 元，财产净收入 103.4 元，转移净收入 540.94 元。2017 年，全县农村居民人均收入 520.49 元，同比增长 8.94%。从收入的四项构成看，人均生活消费达 5257.47 元，比上年增加 468 元，增长 9.77%。天祝县地处甘肃中部，在武威南部，位于河西走廊和祁连山东端。截至 2011 年底，天祝县辖区面积为 7149 平方千米，下辖 9 镇 10 乡；户籍人口为 21.52 万人，共有 28 个民族，其中藏族占少数民族人口的 97.14%，行政区划截至 2013 年，天祝县下辖 9 镇 10 乡。自 2013 年实施下山入川生态移民工程起，截至 2016 年 5 月，德吉新村共搬迁全县 8 个乡镇的藏、汉、土等各族群众 3800 多人，894

---

① 中国甘肃网 ［EB/OL］. http://gansu.gscn.com.cn/system/2018/02/26/011912270.shtml.

户住宅全部入住。

平凉市地处甘肃东部，六盘山东麓，是历史上的丝绸古道重镇，是一座新兴的工贸旅游城市。平凉是我国西北地区重要的畜牧业基地和皮毛集散地，也是甘肃主要的农林产品生产基地和畜牧业基地。平凉市面积 11196.71 平方千米，辖崆峒区、泾川县、灵台县、崇信县、华亭县、庄浪县和静宁县。2015 年末，常住人口 209.8 万人，横镇人口占总人口比重为 36.27%，全市共有 33 个少数民族种类，少数民族人口占全市人口的 7.3%。

"十二五"期间，甘肃易地扶贫搬迁工程累计投入资金 164.57 亿元，搬迁甘肃 71 个县市区的 12.72 万户 63.48 万名贫困群众，人均投入 2.59 万元资金，资金投入水平相对较低。恢复迁出区生态 7.51 万亩，并且安置区群众的生活条件得到了显著的改善，后续产业的发展形成了一定的规模，经济效益及生态效益明显。"十三五"期间，甘肃易地扶贫搬迁规模为 17.39 万户 73.14 万人，搬迁以政府主导，群众自愿为主。同时针对易地扶贫搬迁的资金投入力度较"十二五"期间有所增长。对于甘肃而言，易地搬迁扶贫所取得的经济效益是客观存在的，对生态环境恶劣地区群众的影响和意义是非常重大的。

4.2.1　人均 GDP 不断上升，但上升缓慢

随着甘肃经济社会的不断发展，精准扶贫政策的不断推进，甘肃各地县的人均 GDP 都或多或少地表现出增长的趋势。表 4.4 选择了项目组问卷调查的古浪县、天祝县、崆峒区以及灵台县的 2010~2015 年数据进行比对，添加了武威的凉州区和民勤县，以及平凉的其他地县数据进行比对。关于镇上的产业数据没有统计，而县一级的产业比重代表着各县整体水平的同时，也反映出下一级单位基本的发展情况。同时，将甘肃临夏的东乡县数据进行比对，由于贫困和生态环境恶劣，东乡县的部分东乡族居民为了改善自身经济状况，选择自发移民。

表 4.4　甘肃各地县人均 GDP 水平

单位：元

地区	2015 年	2014 年	2013 年	2012 年	2011 年	2010 年
全国	49992	47203	43852	40007	36403	30876
甘肃	26165	26433	24539	22075	19525	16172
凉州区	25852	25805	23473	21015	17398	14861
民勤县	28846	26715	24409	21438	14299	12070
古浪县	10523	10298	10023	9252	7137	6088
天祝县	25446	25077	26171	22347	16506	11110
崆峒区	23067	22703	19274	19711	16910	13902
泾川县	16683	16629	16775	15104	12916	9226
灵台县	15901	16137	16610	14226	11581	9573
崇信县	24637	27062	31717	30820	25048	17015
华亭县	20613	25815	34367	37588	31511	25481
庄浪县	9406	9348	8578	7296	5564	4714
静宁县	10625	9927	8011	7164	5927	4861
东乡县	5430	5102	4371	4142	3419	2785

注：表中数据来源于历年中国统计年鉴和甘肃统计年鉴。

2015 年，全国人均 GDP 水平为 49992 元，甘肃人均 GDP 为 26165 元，甘肃人均 GDP 水平仅相当于全国人均水平的 52.34%，在全国排在最后一位。而从本书所考察的区域看，平凉、武威等地的人均 GDP 均低于甘肃平均水平。兰州人均 GDP 为 56972 元，甘肃人均 GDP 最高的县是酒泉的阿克塞县，高达141465 元，其次是肃北县，为 133538 元，最低的为临夏的东乡县，仅为5430 元。

在甘肃省各地区走访时，可以明显地感受到甘肃近年来的巨大变化，兰州市区的空气质量、城市环境治理有了非常大的改善。全域旅游的推进使甘肃省的整体面貌发生了根本的改变，各县区乡村街道干净整齐，基础设施不断完善，出行方便程度大大提高。经济发展、社会发展取得的成绩非常明显。但是，通过调研走访，甘肃各地区的经济发展明显地存在着一定的差距。

武威和平凉属于甘肃人均 GDP 相对较低的两个市，经济发展水平也相对较低。从甘肃的人均 GDP 的整体情况来看，甘肃经济发展极不平衡，收入悬殊，经济发展中存在的问题比较多。在武威的 4 个县中，经济水平略好的是民勤县，古浪县的人均 GDP 最低，2015 年比民勤县低 18323 元。6 年来，古浪县的人均 GDP 从 2010 年的 6088 元上升到 2015 年的 10523 元，上升速度慢，且整体水平较低。天祝县人均 GDP 在 2013 到 2014 年间出现了下降的现象，2015 年又有小幅的上升。平凉的人均 GDP 整体水平要低于武威，崆峒区和崇信县相对高于其他地区。近几年来，平凉除了灵台县，其他地区的人均 GDP 都表现出上升的态势，灵台县从 2013 年起开始下降。临夏的东乡县人均 GDP 水平非常低，是甘肃人均 GDP 最低的地县，虽然每年都有一定程度的上涨，但涨幅很小，贫困程度很高。从整体来看，甘肃的平凉和武威，经济虽有发展，但发展缓慢，而且地区间存在着经济发展不平衡的现象。

4.2.2 移民收入水平有所增长

从历年的统计数据可以看出，随着甘肃经济的发展，居民的收入也表现出上涨趋势，上涨幅度不大，同时，城乡之间收入悬殊，农村贫困现象突出。表 4.5 是 2011 年和 2015 年甘肃（考察区域）各地县的农民人均纯收入情况。这里农村居民人均可支配收入由工资性收入、经营净收入、财产净收入和转移净收入四个部分构成，可以看出，占比较大的是工资性收入和经营净收入。古浪县、天祝县、庄浪县、静宁县和东乡县为农村居民人均可支配收入较低的地县，最低的是东乡县，2015 年仅有 4152 元，2011 年则仅有 2061.65 元。由此可以看出，甘肃生态脆弱地区农民的生活水平相当低。东乡县的工资性收入 2015 年为 909 元，其他类别的收入则更低。2015 年，甘肃按收入登记划分的农村居民家庭情况表显示，甘肃农村平均每人可支配收入为 6936 元，本书所考察的甘肃的古浪县、天祝县以及灵台县、庄浪县和东乡县，没有达到这个水平，都处在中低收入户的水平。

从甘肃城镇居民的个人可支配收入情况看，2015 年甘肃城镇居民人均可支配收入为 23767 元，表 4.6 所列示的地区中，只有崇信县和华亭县略高于甘肃平均水平，其他地区都低于平均水平。收入最低的是东乡县，城镇居民人均可支配收入为 15850 元，农村居民人均可支配收入仅有 4152 元，处于非

表4.5 甘肃各地县农民人均纯收入

单位：元

地区	农村居民人均可支配收入		工资性收入		经营净收入		财产净收入		转移净收入	
年份	2015	2011	2015	2011	2015	2011	2015	2011	2015	2011
凉州区	11178	6428.69	3272	2078.3	6050	4062.3	224	211.73	1633	76.38
民勤县	10519	5908.08	1938	625.34	7529	4722.7	60	29.54	992	530.46
古浪县	5412	2966.15	1984	979.19	2888	1715.6	94	41.28	447	230.05
天祝县	5916	3199	2040	1223.9	2615	1752.5	36	6.08	1224	216.5
崆峒区	8205	4586	3197	2037.7	2454	1755	208	195.05	2347	598.26
泾川县	7533	3714.23	2237	1463.8	2871	1981.5	316	9.19	2108	259.77
灵台县	6506	3631.19	3254	1324.5	1779	1902.1	47	31.21	1427	373.44
崇信县	6231	3726.25	2420	2081.5	2989	1489.2	−101	2.8	922	152.72
华亭县	7105	4243.85	2890	2278.4	2248	1500.5	−2	52.36	1969	412.6
庄浪县	5312	2977.17	2999	1619.8	1686	1156.6	76	28.23	551	172.6
静宁县	5973	3062.7	1167	906.24	3198	1745.5	3	−47.23	1604	458.23
东乡县	4152	2061.65	909	559.17	1821	1240.4	25	29.68	1396	232.36

注：表中数据由历年甘肃统计年鉴统计整理所得。

表4.6 2015年甘肃各地县城镇居民人均可支配收入及消费

单位：元

地区	城镇居民人均可支配收入	城镇居民人均消费支出
凉州区	22885	15610
民勤县	18661	14901
古浪县	17782	11468
天祝县	19131	14318
崆峒区	21129	15046
泾川县	19811	11379
灵台县	17510	11419
崇信县	25620	21475
华亭县	25448	14363
庄浪县	21390	13769
静宁县	19667	12076
东乡县	15850	12125

注：数据来源于2016年甘肃统计年鉴。

常低的水平，而且这里城乡之间，在社会发展程度方面都还存在着非常大的差距。

东乡县的经济发展一直受水源和土地两个基本条件极度恶劣的制约，加之山体滑坡、旱灾、冰雹等自然灾害频发，严重地影响了这里的发展。而且由于资源匮乏，农民缺乏基本的发展资本，难以形成较好的产业格局，以及由于贫困所导致的恶性循环，教育水平落后，文化素质低下，从而生产力水平低下，资源开发利用率极低，以致经济增长始终处于低效缓慢的局面。问题在于，其他地县的情况虽然略好于东乡县，但同样由于生态环境恶劣以及贫困，陷入贫困的恶性循环而导致经济发展缓慢。而且，甘肃由于地区间发展极不平衡，目前的平均水平已经属于很低的范畴，所以即便收入和消费高于甘肃平均水平也不具有优越性。同时，我们也可以看到，甘肃的城镇居民收入虽然高于农村居民的个人可支配收入，但武威和平凉的各县经济发展仍然相对落后，经济发展水平较低。

2017年，古浪镇城镇居民人均可支配收入20814元，同比增长8%，农村居民人均可支配收入6341元，同比增长8.94%。从古浪县和天祝县的调查情况看，古浪县全力实施易地扶贫搬迁，建设绿洲小城镇、4个移民点和8个收缩居住点，建成住宅8759套，2016年搬迁入住6276户。居民们告别了过去靠天吃饭、交通不便、就医和子女上学都异常困难的山区，大部分居民已经按照政府的安置政策领到了相关补助。同时，搬迁较早的居民表示，收入较搬迁前有很大好转，年轻人还可以选择外出打工，收入比搬迁前增加不少。因为务工收入相对较高，城市生活有较大的吸引力，越来越多的年轻劳动力选择外出务工，而不愿意从事传统的农牧业。个别居民在定居点经营粮油店、小商铺等，生活方式也有了基本的改变。但从调研情况看，古浪镇和天祝镇的定居居民多表示，虽然目前的收入增加了，但存在着收入增速较慢、收入结构单一等问题，定居居民还是以农业为主，收入中工资性收入比重较高。

图4.2是根据调研数据整理的甘肃生态移民搬迁前后收入对比图。从调研的情况看，移民前居民的收入水平相当低，调研的152户居民中，年收入能够达到2万元以上的家庭仅有7户，占调研总数的4.61%；1万~2万元的家庭户为47户，占调研总数的30.92%；64.47%的接受调查家庭一年的收入

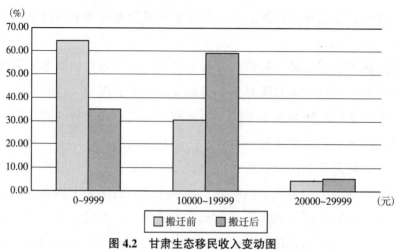

图 4.2 甘肃生态移民收入变动图

在 1 万元以下。圆梦新村移民社区是古浪县生态移民定居点之一，于 2014 年 1 月开工建设，建成移民住宅 1000 套。目前已搬迁入住 924 户"下山入川"的村民，同步配套完善了水、电、路等基础设施和教育、卫生等公共服务设施。在这里可以明显地对比出，新搬迁居民的收入及家庭富裕程度不及早搬迁的居民。在德吉新村，我们访谈的农户家里，农户依托搬迁后种植蔬菜大棚，在政府提供的技术帮扶下种植菌菇，一年的收入可以达到 2 万多元，农闲的时候还可以到工地上打工，日子越过越好。从反映的情况来看，搬迁后，1 万元以内收入的家庭有所减少，1 万~2 万元收入的家庭数量有所上升，说明生态移民工程提升了居民的家庭收入。

4.2.3 搬迁移民消费数量上升，但消费水平还有待提升

2015 年，甘肃城镇居民人均消费 17451 元，其中食品烟酒消费为 5346 元，恩格尔系数为 30.63%，比上一年下降 6.2 个百分点，人均居住面积为 34 平方米。城镇居民每百户拥有彩电数量为 104.6 台，比 2014 年上升 2.4 台。表 4.5 所列的各地县中，崇信县城镇居民个人可支配收入较高，相应地其消费额度也较高，是考察区域的几个县中最高的，有 21475 元，高于甘肃城镇居民的平均水平。静宁县居民消费水平最低，为 12076 元，比东乡县少 49

元。从消费的情况看，由于地区间发展不平衡，消费的差距已经被逐渐拉开。在调研中我们发现，甘肃农村（山区）的贫困发生率是相对较高的，农民的消费水平虽然有所上升，但总体水平处在一个相对较低的程度上，尤其像农村医疗保健用品及服务方面的支出水平都比较低，生活质量有待进一步提高。

　　表 4.7 列出了 2015 年各地县农村居民人均消费的具体情况，在消费支出的八个内容中，食品烟酒所占的比例相对较大，但较前几年的消费水平来说，甘肃各地县农村居民的恩格尔系数也表现出了略微的下降趋势。考察区域的几个县中，古浪县 2015 年城镇居民的人均消费只有 11468 元，灵台县最低（11419 元），最高的是崇信县（21475 元）。同期，甘肃农村居民人均消费支出为 6830 元，电视机每百户拥有量为 109 台。古浪县农村居民的人均消费支出为 4330 元，仅仅比东乡县的人均消费水平高，东乡县农村人均消费支出为 3475 元。从这些数据可以看出，甘肃城乡居民的消费存在差距，但整体消费水平受收入水平的影响，都处在比较低的水平上。

表 4.7　2015 年甘肃各地县农村居民平均每人消费支出

单位：元

地区	消费支出	食品烟酒	衣着	居住	生活用品及服务	交通通信	教育文化娱乐	医疗保健	其他用品及服务
凉州区	7214	2616	372	1162	230	1030	1111	633	60
民勤县	9506	2834	498	969	309	1806	2348	618	125
古浪县	4330	1614	345	1014	278	426	402	219	31
天祝县	5905	2121	345	644	268	792	1172	441	123
崆峒区	6737	1782	507	1285	286	833	657	1187	201
泾川县	9536	2986	438	1784	491	1299	1099	1318	121
灵台县	5971	1294	229	1067	273	943	946	1147	71
崇信县	6631	1719	490	1161	386	888	844	954	189
华亭县	7087	2105	372	1587	308	1209	796	574	134
庄浪县	5003	1929	401	875	375	492	573	326	33
静宁县	7821	2258	416	1206	536	1079	1267	954	105
东乡县	3475	1229	211	869	421	205	82	429	30

　　注：数据来源于 2016 年甘肃统计年鉴。

表 4.8 是 2010~2015 年甘肃农村居民每百户年底耐用消费品的拥有量。洗衣机、电冰箱、热水器等产品数量的上升，代表着农村居民生活水平的上升。电视机、手机等用品已经成为农村居民生活中很重要的部分，已经实现了户户普及。空调和家用汽车数量的增加，说明随着农村居民生活水平的提升，收入分配的差距已经逐渐拉开。从事农牧业的家庭中，小型农用车和摩托车基本上是标配，用于自家农产品的搬运，劳动的效率较从前有所提高。

表 4.8   2010~2015 年甘肃农村居民家庭平均每百户年底耐用消费品拥有量

品名	2010 年	2011 年	2012 年	2013 年	2014 年	2015 年
洗衣机（台）	60.1	73.7	79.7	78.1	84.8	86
电冰箱（台）	17.4	26.5	32.9	39.3	51.7	55.3
热水器（台）	8.3	12.6	17	15.7	17.5	20.3
摩托车（辆）	55.2	67.9	71.9	69.1	85.4	88.6
彩色电视机（台）	104	104.4	106.3	105.9	109.8	109
照相机（架）	2.1	1.7	2.7	—	2.2	2.5
固定电话（部）	54.9	30.4	29	17.7	38.5	26.4
移动电话（部）	112.4	177.4	192.7	203.5	227.5	244.6
计算机（台）	4.4	9	11.4	10.1	13.9	14.2
家用汽车（辆）	—	—	—	—	—	10
空调（台）	—	—	—	—	—	0.7

在和居民的访谈中我们感受到，甘肃的生态移民与其他移民地区遇到的问题一样，搬迁后消费数量较从前上升了，但一些额外的生活必需开支增加了居民的消费数量。搬迁移民的主观感受是，感觉钱不够花，商品都贵。

4.2.4 产业结构不断调整

从甘肃的产业结构状况看，产业结构的变化趋势是趋于合理的。本书选取 1978~2016 年甘肃三次产业的产值比重作为自变量，以各年份甘肃的人均 GDP 为因变量建立数学模型：

$$lnY = c + \alpha lnX_1 + \beta lnX_2 + \delta lnX_3$$

式中，lnY 为甘肃省人均生产总值的自然对数；lnX₁ 为甘肃省第一产业占总产值比重的自然对数；lnX₂ 为甘肃省第二产业占总产值比重的自然对数；lnX₃ 为甘肃者第三产业占总产值比重的自然对数；α、β、δ 分别为模型中的未知参数；c 为常数。

运用 SPSS 软件将选取的数据进行回归分析，得到的结果是：

$$lnY = 3.183 - 2.467lnX_1 - 0.2lnX_2 + 3.472lnX_3$$

$$(0.202)\ (-2.975)\ (-0.009)\ (2.420)$$

$$R^2 = 0.934 \quad F = 164.559 \quad n = 39$$

式中，$R^2 = 0.934$ 说明方程的拟和优度通过检验，自变量对因变量有较强的解释力；相关系数 R = 0.966，经调整的 $R^2 = 0.934$，估计标准误差为 0.387，这些数值都说明因变量同自变量之间有显性的线性相关关系。F 比为164.559，F 分布的显著性概率为 0.000，说明回归效果极为显著。回归系数的显著性也比较明显，同样说明各个变量之间的线性相关关系极为显著，建立的回归方程是有效的。通过回归分析说明甘肃近年来产业结构不断优化，农业比重不断下降，第三产业比重不断上升，甘肃省人均 GDP 的增加之间的关系。

对于甘肃的经济发展来说，产业结构的调整非常重要。尤其在生态移民搬迁后，定居区后续产业的发展是生态移民经济收入稳定的重要内容。表 4.9 列出了 2015 年甘肃各地县产业结构比重。本书所考察的各地县，农业比重相对较高，所考察的几个移民安置地区，下山入川以来，居民多以单一农业生产为主。民勤县、古浪县、华亭县的农业比重高于 30%，泾川县、灵台县的农业比重高于 40%。从产业结构比重看，考察区域的几个地县比较特殊的问题是，几个地县的第三产业比重相对较高，尤其是最为落后的东乡县，第三产业比重占地区生产总值的 54.89%。这与经济学的相关理论——衡量一个国家或地区发达与否先看第三产业的发展情况——严重不符。实际上，在移民安置点，以及经济落后的山区，服务业多是简单低效的小商贩。尤其像古浪县、天祝县以及东乡县这些经济本身就落后的地区，第三产业落后低效，缺乏反哺第一、二产业的能力。

从前面分析的数据以及古浪县的具体情况来看，古浪县的贫困程度相对较深，特别是居住在南部山区海拔 2500 米以上的贫困群众，因为自然环境非

表 4.9   2015 年甘肃各地县产业结构比重表

单位：%

地区	农业	工业	建筑业	交通运输仓储邮电业	批发零售	住宿餐饮业	其他
凉州区	21.81	21.28	16.60	12.75	5.01	0.86	21.68
民勤县	33.92	22.02	9.84	2.88	5.33	1.47	24.54
古浪县	30.43	18.00	10.75	4.76	3.52	1.01	31.53
天祝县	14.20	41.75	5.14	3.02	8.31	3.37	24.21
崆峒区	14.29	13.50	11.40	3.41	6.46	3.82	47.12
泾川县	41.41	5.49	14.94	2.93	3.38	2.40	29.45
灵台县	42.67	4.04	14.69	3.00	3.00	1.52	31.08
崇信县	25.76	38.52	5.04	2.04	2.22	1.47	24.95
华亭县	19.34	38.66	5.94	2.72	3.48	1.53	28.33
庄浪县	39.49	3.50	12.62	2.96	4.94	2.16	34.31
静宁县	36.28	9.77	14.82	2.84	5.15	2.65	28.49
东乡县	26.05	6.38	12.69	1.52	1.20	1.66	50.52

注：表中数据来源于 2016 年甘肃统计年鉴，"其他"为第三产业扣减交通运输邮电业、批发零售业和住宿餐饮业后的其他服务业。

常恶劣，生活条件又特别艰苦，就地脱贫难度大、返贫率高，是甘肃扶贫开发的难点。自搬迁到定居点以来，移民搬迁地区虽然多以单一农业生产为主，但依据当地特点，目前相关农业设施已经搭建起来，相关产业也有了一定程度的发展。如古浪县西靖镇圆梦新村，是古浪县生态移民暨扶贫开发"下山入川"的移民村，为了实现"搬得下、稳得住、能致富、可发展"的目标，当地政府按照"设施农牧业 + 特色林果业 + 甜高粱"精准扶贫模式，在圆梦新村组建养殖专业合作社 1 个，带动群众发展养殖暖棚 3996 座，日光温室 146 座，特色经济林 2614 亩，种植甜高粱 1600 亩，为当地农业发展打下了基础。同时，为了增加移民群众的经济收入，古浪县按照相关政策，在移民区人均分配农业生产用地 1.75 亩，按照"多采光、少用水、新技术、高效益"的理念，帮助和扶持搬迁群众大力发展设施农牧业以及林果业。古浪县移民区已经建成设施农牧业 1.72 万亩，发展林果 1.39 万亩，同时探索发展"戈壁农业"，在黄花滩移民区规划新建日光温室 3000 座，动员搬迁贫困户全部加入农民专业合作社，带动贫困群众发展富民产业。黄花滩乡目前全乡的支柱产业主要是以玉米为主的制种业、以麻黄草为主的草产业，以牛、羊为主的畜牧业。

武威为了促进经济发展，不断推进产业结构的转型和升级，以绿色有机为方向，用工业化理念推进现代化农业发展，推进设施农业和特色林果业的发展。创建凉州区、民勤县、古浪县国家级现代农业示范区、产业园，加快建设民勤陶中、天祝南阳山等省级现代农业示范园，建成出口农产品生产基地 90 万亩。为了发展现代农业，提升农业效率，2017 年新建设施农牧业 3.7 万亩，新增规模养殖户 1336 户；补植补造特色林果 23.6 万亩，建成天祝藜麦产业基地 5000 亩。新建冷藏库容量 7.9 万吨，累计达到 39.7 万吨；推广旱作农业技术 71.4 万亩，发展高效节水灌溉农业 25 万亩。武威还通过积极发展劳务输出产业，提升居民的收入水平，2017 年培训贫困人口 10587 人，输出劳动力 3.35 万人，实现劳务收入 6.3 亿元。天祝县的德吉新村也以发展温棚养殖为主并对农民进行舍饲养殖技术培训，为农民致富寻求出路。同时，天祝县还积极适应经济发展新常态，着力加大经济结构调整，依托当地在旅游方面具备的得天独厚的自然资源，将文化旅游业作为现代服务业发展的引擎和龙头，重视民族文化遗产传承和开发，促进旅游与文化、体育等产业融合发展，加快培育旅游新业态。着力发展乡村旅游，有计划、有步骤推进注入式水库周边旅游资源开发，带动搬迁移民发展旅游产业。

从经济、社会和谐发展的角度讲，产业结构比重的变化体现了理论的合理性，但更多地，要根据地区发展的实际情况，选择适宜当地经济发展的产业结构。甘肃拥有非常丰富的资源，工业产值和比重一直相对较高。但生态移民地区多以传统农牧业为主，这取决于当地居民的自然环境、生活习惯、技能水平等方面的因素。要促进经济和社会的发展，移民定居点后续产业的调整，必须结合实际情况。

4.2.5　物价相对稳定

从 2016 年统计年鉴中的相关数据看，甘肃物价水平总体上在 1 位徘徊，说明物价水平处于相对稳定运行的状态。地区间居民消费价格指数相差不大，CPI 指数最低的是嘉峪关，为 99.7，最高的地区是天水，为 102。在 CPI 统计的八大类商品中，食品类所占权重最大，是对拉动 CPI 上涨贡献率最大的类别。农村不同于城市的地方在于，消费的商品种类相对单一，食品支出和生活用品的支出所占的比重相对更高，甘肃农村的住房价格虽有上升，但上升幅度不及城镇。2015 年甘肃各地区居民消费价格指数见表 4.10。

表 4.10 2015 年甘肃各地区居民消费价格指数

地区	居民消费价格指数	食品	烟酒及用品	衣着	家庭设备用品及维修服务	医疗保健和个人用品	交通和通信	娱乐、教育、文化用品及服务	居住
兰州	101.3	101.2	101	103.1	100.3	101	98.9	100.2	103.9
嘉峪关	99.7	99.5	102.9	99.6	99.5	100.5	98.4	99.3	100.7
金昌	101.2	102.2	103.4	100.7	100.3	101.1	99.3	100.6	100
白银	100.3	100	102.5	100.2	99.5	100.1	100	100.2	102
天水	102	101.9	107.5	101	102.8	102.3	100.3	102.6	101
武威	101.5	102.1	102.4	103.2	100	102.1	99.8	101.3	99.3
张掖	101.4	101.6	103.9	97.3	103.2	102.1	100.7	103.8	100.6
平凉	101.1	101.5	100	99.8	101.7	99.2	100.4	98.7	104.4
酒泉	101.5	101.2	103.1	102.7	104	106	97.4	100.4	99.2
庆阳	101.7	102	103.4	103.9	103.5	102.5	97.1	102.1	99.3
定西	101.6	103.3	100.8	104.4	100.5	99.7	99.2	100.5	99.7
陇南	101.5	102.5	103.6	100.4	100.6	101.8	100.3	100.9	100.1
临夏	100.7	103.2	103.6	97.5	99.3	109.2	97.3	94.6	96.5
甘南	101.7	100.3	102	104.1	101.8	106.1	100.1	99.9	102.2

注：本表数据为各市（州）调查点数据，不完全代表各市（州）价格总水平。

在移民定居点针对物价水平的调查显示，关于基本的生活用品，交通便利、距离城市集中地区的物价水平相对稳定，而相对较偏远的地区，物价会有小幅的波动。移民地区的粮食价格相对稳定，蔬菜、水果等商品受季节、天气等因素的影响较大。对于从事农业的搬迁居民，他们会选择在田间地头种植一些生活必需的农作物，以满足自家基本的生活需要，从而降低购买的成本；而原本主要从事牧业的牧民，搬迁定居后的消费发生了很大的变化，肉制品和乳制品以购买替代了自产，消费的压力比较大。调研中，有 56% 的居民表示，曾因为搬迁或者生计问题向别人借过钱，也有个别住户借钱的目的是投资小本生意，村民表示，借钱主要是向亲友张口。从统计资料和调研情况看，被考察区域的物价基本上是比较稳定的。

4.3 甘肃生态移民的社会绩效

4.3.1 基础设施不断完善，定居移民满意度提升

通过多年的易地搬迁扶贫，甘肃农村搬迁安置区的基础设施条件都得到了有效改善，居住空间明显增大，生活环境明显改善，公共服务和文化娱乐配套设施也得到了加强，交通通信等基础设施得到了明显改善。生产设施诸如农民的养殖温棚、灌溉设施得到不同程度的加强和完善。移民群众对目前的生产设施、就医、子女入学以及出行等方面，满意度都是很高的。

（1）生产设施不断完善，推动移民增收。通过调整农业经营方式，完善水利灌溉设施，甘肃对生产设施的改进，主要集中在开发和调整基本农田，修建养畜暖棚，使搬迁群众能够顺利稳定地投入生产。"十一五"期间，甘肃生态移民安置区共开发和调整基本农田 33.89 万亩，衬砌渠道 906 千米，建设安全饮水点 997 处，修建河堤 126.6 千米，新建及改扩建道路 1788.82 千米，架设农电线路 1640.4 千米，修建养畜暖棚 28726 座，建沼气池 23656 座，新建住宅 385.88 万平方米。"十二五"期间，甘肃完成 52.8 万亩宜农荒地开发、撂荒地恢复、中低产田改造任务，建设基本农田 35.6 万亩。修建通村公路和村内道路 2300 千米，治理河道 110 千米，衬砌渠道 950 千米，架设农电线路 1.2 万千米（含入户工程）。配套建设安置区村级公共活动场所 13 万平方米，改造卫生室 3 万平方米。

在推进移民新村建设中，武威 2017 年贫困村新建设施农牧业 2.5 万亩、特色林果业 0.7 万亩，发展马铃薯、中药材等特色产业 29.5 万亩。天祝县坚持规划引领，统筹考虑土地利用、产业发展、城镇建设、人口分布。通过土地开发治理，盘活南阳山片土地资源，解决搬迁安置用地；启动实施南阳山片下山入川生态移民小康供水工程，每年从金强河调水 3080 万立方米，解决水资源短缺"瓶颈"问题；采取项目整合、银行贷款、个人筹资的方式，政府为搬迁户给予了住房补助，并协调落实各类惠农贷款，为移民群众加快发展致富产业提供了有力的资金保障。同时，为完善移民新村服务功能，天祝县切实加大基础设施和公共服务设施建设力度。据统计，共建成大、中、小三种套型的框架结构住宅 894 套，硬化村内巷道 7.8 千米，修建农贸市场商铺 84 套。为不断加快移民新村建设步伐，天祝县始终把培育发展致富产业放在首位，为每户移民补助产业发展资金 1.4 万元、建成养殖暖棚 1 座，累计建成养殖暖棚 992 座 3274 亩。古浪县为搬迁移民提供的钢架日光温室，造价在 6.4 万元左右，其中政府补贴了 4.4 万元，农户自己只需支付 2 万元，种植和管理都由县里的技术人员免费指导，村民收入稳定增长。

黄花滩乡的"五滩"移民形成期较早，目前农业基础设施完善，生态建设初具规模。全乡已基本上形成了渠道衬砌化，田间配套化，土地平整化的目标，已全面实现了无土渠灌溉，建有各类渠道 275 千米，配套机井 101 眼，山区人畜饮水窖和"121"集雨节灌水窖 1500 眼，共营造农田防护林 65 万株 3000 亩，在沙漠化活跃和重点防治区黄花滩村、马路滩村、白板滩村、麻黄台村营造以花棒、柠条、榆树、沙枣等树种为主的防风固沙封育区 2100 公顷，铺压麦草沙障 87 公顷、土沙障 30 公顷。

为增加移民群众收入，古浪县不断探索发展"戈壁农业"，在黄花滩移民区规划新建日光温室 3000 座，还不断探索推进光伏扶贫，2015~2017 年，投资 1.83 亿元，在黄花滩移民区建设装机容量 22.4 兆瓦光伏扶贫发电项目，带动 1600 户建档立卡贫困户脱贫，每户每年受益 3000 元，持续获益 20 年。

（2）生活设施逐步得到改善。搬迁群众搬离了干旱山区和高寒阴湿地区比较恶劣的生存环境，搬迁到交通便利、资源条件相对较好的地区，生活条件得到了较大改善。甘肃针对农民、牧民的具体情况，进行科学合理、适度超前的建设规划，既注重满足高深山区群众改善居住环境的迫切需求，又注重彻底解决过去农村无序建房、零散居住、投资浪费、环境脏乱差等问题；既注重促进人口集聚、资源共享，有效节约土地等各种资源，又注重改变长期以来农村"有新房无新村"的状况。

截至 2012 年，甘肃易地扶贫搬迁累计新建住宅 893.04 万平方米，新建及改扩建道路 4118.11 千米，卫生所 3.13 万平方米，建设安全饮水点 1651 处，修建河堤 286.65 千米，扩建学校 14 万平方米。2016 年武威易地扶贫搬迁入住率为 64%，2017 年规划新建的 3970 户易地扶贫搬迁移民住宅主体完工；新建改建贫困村学校（幼儿园）19 所，建设贫困村综合性文化中心 13 个、饮水安全巩固提升工程 10 处，建成贫困片（区）农村公路 1326 千米。目前，居民的生活设施条件又得到进一步改善，调研过程中移民们表示，对当前生活条件非常满意。搬迁前，居民的住房多是窑洞、土房，搬迁后，有住进二层小楼的，有搬进单元楼的，还有搬进独门小院的，住房条件从根本上得到了改变。

表 4.11 是根据调查问卷统计的甘肃已搬迁移民对基础设施改善情况的看法统计，89.47% 的移民认为基础设施改善很多，表示非常满意，7.24% 的移民认为变化不大，3.29% 的移民认为不如从前。

表 4.11 甘肃已搬迁移民对基础设施改善情况的看法统计

单位：%

调查地点	有效样本数	改善很多	改变不大	不如从前
古浪县西靖镇圆梦新村	32	93.75	6.25	
古浪县黄花滩村	26	92.31	3.85	3.85
古浪县东乡族移民村	22	72.73	18.18	9.09
天祝县松山镇德吉新村	21	95.24	4.76	
平凉崆峒区	31	83.87	9.68	6.45
庄浪县岳堡乡大湾移民新村	20	100.00		
合计	152	89.47	7.24	3.29

注：数据根据问卷统计整理所得。

在平凉调研的过程中，一位从灵台县搬迁至定居点的居民谈到了搬迁前的生活情况。住在祖辈留下的旧窑洞里，出门是难走的山路。最让百姓们感到痛苦的是，依山而居，远离水源，人畜饮水困难。梯田耕作全靠人力，还得靠天吃饭，收入微不足道。年轻人多数选择外出打工，留下老人和孩子，社会矛盾突出。而搬迁后，居住条件改善很大，生活区域的环境整体提升了档次，交通比以前发达，广大农民确实从中得到了实惠，极大地调动了农民脱贫致富的积极性。

武威不断推进基础设施和公共服务设施建设，新建改建贫困村道路600千米，全面消除农村危房，实施农村饮水安全巩固提升工程，改造提升综合性文化服务中心83个、标准化村卫生室65个。古浪县西靖镇圆梦新村，于2014年1月开始开工建设，建成移民住宅1000套，目前已搬迁入住924户4316人，水、电、路及教育、卫生、文化等设施完善，农民生活改善程度较好，为了解决农民生计问题，政府还帮助移民建成养殖暖棚3996座。接受访问的农户对住房条件的改善、生活设施的满意程度达到100%。一位家庭主妇说，新房子亮亮堂堂，住得高兴，生活一天比一天好。天祝县德吉新村在管理过程中积极推行网格化管理机制，协调解决群众搬迁安置中的各类问题，在基础设施的建设过程中，以牧民的切身利益为出发点。42岁的杨姓村民表示，一家四口作为德吉新村的"新居民"，住上了宽敞明亮的二层小楼房，还分配了养殖暖棚，生活越来越有盼头。村民表示，对当前德吉新村居住条件和基础设施的满意度，还来源于村内巷道的环境卫生有人打扫，垃圾集中处理，大车小车不再随意停放，邻里间如果有矛盾纠纷也会有人处理。

4.3.2　城市发展水平有所上升

从甘肃近年来城镇化率的变化情况看，城镇化率每年都有上升，但上升幅度不大，甘肃的城镇化率从2010年的36.12%上升到2015年的43.19%，城镇化率最高的3个地市分别是嘉峪关、兰州和金昌（见表4.12）。

2015年，城镇化率高于甘肃平均水平的地区有兰州、嘉峪关、金昌、白银和酒泉，其他9个地区均低于甘肃平均水平。从各地区的情况看，嘉峪关城镇化率全省最高，从2010年的93.32%上升到2015年的93.42%，嘉峪关是一个新兴的工业城市，城市大，农村小，属于城郊型农业，是城市重要的副食品基地，农业人口比重非常小。嘉峪关经济发展突出，是甘肃的农业先进地区。兰州作为甘肃政治、经济、文化的中心，城镇化率高达80.95%，第三产业发展相对较好。金昌的城镇化率从2010年的62.10%上升到67.96%，金昌拥有丰富的矿产资源，因此第二产业发达，为国民经济的发展奠定了基础。

表 4.12 甘肃各地区城镇化率变化表

单位：%

地区	2015 年	2014 年	2013 年	2012 年	2011 年	2010 年
甘肃	43.19	41.68	40.13	38.75	37.15	36.12
兰州	80.95	80.34	79.71	78.34	77.34	76.28
嘉峪关	93.42	93.41	93.39	93.37	93.35	93.32
金昌	67.96	66.92	65.58	64.13	63.10	62.10
白银	46.53	44.93	43.23	41.54	40.50	39.48
天水	35.30	33.91	32.42	31.11	29.92	28.36
武威	35.92	34.01	32.34	30.88	28.86	27.56
张掖	42.19	40.33	38.71	37.11	35.98	34.84
平凉	36.27	34.47	33.04	31.65	30.16	29.09
酒泉	56.87	55.23	53.64	52.15	51.09	50.05
庆阳	33.46	31.55	29.59	28.01	25.96	23.79
定西	30.40	28.77	27.16	25.83	24.43	23.42
陇南	28.16	26.65	24.69	23.37	21.40	19.70
临夏	31.21	29.57	28.01	26.69	25.30	24.30
甘南	30.50	28.97	27.39	25.98	24.67	24.46

注：表中数据根据历年甘肃统计年鉴整理所得。

甘肃城镇化率最低的三个地区是陇南、定西和甘南，其城市化率分别为28.16%、30.40%和30.50%，和甘肃的情况一样，虽然近些年城镇化率有所上升，但上升的幅度相对较慢。

武威的城镇化率仅为35.92%，平凉为36.27%，临夏为31.21%。综合这些地区的经济收入、消费水平以及城镇化率等指标看，移民安置区大多在乡镇，基础设施虽然比从前有所提升，但比起城市里的建设水平还有很大的差距，特别表现在公共设施的建设水平还有待提高。

从各地区的城市建设情况来看（见表4.13），城市建成区面积及城市现建设用地面积较之从前都有上浮，兰州、嘉峪关、张掖、平凉和酒泉是甘肃主要的城市集中地，建成区面积也高于其他地区，这些地区的人口密度也相对较高。武威城区面积为31平方千米，人口密度却相对较高，为10613人/平方千米。平凉的城区面积为255平方千米，人口密度为1311人/平方千米。

表4.13 2015年甘肃各地区城市建设情况

地区	城区面积（平方千米）	建成区面积（平方千米）	城市现建设用地面积（平方千米）	征用土地面积（平方千米）	城市人口密度（人/平方千米）
甘肃	1569.9	834.4	771.4	31.9	4049
兰州	332.1	305.3	292	23	7540
嘉峪关	120	69.5	68.4	—	1826
金昌	52.3	42.2	42.2	0.1	3702
白银	99.2	61.2	60.9	1.3	4255
天水	60	56	47.5	—	11515
武威	31	31	30.9	—	10613
张掖	200	64.2	37.7	2.5	1222
平凉	255	36	35.9	0.5	1311
酒泉	235	51.5	42.4	—	1628
玉门	15	9	9	—	4927
敦煌	19	15	14.9	0.6	5831
庆阳	25	24.3	23.7	2.1	7559
定西	35	25	23.5	1.3	5588
陇南	40	10.4	9.2	—	4103
临夏	33	23	22.9	0.5	6853
合作	15.6	10.5	10.4	—	3859

注：各地区城市数据来源于甘肃省住建厅。

表4.14是2015年甘肃各地区城市设施水平，目前只有嘉峪关、金昌、张掖、酒泉、玉门和敦煌的城市用水普及率达到100%，其他地区还达不到，城市燃气普及率也是这几个地区发展得最好。而移民安置区的城市设施基本情况远不及城市水平，调研过程中我们了解到，移民安置区水、电的普及率逐

步提高，能够满足居民定居的需要，人均道路水平显著提高。从目前甘肃的城市发展水平看，城市间的差距也比较大，公共设施、城市功能集中在兰州、平凉、酒泉等几个大的主体城市，其他地市的城市发展水平相对较低，城市人口密度较高。甘肃整体经济发展存在着较大的差距，无论是经济发展还是相关配套设施的发展，都存在差距。

表 4.14 2015 年甘肃各地区城市设施水平

地区	城市用水普及率 (%)	城市燃气普及率 (%)	人均城市道路面积 (平方米)	人均公园绿地面积 (平方米)
甘肃	97.28	85.77	15.18	12.23
兰州	96.03	93.5	16.11	9.17
嘉峪关	100	100	18.49	37.33
金昌	100	70.25	24.67	21.01
白银	99.76	86.46	14.9	9.71
天水	95.01	72.37	8.75	9.84
武威	97.26	74.5	10.94	14.67
张掖	100	100	27.19	38.11
平凉	99.85	76.14	19.28	7.92
酒泉	100	100	11.84	11.53
玉门	100	100	22.06	23
敦煌	100	100	19.08	13.89
庆阳	99.17	88.3	15.96	7.33
定西	98.15	75.26	13.35	16.39
陇南	95	54.6	4.26	5.03
临夏	99.91	49.54	10.77	5.1
合作	75.42	83.22	16.92	6.98

注：数据来源于 2016 年甘肃统计年鉴。

4.3.3 人口结构主要以农业为主，受教育水平有待提升

2015 年，甘肃按三次产业划分的就业人口比重分别为 57.06%、16.11% 和 26.83%，按照第六次人口普查数据的统计结果，文盲率为 8.69%。据 2015 年

1%人口抽样调查主要数据公报计算所得，全省常住人口中，具有大学（指大专及以上）文化程度的人口占总人口比重为9.55%，具有高中（含中专）文化程度的人口占总人口比重为13.62%，具有初中文化程度的人口占总人口比重为28.39%，具有小学文化程度的人口占总人口比重为30.70%（以上各种受教育程度的人包括各类学校的毕业生、肄业生和在校生）。

从第六次人口普查的结果看，平凉常住人口中共有家庭户549633户，家庭户人口为1957454人，其中男性占50.32%，女性占49.68%。从年龄结构来看，14岁以下人口占比19.25%，与第五次人口普查相比下降9.03个百分点；15~64岁人口占比71.92%，人口比重上升了5.56个百分点；65岁以上老人人口占比8.84%，较第五次人口普查上升了3.48个百分点。从受教育的情况看，平凉人口文盲率由第五次普查中的18.26%下降为11.58%。与2010年第六次全国人口普查相比，每10万人中具有大学文化程度的由4859人上升为7970人，具有高中文化程度的由11601人上升为12509人，具有初中文化程度的由32149人下降为30695人，具有小学文化程度的由32201人下降为29897人。据平凉2015年1%人口抽样调查主要数据公报的数据计算所得，全市常住人口中，男性人口为106.13万人，占50.82%；女性人口为103.13万人，占49.18%。

武威2010年第六次全国人口普查结果显示常住人口为181.66万人，截至2015年底，常住人口181.64万人，其中，城镇人口65.25万人，乡村人口116.39万人，聚居着汉、藏、回、蒙等38个民族。2016年末，全市常住人口181.98万人，人口自然增长率为5.02‰，比上年下降0.48个千分点，其中城镇人口68.65万人，乡村人口113.33万人，城镇化率为37.72%，较上年提高了1.8个百分点。从人口的年龄比重来看，2016年，0~14岁人口占总人口比重的15.83%，15~64岁人口占总人口比重的74.43%，65周岁及以上人口占总人口比重的9.74%。武威天祝藏族自治县，据2000年全国第五次人口普查数据显示，男性人口数占总人口比重为52.63%，女性人口占比47.37%，男女性别比为111.11∶100；65周岁以上人口占比为3.67%。同年，天祝县人口中，接受大专以上教育的占总人口比重的1.6%，接受高中（含中专）教育的占总人口比重的7.18%，接受初中教育的占总人口比重的17.98%，接受小学教育的占总人口比重的 48.57%。截至 2011 年底，天祝县户籍人口为 21.52 万人，共有 28 个民族，其中藏族占少数民族人口的 97.14%。

虽然近些年甘肃受教育人口比重以及受教育层次较从前都有所上升，城市人口比重也略有上升，但从调研的情况看，由于地区发展之间存在较大的差距，甘肃山区居民的受教育水平明显低于其他地区，而且山区人口的基本生活水平相对较低，主要以农业人口为主。土地质量相对较差，缺乏农业发展的相关基础设施，农业发展的水平也非常低。山区生态移民的受教育水平整体低于其他地区，但相对搬迁前以及待搬迁地区，移民后学龄儿童的入学程度有所好转。

4.3.4 社会保障情况有所好转

近年来，甘肃社会保障的覆盖面越来越宽，各项社会保障事业的参保人数越来越多。从养老保险的参保情况来看，如表 4.15 所示，2010~2015 年，城镇职工参保人数由 242.48 万人上升到 306.2 万人，而由于新型农村社会养老保险和城镇居民社会养老保险制度全覆盖工作全面启动，合并为城乡居民社会养老保险，城乡居民基本养老保险则从 378.99 万人上升到了 1236.74 万人，上升了 3.26 倍。失业保险的年末参保人数波动不大，全年发放失业保险金的情况略有下降。城镇基本医疗保险的年末参保人数六年间增加了 46.17 万人，其中城镇居民参保人数增加了 28.46 万人。

表 4.15 甘肃社会保障基本情况

单位：万人

项目	2010 年	2011 年	2012 年	2013 年	2014 年	2015 年
基本养老保险						
城镇职工基本养老保险	242.48	262.95	277.37	288.4	298.85	306.2
职工	171.13	177.86	183.62	188.55	193.86	197.01
离退休人员	71.35	85.09	93.75	99.85	104.99	109.19
城乡居民基本养老保险	378.99	787.31	1221.39	1238.49	1240.13	1236.74
失业保险						
年末参保人数	164.46	164.48	163.55	163.09	162.35	162.76

项目	2010 年	2011 年	2012 年	2013 年	2014 年	2015 年
全年发放失业保险金（万元）	14673	12085	10978	13177	13166	13600
城镇基本医疗保险						
年末参保人数	588.79	590.82	616.54	622.77	630.65	634.96
城镇职工	290.22	291.06	292.97	297.05	302.6	307.9
城镇居民	298.57	299.77	323.57	325.72	328.05	327.03
工伤保险						
年末参保人数	130.09	150.19	158.53	167.72	175.14	182.6
年末享受待遇的人数	1.09	1.37	1.79	1.85	2.2	2.33
生育保险						
年末参保人数	82	110.13	129.52	135.07	143.7	154.1
享受待遇人数（万人次）	1.02	1.65	2.51	3.22	3.93	3.53

注：自 2012 年 8 月起，新型农村社会养老保险和城镇居民社会养老保险制度全覆盖工作全面启动，合并为城乡居民社会养老保险。

平凉 2016 年末城镇居民医疗保险参保人数较上年增加 7049 人，达到 18.17 万人；城乡居民社会养老保险参保续保 120.76 万人，比上年末增加 11633 人。年末参加新型农村合作医疗农民达 173.82 万人，参合率为 98.7%。全年新型农村合作医疗基金支出总额为 9.4 亿元，累计受益 462.78 万人（次），民政部门资助农村合作医疗的人数达 24.39 万人。全年 5.24 万城镇居民和 21.38 万农村居民享受政府最低生活保障。这些数据说明平凉市社会保障的广度和深度都取得了一定的成绩，群众受益面在拓宽。在平凉的崆峒区和庄浪县调研的过程中，参合的费用不高，而一旦生病得到的收益较大，农民参加农村合作医疗的比例比较高，基本上家里的成年人都选择参合。

武威社会保障的覆盖面也不断加宽，针对贫困人口的相关补贴、扶持政策愈加完善。2017 年，武威城镇新增就业 2.45 万人，城镇登记失业率控制在 3.2%。"五险合一"社保信息管理系统顺利上线运行，深入推进公立医院的综合改革，并且全面推开"三医联动"改革，城镇居民医保实现省内异地就医直接结算。天祝县对民生的关注程度不断提高，2016 年财政对教育、卫生、社会保障等民生事业的支出累计达到 115 亿元，社会保障体系逐步完善，累计发放各类救助救灾资金 6.98 亿元，保障标准和水平明显提高，城镇居民医疗保险制度、城乡居民大病保险全面实施，医疗卫生保障水平逐年提高，城乡居民基本养老保险工作健康运行。2017 年，天祝县用于教育卫生、社会保障等民生方面的支出达到了 24.64 亿元，公共卫生项目不断得到规范。全民参保登记入库 20.72 万人，占户籍总人口的 99.3%。全面完成城乡居民医保整合，城乡居民医疗保险、社会养老保险参保率分别达到 99.5%、97.79%，城镇职工医疗、生育、养老和工伤保险基本实现全覆盖。在天祝县关于社会保障问题的访谈中，天祝县生态移民如果已经转为城镇户籍，可以选择参加城镇居民基本医疗保险，也可以选择继续参加新型农村合作医疗，政府对参保群众给予一定金额的补助。对于参保群众来说，住院级别不同，报销比例也有所不同，但这项政策得到了大家的广泛认可，参保数量比较稳定。

社会保障程度的提升，对居民以及生态移民生活质量的提升非常重要，对移民社区的安定和谐起到了一定的积极作用。当前，养老、医疗以及子女入学是农村居民生活压力最大的几个方面，国家的九年义务教育基本上使得农村孩子入学不再是问题。而农村的养老问题以及因病返贫现象是困扰农民生活的重要因素。社会保障覆盖面的拓宽，以及农村居民医疗参合数量的增加，无疑在很大程度上减轻了农民的生活负担，为移民安置区的稳定发展提供了物质条件。

4.4　甘肃生态移民的生态绩效

甘肃易地扶贫搬迁项目实施以来，群众从原居住地搬迁后，减少了对林草资源的破坏，有效地缓解了迁出区的生态压力。同时，通过开展陡坡地退耕还林、退耕还草等一系列工程的实施，迁出区过去的滑坡、泥石流以及水土流失等自然灾害的发生率降低了。同时，甘肃积极响应国家的号召，目前已经全面确立生态安全屏障综合试验区生态战略平台，提出构建四大生态安全屏障、推进五大区域可持续发展的战略任务，以重点开发区、限制开发区和禁止开发区为主体的功能区布局基本形成。

截至 2016 年，甘肃省共建立各级各类自然保护区 60 个，总面积 884.39 万公顷，约占全省土地总面积的 20.77%。其中：国家级 20 个，面积 687.37 万公顷；省级 36 个，面积 186.13 万公顷；县级 4 个，面积 10.89 万公顷。生物多样性表现为，全省共有野生高等动植物种类 6117 种。其中：野生维管植物 5160 种；野生动物共有 957 种和亚种，包括鱼类 109 种，两栖类 36 种，爬行类 64 种和亚种，鸟类 572 种和亚种，兽类 176 种和亚种。全省平均降水量为 380.7 毫米，较常年偏少 5%。[1]

4.4.1 造林面积不断扩大，生态环境得到了有效保护

在生态建设中，认定"绿水青山就是金山银山"，甘肃依托各项生态工程和林业产业，持续改善林业基础设施，促进了林业经济的恢复和发展，提升了贫困群众的生产、生活水平。截至 2016 年，甘肃累计办理林权抵押贷款 70.95 亿元，林业合作社总数达到 2850 个，家庭林场 632 家，实现林下经济产值 68.23 亿元；经济林果总面积达到 2180.2 万亩，总产量达到 276.7 亿元。同时，在生态林业建设方面取得的成效也非常明显，累计落实中央和省级林业建设资金 213.5 亿元，完成营造林面积超 108 万公顷，完成森林抚育 40.3 万公顷。经过生态措施的改善，目前甘肃森林覆盖率达到 11.86%，荒漠化土地面积、沙化土地面积和程度呈减少、减轻趋势，荒漠化土地面积年递减率 0.19%，沙化土地面积年递减率 0.12%。全省森林火灾受害率稳定控制在千分之一点三左右，林业有害生物成灾率控制在千分之五以下，林木良种使用率达到 50%左右。生态建设和林业的恢复促进了生态旅游、苗木产业等林业产业的发展，不仅极大地促进了地区经济增长，提高了农民的经济收入，还成为促进农村经济发展、带动城乡就业的重要手段。

---

① 甘肃省环境保护厅. 2016 年甘肃省环境状况公报 [Z]. 2016.

4.4.2 环境状况好转，空气质量改善明显

随着甘肃生态环境的不断改善，大气环境慢慢地有了好转，空气质量也明显改善。武威的生态环境建设也取得了较大的成果，祁连山自然保护区生态环境问题已完成整改 139 个，整改率 92.7%。石羊河流域重点治理任务全面完成，蔡旗断面过水量和民勤盆地地下水开采量两大约束性指标、生态治理目标分别提前 8 年、6 年实现。干涸 51 年的青土湖重现水面 25.2 平方千米，地下水埋深由 2011 年的 3.6 米升至 3.04 米，形成旱区湿地 106 平方千米，局地小气候有效改善。

祁连山水源涵养林及高山湿地、旱区湿地加快恢复，湿地总面积达到1042 平方千米，居全省各市（州）第 4 位。甘肃内蒙古省界武威段千里沙漠大林带加快建设，加强"下山入川"移民迁出区生态恢复治理，依法清理整治祁连山国家级自然保护区内建设项目。累计完成人工造林 259.6 万亩、封育 185.5 万亩，通道绿化 5648 千米，森林覆盖率由 2011 年的 12.1% 提高到19.7%。同时，武威全力打好凉州城区大气污染防治攻坚战，大气环境质量持续改善。

表 4.16 是甘肃各地区最新的城市空气质量指标，空气质量达到二级及以上天数占全年比重最高的地方是陇南和甘南州，均高达 85.5%，最低的兰州也达到了 69%。空气质量的好坏受人为因素的影响，也受自然因素的影响，是一个相对复杂的问题。甘肃部分城市属于工业城市，污染大耗能高，如兰州，过去空气污染问题一直是困扰民生的重要问题。通过生态的恢复，以及对于人为因素的处理，现在兰州空气质量较从前有很大改善。武威和平凉的环境质量还需要进一步的改善，通过生态系统的恢复以及退耕还林等政策的实施，改善生态的同时带动经济发展。

表 4.17 和表 4.18 是 2016 年甘肃按照《甘肃省绿色发展指标体系》，对各市（州）生态文明建设年度的评价结果。绿色发展指数采用综合指数法进行测算，绿色发展指标体系包括资源利用、环境治理、环境质量、生态保护、增长质量、绿色生活、公众满意程度 7 个方面，共 53 项评价指标。其中，前

6 个方面的 52 项评价指标纳入绿色发展指数的计算；公众满意程度调查结果进行单独评价与分析。2016 年各市（州）绿色发展指数，排名前 5 位的分别为临夏、嘉峪关、张掖、金昌和兰州，平凉排列第八名，武威排列第十二名。

表 4.16　2015 年甘肃各地区城市空气质量指标

地区	可吸入颗粒物	二氧化硫	二氧化氮	空气质量达到及好于二级的天数（天）	空气质量达到二级以上天数占全年比重（%）
兰州	0.12	0.023	0.053	252	69
嘉峪关	0.098	0.032	0.027	302	82.7
金昌	0.106	0.045	0.019	301	82.5
白银	0.108	0.05	0.026	280	76.7
天水	0.079	0.032	0.039	293	80.3
武威	0.102	0.032	0.028	291	79.7
张掖	0.097	0.045	0.023	282	77.3
平凉	0.095	0.052	0.045	290	79.5
酒泉	0.12	0.014	0.031	288	78.9
庆阳	0.08	0.038	0.022	293	80.3
定西	0.085	0.025	0.024	297	81.4
陇南	0.068	0.025	0.026	312	85.5
临夏	0.095	0.036	0.053	289	79.2
甘南	0.079	0.024	0.021	312	85.5

注：临夏州空气质量监测数据为临夏市数据，甘南州空气质量监测数据为合作市数据。

表 4.17　2016 年甘肃各地区生态文明建设年度评价结果

地区	绿色发展指数	资源利用指数	环境治理指数	环境质量指数	生态保护指数	增长质量指数	绿色生活指数	公众满意程度（%）
兰州	81.33	80.75	86.58	84.4	67.71	87.15	86.76	71.05
嘉峪关	81.95	78.11	83.34	93.82	68.71	86.03	87.34	91.11
金昌	81.55	83.09	77.35	94.57	74.08	76.11	76.53	85.57
白银	80.86	85.6	77.49	90.51	72.16	75.53	73.24	73.04
天水	77.2	80.01	77.36	74.86	72.55	80.42	78.78	81.59
武威	77.68	78.93	76.9	87.7	67.52	74.13	76.63	72.51
张掖	81.75	81.58	77.36	94.23	77.22	74.48	80.14	87.45

续表

地区	绿色发展指数	资源利用指数	环境治理指数	环境质量指数	生态保护指数	增长质量指数	绿色生活指数	公众满意程度（%）
平凉	77.94	77.87	79.18	80.36	76.87	68.19	83.26	83.82
酒泉	77.79	73.98	78.47	88.34	66.71	80.25	84.84	83.15
庆阳	75.61	75.21	72.13	83.35	76.91	69.57	71.32	78.5
定西	77.9	77.18	76.02	92.62	68.53	71.94	76.3	84.42
陇南	79.04	76.84	65.75	94.58	87.18	74.63	67.91	81.83
临夏	82.77	88.05	77.99	94.97	72.92	74.56	75.67	84.98
甘南	77.85	76.06	70.68	93.04	79.1	68.27	72.63	89.25

注：数据来源于甘肃统计局发布的 2016 年生态文明建设年度评价结果公报，2018 年 2 月。

表 4.18　2016 年甘肃各市（州）生态文明建设年度评价结果排序

地区	绿色发展指数	资源利用指数	环境治理指数	环境质量指数	生态保护指数	增长质量指数	绿色生活指数	公众满意程度
临夏	1	1	5	1	7	8	10	5
嘉峪关	2	8	2	5	10	2	1	1
张掖	3	4	7	4	3	9	5	3
金昌	4	3	9	3	6	5	8	4
兰州	5	5	1	11	12	1	2	14
白银	6	2	6	8	9	6	11	12
陇南	7	11	14	2	1	7	14	9
平凉	8	9	3	13	5	14	4	7
定西	9	10	11	7	11	11	9	6
甘南	10	12	13	6	2	13	12	2
酒泉	11	14	4	9	14	4	3	8
武威	12	7	10	10	13	10	7	13
天水	13	6	7	14	8	3	6	10
庆阳	14	13	12	12	4	12	13	11

注：本表中各市（州）排名按照绿色发展指数值从高到低排序。若存在并列情况，则下一个地区排序向后递延。数据来源于甘肃统计局发布的 2016 年生态文明建设年度评价结果公报，2018 年 2 月。

根据构成绿色发展指数的 7 项分类指标结果进行排序的情况看，资源利用指数排名前 5 位的市（州）分别为临夏、白银、金昌、张掖和兰州；环境治理指数排名前 5 位的市（州）分别为兰州、嘉峪关、平凉、酒泉和临夏；环境质量指数排名前 5 位的市（州）分别为临夏、陇南、金昌、张掖和嘉峪关；生态保护指数排名前 5 位的市（州）分别为陇南、甘南、张掖、庆阳和平凉；增长质量指数排名前 5 位的市（州）分别为兰州、嘉峪关、天水、酒泉和金昌；绿色生活指数排名前 5 位的市（州）分别为嘉峪关、兰州、酒泉、平凉和张掖。公众满意程度排名前 5 位的市（州）分别为嘉峪关、甘南、张掖、金昌、临夏。

甘肃对环境保护、生态恢复的重视程度不断加深，表 4.19 是甘肃自然保护情况，自然保护区的数量及面积相对稳定。评价的结果反映出了随着甘肃对生态文明的重视程度的不断提升，以及生态移民、易地搬迁扶贫等政策对生态的恢复，甘肃生态建设程度不断好转，取得了较好的成绩。但通过对比也可以看到，甘肃的各地区间还存在比较大的差距，生态恶劣地区的生态环境以及生态文明建设还需进一步加强。

表 4.19 甘肃自然保护情况

指标	2011 年	2015 年	2016 年
自然保护区情况			
自然保护区个数（个）	60	60	60
国家级	16	20	20
省级	41	36	36
自然保护区面积（万公顷）	976	914	914
国家级	724	687	687
省级	244	216	216
生态功能保护区个数（个）	2	2	2
生态功能保护区面积（万公顷）	766	766	766
集中式饮用水水源情况			
地表水集中式饮用水源保护区个数（个）	166	61	62
地表水集中式饮用水源保护区面积（平方千米）	2565	4298	4313
地下水集中式饮用水源保护区个数（个）	198	68	68
地下水集中式饮用水源保护区面积（平方千米）	1962	6967	6967
集中式饮用水源服务人口（万人）	1188	1059	1059

注：数据出自 2017 年甘肃统计年鉴。

4.5 甘肃生态移民绩效的综合评价

通过对甘肃生态移民的经济绩效、社会绩效和生态绩效的评价分析，我们看到，甘肃生态移民工程的推进取得的效益较好。从经济绩效的角度来说，搬迁居民收入水平、消费水平都有一定程度的上升；产业机构得到了调整，移民定居点后续产业的发展都有了一定的规模；物价平稳，生产条件、住房条件等相关基础设施相对于搬迁前得到了很大的改善。但是，不能忽略的是，甘肃人均 GDP 以及城乡居民的可支配收入上升的水平都是相对比较慢的。从社会绩效的角度来看，人口结构主要以农牧业人口为主，受教育水平有所提升，文盲率、半文盲率较以前有所下降，居民生活、生产方面的基础设施有很大改观；社会保障的参保人数及受益面都有提升。从生态效益的角度来说，迁出地的生态环境得到了恢复和发展，整个甘肃的生态质量都有所发展和提高（见表 4.20）。

表 4.20 甘肃生态移民绩效评价指标体系

目标层	领域层	变量层	指标属性	表现
生态移民绩效评价	经济绩效	居民收入水平	∧	↑（上升）
		人均 GDP	∧	↑（上升）
		居民消费水平	∧	↑（上升）
		产业结构	—	↑（优化）
		物价水平	—	—
		居住条件	∧	↑（改善）
	社会绩效	城市化率	∧	↑（上升）
		人口结构	—	农业人口为主
		受教育程度	∧	↑（上升）
		公共基础设施	∧	↑（改善）
		养老保险覆盖	∧	↑（上升）
		医疗保险覆盖	∧	↑（上升）

续表

目标层	领域层	变量层	指标属性	表现
生态移民绩效评价	社会绩效	生活便利程度	∧	↑（上升）
		移民满意度	∧	↑（上升）
	生态绩效	迁出地生态恢复情况	∧	↑（优化）
		迁入地生态环境	∧	↑（优化）

说明：∧表示越大越好，∨表示越小越好，—表示其他指标。

总体来说，甘肃生态移民工程以及易地搬迁扶贫工作的展开，所取得的效益非常好，生态效益要好于社会效益和经济效益，经济效益的水平还需进一步提高。根据建立的甘肃生态移民绩效的评价指标体系，以效果测度值为基础，计算了甘肃武威的生态移民绩效的综合指数，对当地生态移民的绩效进行了综合的评价。得出的结果如表4.21所示，生态绩效为6.78，社会绩效为6.71，经济绩效为6.42，综合绩效为6.658。总体来看，甘肃生态移民取得的效益，尤其体现在生态绩效上，经济绩效略低于社会绩效，基础设施的改善、农村医疗保险覆盖面的拓宽为移民带来的实惠是真实的，经济绩效还有待进一步提高。

表4.21 甘肃（武威）生态移民绩效评价结果

目标层	领域层	变量层	指标层	平均结果	加权结果	综合结果
生态移民绩效评价（6.658）	经济绩效 0.3Y	居民收入水平（0.3Y₁）	农牧业收入（0.5）	6.25	6.25	6.42
			务工收入（0.5）	6.25		
		人均GDP（0.2Y₂）	经济增长状况（1）	6.63	6.63	
		居民消费水平（0.15Y₃）	消费数量（0.4）	6.63	6.33	
			消费质量（0.6）	6.13		
		产业结构（0.15Y₄）	农业发展（0.4）	6.75	6.49	
			工业发展（0.3）	6.00		
			服务业发展（0.3）	6.63		
		物价水平（0.1Y₅）	食品物价（0.3）	5.75	6.09	
			农业物资物价（0.4）	6.13		
			生活用品物价（0.3）	6.38		

目标层	领域层	变量层	指标层	平均结果	加权结果	综合结果
生态移民绩效评价 (6.658)	经济绩效 0.3Y	居住条件 (0.1Y_6)	住房质量 (0.6)	7.13	6.93	6.42
			住房面积 (0.4)	6.63		
	社会绩效 0.2Z	城市化率 (0.15Z_1)	服务业水平 (0.4)	6.13	6.50	6.71
			城市公共设施 (0.3)	6.88		
			城市建设规模 (0.3)	6.63		
		人口结构 (0.1Z_2)	从业结构 (0.6)	6.50	6.55	
			年龄结构 (0.4)	6.63		
		受教育程度 (0.15Z_3)	子女上学 (0.4)	7.38	6.78	
			安置区受教育水平 (0.6)	6.38		
		公共基础设施 (0.1Z_4)	生产设施 (0.6)	7.00	6.85	
			生活设施 (0.4)	6.63		
		养老保险覆盖 (0.15Z_5)	养老金 (1.0)	6.38	6.38	
		医疗保险覆盖 (0.15Z_6)	住院报销 (1.0)	6.63	6.63	
		生活便利程度 (0.1Z_7)	交通便利 (0.3)	7.13	6.97	
			现代生活条件 (0.4)	6.50		
			消费便利 (0.3)	6.75		
		移民满意度 (0.1Z_8)	综合满意程度 (1.0)	7.38	7.38	
	生态绩效 0.5X	迁出地生态恢复情况 (0.7X_1)	植被覆盖 (0.4)	6.88	6.50	6.78
			退耕还林(牧) (0.6)	6.25		
		迁入地生态环境 (0.3X_2)	水资源状况 (0.6)	7.00	7.45	
			土地面积及质量 (0.4)	6.50		

从对甘肃生态绩效的整体分析的结果看，甘肃的易地搬迁扶贫工作取得了较好成绩，但甘肃的经济、社会发展还存在一定的问题，需要进一步完善和发展，如经济发展速度相对较慢，居民收入水平低，地区经济发展不平衡，以及居民收入间存在着较大的差距。从本书分析的相关数据看，甘肃的城乡居民人均可支配收入、人均 GDP 等虽然都有所上升，但参照全国的水平，甘肃整体上升速度相对较慢。从区域经济发展方面，从地区经济发展情况看，

甘肃经济发展不平衡的问题比较明显，地区与地区之间、城乡之间，以及行业间还存在着一定的差距，一些山区的贫困状况远远超出我们的想象。从经济总量的情况看，兰州经济总量最大，占甘肃 GDP 总值的比重也是最大的。从人均 GDP 的情况来看，2016 年甘肃排名最高的嘉峪关，人均 GDP 达到62641 元，而最低的临夏仅有 11395 元。从城乡居民的收入差距看，农村居民的人均可支配收入比城市水平低太多。从工业化进程的角度看，嘉峪关工业化程度在甘肃省最高，已经进入后工业化阶段，而其他地区基本只处于工业化初期阶段。

甘肃移民定居地区的发展情况和城市相比还有较大的差距。移民搬迁后仍然以农牧业为主，由于技术落后、区位劣势等方面的因素，移民搬迁后仍然主要以农业人口为主，各移民社区的后续产业发展也以农牧业为主。移民收入水平虽然有所提升，但与城市居民相比较，其生计状况不仅差距较大，而且其生计状况的可持续发展也是一个需要长期考虑的问题。

表 4.22 是甘肃 2015 年按收入等级划分的农村居民家庭基本情况。全省平均每人消费支出以及可支配收入，在不同收入层级的家庭中有比较大的差距。农村居民高收入户平均每人消费支出高出低收入户 5475 元；高收入户的平均每人可支配收入高出低收入户 14084 元。同时，甘肃平均每户常住人口为 3.8人，低收入户的家庭平均人口数不仅高于省内平均水平，也普遍高于其他收入层次的农户，中高收入户以及高收入户的平均每个劳动力负担人口水平低于其他收入层次。从收入类型的情况看，各收入层级所存在的差距也是比较大的。说明农户间因为拥有的资源差距、人口负担等情况的不同，其发展结果也就有根本的不同。调研中多数搬迁居民表示，虽然搬迁起先是政府号召，但自身也非常愿意搬迁，因为搬迁后生活水平相对而言还不错，返迁的意愿不高，对易地扶贫搬迁工作是比较支持的。

表 4.22　按收入等级分 2015 年甘肃农村居民家庭基本情况

指标	全省平均	低收入户	中低收入户	中等收入户	中高收入户	高收入户
平均每户常住人口（人）	3.8	4.5	4.3	4	3.6	3.1
平均每户整半劳动力（人）	2.4	2.6	2.6	2.4	2.4	2.3

续表

指标	全省平均	低收入户	中低收入户	中等收入户	中高收入户	高收入户
平均每个劳动力负担人口（人）	1.6	1.7	1.7	1.7	1.5	1.3
平均每人消费支出（元）	6830	4977	5549	6717	7735	10452
平均每人可支配收入（元）	6936	2016	4393	6350	9011	16100
工资性收入（元）	1975	718	1366	1844	2684	4022
经营净收入（元）	3025	543	1717	2519	3784	8300
财产净收入（元）	128	52	52	119	163	318
转移净收入（元）	1808	704	1259	1868	2379	3460

注：数据来源于 2016 年甘肃统计年鉴。

悬殊的资源差距、经济发展差距、技术差距等原因，使甘肃存在着较严重的区域发展不平衡的问题。在推进精准扶贫的过程中，如何针对搬迁居民的具体情况，探寻适宜甘肃精准扶贫的推进、缩小居民收入差距、缩小城乡发展差距的方法，是甘肃发展的重要问题。

5 青海生态移民的经济绩效评价

5.1 青海生态移民概况

5.1.1 青海概况

青海位于中国西部，是我国青藏高原上一个非常重要的省份，东西长约1200 千米，南北宽 800 千米，面积为 72.10 万平方千米。青海与甘肃、四川、西藏、新疆接壤，辖西宁、海东两个地级市和玉树、海西、海北、海南、黄南、果洛 6 个民族自治州，共 48 县级行政单位。省内有藏族、回族、蒙古族、土族、撒拉族等 43 个少数民族，2017 年全省常住人口 598.38 万人，城镇常住人口比重为 53.07%。2017 年，青海地区生产总值 2342.8 亿元，按可比价格计算比上年增长 7.3%；农林牧渔业增加值 242.04 亿元，比上年增长4.8%。2017 年，青海城镇居民人均可支配收入为 29169 元，比上年增长 9%；农村居民人均可支配收入为 9462 元，比上年增长 9.2%[①]。总体来看，青海的经济、社会较以往有所发展，人民生活水平不断提高。

三江源位于青海南部，是长江、黄河、澜沧江的发源地和我国淡水资源的重要补给地。行政区域包括玉树、果洛、海南、黄南 4 个藏族自治州的 16

---

① 青海省统计局. 青海省 2017 年国民经济和社会发展统计公报［Z］. 2017.

个县和格尔木市的唐古拉乡，总面积 36.6 万平方千米，占青海土地总面积的 43.88%，总人口 55.72 万，居民以藏族为主。三江源地区地形复杂，以山地地貌为主，平均海拔 4400 米左右，是中国面积最大的自然保护区，也是世界高海拔地区生物多样性最集中的地区和生态最敏感的地区。历史上的三江源曾经是高原草原草甸区，随着全球气候变暖，冰川、雪山逐年萎缩，高原湖泊、湿地的水源补给受到了很大的影响，致使生态环境脆弱，加之人口的不断增加，生产活动的不断增多，以及对自然环境的人为破坏，加剧了生态环境的恶化，出现了大面积的草地退化和沙化。三江源生态环境的恶化趋势，导致部分地区的居民难以生存，草地载畜量下降，野生动物的数量和种类急剧减少，生物多样性降低。最关键的是，水源涵养功能的减退使得三江中下游的很多地区旱涝灾害频繁，工农业生产受到了很大的影响，甚至直接威胁到了长江流域和黄河流域上、中、下游地区的经济和社会的可持续发展。本书对青海生态移民经济绩效的考察及分析主要以玉树、果洛、海南和黄南的基础数据为准。

海南藏族自治州，位于青海湖之南，总面积 4.6 万平方千米，辖共和、贵德、贵南、同德、兴海 5 个县和龙羊峡行委，共有 41 个乡镇，是青藏高原东边的门户。黄南藏族自治州位于青海省东南部，面积 1.8 万平方千米，2017 年荣获"中国最具影响力文化旅游目的地"称号。玉树藏族自治州位于青海西南部，是青海第一个、全国第二个成立的少数民族自治州，土地面积 26.7 万平方千米。玉树是全国 30 个少数民族自治州中主体民族比例最高、海拔最高、人均占有面积最大、生态位置最重要的自治州。果洛藏族自治州资源丰富，位于青海东南部，面积 7.6 万平方千米。表 5.1 是以上 4 个自治州的区划、面积和人口，4 个州的少数民族人口比重都在 90% 以上，其中玉树的少数民族人口比重高达 98.7%。

5.1.2 三江源生态移民概况

青海土地面积辽阔，自然资源丰富，但其严酷而脆弱的自然环境，成为制约经济社会发展的一个障碍因素。青海作为我国"生态环境的脆弱带"，源

表 5.1　青海各州区划、面积及人口

区划		面积（平方千米）	人口（人）
海南藏族自治州	共和县	16050	136348
	同德县	6494	61813
	贵德县	3600	108770
	兴海县	13158	79645
	贵南县	6593	80345
黄南藏族自治州	同仁县	3465	98273
	尖扎县	1712	60898
	泽库县	6494	72790
	河南蒙古族自治县	6250	38596
果洛藏族自治州	玛沁县	13636	47007
	班玛县	6452	29500
	甘德县	7143	37257
	达日县	15385	42012
	久治县	8696	26454
	玛多县	25000	14982
玉树藏族自治州	玉树市	13462	109479
	杂多县	35000	60755
	称多县	15300	60176
	治多县	80200	33641
	囊谦县	12741	95164
	曲麻莱县	52446	32638

注：人口为 2015 年末统计数，数据根据历年青海统计年鉴整理，出自青海统计局网站。

于其兼有的青藏高原生态环境脆弱和黄土高原水土易于流失的特点，是青藏高原生态环境非常脆弱的地域。长期以来，由于生态保护和投入的严重不足，三江源地区生态环境不断恶化，总体趋势是水土流失面积不断扩大、土地沙化形势严重及草地退化日趋严重。为了保护生态，促进青海的可持续发展，必须进行人为干预，通过降低人口对生态环境的破坏，实现生态环境的恢复以及经济社会的发展。

　　青海的移民工程起步相对较早，三江源生态移民是由政府主导的在严峻的生态形势下必须推进的移民工程。青海首先推进的是集中人口保护生态环境，禁牧育草以及休牧育草①。由于在移民方面已经有了一定的实践基础，加之人们对生态保护的认识，三江源移民工程实施之初，就得到了群众的积极响应。针对三江源地区草场退化、土地沙化、黄河源头断流、湿地萎缩等一系列生态恶化现象，为了保护生态环境，改善境内广大牧民生活条件，2003年1月，国务院正式批准三江源自然保护区为国家级自然保护区，2005年国家建立了三江源自然保护区。2005年1月26日国务院第79次常委会议批准实施《三江源自然保护区生态保护和建设总体规划》。根据此总体规划，三江源自然保护区内共有22.3万人，计划投资6.31亿元，移出10140户55773人。2011年11月，国务院决定建立青海三江源国家生态保护综合试验区，试验区包括玉树、果洛、黄南、海南4个藏族自治州21个县和格尔木市唐古拉山镇。生态移民工程从2005年开始，三江源生态移民主要分布在玉树的囊谦、杂多、称多、曲麻莱县，果洛的班玛、玛多、达日、久治县，海南的同德、兴海县，黄南的泽库、河南蒙古族自治县，格尔木市唐古拉山乡等地。截至2011年底，三江源生态保护和建设工程已累计生态移民14477户；截至2013年，青海省生态移民总数达到18893户84047人，共入住85个移民社区；截至2015年累计投入近90亿元资金，为了三江源的生态保护和建设，近10万牧民搬离了草原，从游牧民变成了非农、非牧、非城镇居民的特殊群体。三江源地区生态移民的搬迁方式主要有集中搬迁和自主搬迁两种，集中搬迁是政府统一为搬迁居民建造住房，基本在80平方米左右；自主搬迁则是各地根据当地情况以及政府相关政策核定一定的补助金额，由移民自行购买或者建造房子搬迁。国家生态移民工程人均投资8000元，为移民建设住房户均投资3万~4万元。牧民搬迁后，停止其草场的承包使用权及相关经营活动，全面禁牧。同时，政府还给予搬迁移民一部分生活补助，包括燃料补贴、饲料粮食补贴和最低生活困难补贴。"十一五"期间，青海实施易地扶贫搬迁227个村，搬迁安置10930户20706人，改善了搬迁移民的生活条件，并且为他们提供了增收渠道，有效地缓解了三江源地区的生态压力。"十二五"期间，

---

① 温生辉. 实行休牧育草搞好"三江源区"生态保护和建设 [J]. 中国农村经济，2000（10）.

搬迁人口主要在青海东部干旱山区、三江源高寒牧区、环青海湖农牧交错区和柴达木地区的 137 个乡镇，322 个村子，23652 户 100954 人。"十三五"期间，青海易地扶贫搬迁计划投资规模为 88.6 亿元，将完成 20 万贫困人口的搬迁任务，占全省总贫困人口的 38.5%。

本项目组于 2015~2016 年走访了海南兴海县的青根河生态移民社区，同德县尕巴松多镇的北八滩移民社区、尕群移民社区等地，对青海生态移民的经济、社会及生态绩效进行调研。青海的生态移民和其他省区的不同之处在于，其他省区的移民是从生态环境恶劣区搬到更适宜生存的地区，而三江源地区的藏族群众，曾世代以放牧为生，如今为了生态环境的恢复和可持续发展而搬离草原，有些新迁入地区的海拔更高，生活的自然环境相对过去并没有得到更好的改善。

5.2 青海生态移民的经济绩效

5.2.1 人均 GDP 不断增长，但增速缓慢

近年来，青海经济发展平稳，本书所考察的各州经济稳中有进，社会经济平稳过渡。根据青海省统计局的相关数据来看，2015 年青海生产总值达到 2417 亿元，较上年增长 8.2%；2016 年地区生产总值为 2572.49 亿元，较上年增长 8%；2017 年完成地区生产总值 2642.8 亿元，较上年增长 7.3%，增速在全国属于中上水平。从各州地区情况看，地区生产总值和人均 GDP 虽然都有所上升，但上升幅度较小（见表 5.2）。海南藏族自治州经济发展相对较好，人均 GDP 比 2015 年增长 6.90%，是四个自治州中最高的，累计实施三江源生态保护建设项目 21 类 238 项，完成投资 25.81 亿元；黄南人均 GDP 较上一年增长 1.18%，2017 年 12 月，荣获"中国最具影响力文化旅游目的地"称号；玉树集高海拔地区、民族地区、贫困地区于一体，人均 GDP 较上一年增长

1.05%；果洛人均 GDP 较上一年仅增长 0.72%。总体上可以看出，青海省及辖内各州的人均 GDP 都有增长的趋势，但各州人均 GDP 增长又比较缓慢。

表 5.2　2016 年青海各州 GDP 增长情况

地区	地区生产总值（亿元）	增速（%）	人均 GDP（元）	增速（%）
玉树	61.68	1.90	15232.26	1.05
果洛	364.81	2.20	18378.34	0.72
海南	152.68	8.00	32754.00	6.90
黄南	74.65	3.70	27499.45	1.18

注：表中数据根据年度青海各州统计公报整理计算所得。

近几年，西北地区经济下行压力加大，经济发展过程中所面临的环境更加复杂，但是青海各州人均 GDP 都表现出稳定增长的态势，尤其是海南州，地区生产总值和人均 GDP 的增长幅度都相对较高。经济稳定增长是经济发展的基础，说明三江源地区经济运行平稳，各项社会事业都有不同程度的发展。

5.2.2　搬迁移民存在生计问题

2014 年，青海居民人均可支配收入为 14374 元，较 2013 年上涨 11%，其中城镇居民人均可支配收入为 22307 元，农村居民人均可支配收入为 7283 元。2017 年，青海居民人均可支配收入为 19001 元，较 2016 年上涨 9.8%，比 2014 年上涨 4627 元，其中城镇居民人均可支配收入为 26169 元，农村居民人均可支配收入为 9462 元。从青海省居民收入水平看，城乡居民的人均可支配收入都在逐年上涨，但城乡之间收入差距较大。以 2017 年情况看，城镇居民的个人可支配收入比农村居民的个人可支配收入多出 19707 元。在移民安置区的调查中，搬迁移民的生产方式发生了转变，搬迁后大部分居民因为设施农业或者温棚牧业的方式，收入相对稳定，但也可以看到，有些移民搬迁后不能找到合适的工作，出现了返贫现象。

在生态移民工程的发展过程中，青海生态移民的收入水平有上涨的情况。表 5.3 是各州居民人均可支配收入及其增速，从各州情况来看，2016 年考察区域的人均可支配收入均表现出增长的趋势。2016 年，玉树州居民人均可支

表 5.3　2016 年青海各州居民人均可支配收入及其增速

地区	全州居民人均可支配收入（元）	较上年增长（%）	城镇居民人均可支配收入（元）	较上年增长（%）	农村居民人均可支配收入（元）	较上年增长（%）
黄南	12696.96	9.40	26566.98	8.85	7454.74	9.32
海南	14784.00	9.50	26218.00	9.10	9550.00	9.30
果洛	11787.00	9.80	28133.49	9.21	6020.25	10.15
玉树	13513.42	9.73	27978.00	9.10	6177.00	11.00

注：表中数据根据 2016 年青海各州统计公报整理所得。

配收入 13513.42 元，比 2015 年增加 1197.99 元，增长 9.73%。其中工资性收入 4824.98 元，增长 13.31%；经营净收入 4795.21 元，增长 9.73%；财产净收入 586.45 元，下降 11.59%；转移净收入 3306.79 元，增长 9.36%。[①] 表 5.4 为 2017 年玉树居民的收入情况，表中数据反映出，2017 年玉树居民的可支配收入呈上涨趋势。

表 5.4　2017 年玉树居民收入情况

单位：元，%

地区	全体居民人均可支配收入			城镇常住居民人均可支配收入			农村常住居民人均可支配收入		
	2017 年	2016 年	增减	2017 年	2016 年	增减	2017 年	2016 年	增减
玉树	14962	13513	10.7	30512	27978	9.1	6839	6177	10.7
玉树市	20059	18168	10.4	32743	30000	9.1	7558	6846	10.4
称多县	8823	8048	9.6	29228	26981	8.3	6770	6199	9.2
囊谦县	10676	9605	11.2	27397	25189	8.8	5651	5058	11.7
杂多县	15421	13871	11.2	29021	26571	9.2	7163	6385	12.2
治多县	16667	15110	10.3	28509	26160	9	7608	6903	10.2
曲麻莱县	14800	13377	10.6	29589	27121	9.1	7454	6749	10.4

注：数据来源于玉树 2017 年国民经济和社会发展统计公报。

2016 年黄南州居民人均可支配收入 12696.96 元，较上年增长 9.4%。其中，工资性收入 6057.73 元，增长 8.14%；经营净收入 4164.44 元，增长 7.55%；财产净收入 402.92 元，增长 17.55%；转移净收入 2071.87 元，增长

---

① 青海省统计局. 玉树 2016 年国民经济和社会发展统计公报［Z］. 2016.

15.62%。在居民收入中，城镇常住居民人均可支配收入26566.98元，较上年增长8.85%。其中，工资性收入16636.52元，增长5.04%；经营净收入5178.63元，增长7.18%；财产净收入786.87元，下降0.5%；转移净收入3964.96元，增长34.59%。农村常住居民人均可支配收入7454.74元，较上年增长9.32%。其中，工资性收入2059.44元，增长16.28%；经营净收入3781.13元，增长7.64%；财产净收入257.8元，增长47.22%；转移净收入1356.37元，下降0.28%。[①]

2016年果洛居民人均可支配收入11787元，较上年增长9.8%。城镇常住居民人均可支配收入28133.49元，较上年增长9.21%。其中，工资性收入25373.42元，增长9.75%；经营净收入1859.62元，下降5.76%；财产净收入366.88元，下降2.47%；转移净收入533.56元，增长81.62%。农村常住居民人均可支配收入6020.05元，较上年增长10.15%。其中，工资性收入187.74元，增长70.05%；经营净收入4037.95元，增长2.79%；财产净收入257.93元，增长6.74倍；转移净收入1536.43元，增长10.28%。[②]

2016年海南州居民人均可支配收入14784元，比上年增长9.5%。城镇常住居民人均可支配收入26218元，较上年增长9.1%。其中，工资性收入18906元，增长10.9%；经营净收入4925元，增长6.6%；财产净收入712元，下降2.7%；转移净收入1675元，增长2.9%。全年农村常住居民人均可支配收入9550元，较上年增长9.3%。其中，工资性收入2048元，增长8.8%；经营净收入4890元，增长13.2%；财产净收入757元，增长1.1%；转移净收入1855元，增长3.9%。[③]

从各州的基本数据看，各州居民的可支配收入都有所增长，但在移民定居点的实地调研中我们发现，牧民在搬迁前，饲养羊群、牛群，每年的收入相对稳定，生活没有什么压力。而一些移民在搬迁后，收入的主要来源是国家给予的一部分粮食、燃料补助，有个别地区还可以发展定居农牧业。由于政府没有限制移民采挖虫草，所以有些地区移民的收入还来源于虫草采挖季节的虫草采集，劳务输出、运输生意、藏獒养殖以及一些小本生意也是个别

---

①②③ 青海省统计局. 黄南2016年国民经济和社会发展统计公报 [Z]. 2016.

移民获取收入的方式。除去政府稳定的补助，这些收入不多且不稳定，移民们面临的最主要的问题是生计问题，多数移民的家庭年收入水平在 1 万~2 万元，这比起搬迁前，实际上是变差了（见表 5.5、图 5.1）。

表 5.5 青海生态移民收入情况

收入范围（元）	搬迁前		搬迁后	
	户数（户）	比重（%）	户数（户）	比重（%）
0~9999	6	10.17	9	15.25
10000~19999	18	30.51	28	47.46
20000~29999	26	44.07	15	25.42
30000 及以上	9	15.25	7	11.86

注：数据根据调研问卷整理所得。

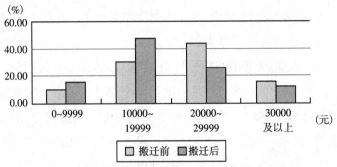

图 5.1 青海生态移民收入变化图

同时，移民定居点还存在着一定的返贫现象，一些移民在搬迁后，由于生产方式发生了改变，无法适应新的生活，或者缺乏发展的资本，导致就业困难，短期内没有了固定收入，生活负担较重，以而出现返贫现象。以此看来，三江源地区生态移民的生计是相对困难的，还需要进一步通过产业的引导、增收渠道的增加去帮助移民真正脱贫。从政府公布的数据可以看出，青海各州居民人均可支配收入均表现出上升的趋势，且工资性收入和经营性收入为带动收入增长的主要来源。存在的问题在于，虽然城乡居民的收入都在增长，但城乡居民的收入差距仍然很大，而且移民之间也存在着一定的收入差距，几个地州的情况都是如此。

5.2.3　移民消费上升，但消费质量有待提高

由于搬迁后生活方式改变的影响，三江源辖区内各州生态移民的消费水平也有所上升，但从现有的数据以及实地调研的情况看，随着移民生活方式的改变，消费数量不断增多是生态移民感到压力增大的主要原因，但消费数量的增多，并不意味着其消费质量的上升，同时，城乡居民消费之间存在的差距也比较明显。

2016 年，海南州城镇居民人均生活消费支出 14810 元，比上年增长了 7.1%，其中食品消费支出为 4573 元，比上年增长 3.2%，恩格尔系数为 30.9%。农村居民的人均生活消费支出为 8821 元，比上年增长了 6.8%，当年农村居民的食品消费支出为 3117 元，比上年增长 6%，恩格尔系数为 35.3%，高出海南州城镇居民 4.4 个百分点。

2016 年，果洛城镇常住居民人均消费支出 19260.48 元，同比增长 9.36%。其中，食品烟酒 6458.78 元，同比增长 6.21%；衣着 2088.61 元，同比增长 5.60%；居住 2950.55 元，同比增长 6.78%；生活用品及服务 1581.02 元，同比增长 13.88%；交通通信 2753.59 元，同比增长 22%；教育、文化、娱乐 1965.25 元，同比增长 10.16%；医疗保健 838.84 元，同比增长 6.30%；其他用品和服务 623.85 元，同比增长 9.07%。农村常住居民人均消费支出 3785 元，同比增长 16.01%。其中，食品烟酒 1901.28 元，同比增长 9.44%；衣着 512.38 元，同比增长 31.91%；居住 358.84 元，同比增长 3.34%；生活用品及服务 232.21 元，同比增长 70.28%；交通通信 394.38 元，同比增长 18.30%；教育、文化、娱乐 151.47 元，同比增长 1.26 倍；医疗保健 119.20 元，同比增长 4.91%；其他用品和服务 115.23 元，同比下降 17.20%。

黄南 2016 年消费品零售市场比较繁荣，社会消费品零售总额达 9.43 亿元，比上年增长 11.5%。按销售单位所在地分，城镇实现社会消费品零售额 8.46 亿元，增长 12.3%；乡村实现社会消费品零售额 0.97 亿元，增长 5.2%。按消费形态分，商品零售 7.24 亿元，增长 10.9%；餐饮收入 2.19 亿元，增长 13.6%。

玉树 2016 年社会消费品零售总额 11.34 亿元，比上年增长 11.5%。按经营地分，城镇消费品零售额 8 亿元，比上年增长 11.5%；乡村消费品零售额 3 亿元，比上年增长 14.8%。按消费形态分，商品零售额 10.25 亿元，比上年增长 13.9%；餐饮业零售额 0.7 亿元，比上年增长 14.3%。

从调查的情况看，项目组所走访的农村居民均表示消费比以前增多，生活负担较搬迁前加重。调查问卷显示，93.33% 的农村居民认为搬迁后消费比以前大增且承担起来有压力，6.67% 的居民认为增加幅度还可以接受。走访的搬迁牧民表示，藏族牧民的生活主要以牛羊肉以及奶制品为主，搬迁前，自家放牧的牛群和羊群完全可以满足对肉制品及奶制品的需求，藏民自己制作奶茶、酥油等，作柴火用的牛粪基本都是自家储存的；饲养的牛羊卖了换钱，或者宰杀吃肉，生活压力并不大。搬迁后，需要支付高昂的价格购买牛羊肉，连作柴火用的牛粪都需要购买，尽管政府会给予相应的补贴，但生活负担还是加重了。如果想要降低生活的成本，不得已甚至只能改变自身的饮食习惯，比如多购买蔬菜等替代肉制品的消费，但主观上感到非常不习惯。访谈中，一位藏族移民戏称搬迁后生活的变化是"从过去吃肉到现在吃草"，不习惯。

另外，搬迁后的水电费等生活开支较从前也增加较多，搬迁前部分牧民在山里使用太阳能发电，用水用电几乎都没有成本，而现在除了这些，集中居住后对形象各方面等的关注度比从前提高，购买衣物等开支也比从前增加，生活负担较搬迁前加重了。搬迁牧民对消费增多有两个方面的认识：第一，生活比以前方便了，购物、子女入学、就医以及住宿条件都比搬迁前更好；第二，生活成本上升，感觉反倒比以前贫困了。部分年老的牧民表示虽然现在生活方式上感觉更先进了，但非常怀念从前自由的放牧生活，搬迁是为了恢复绿草蓝天，心理上能够接受并且也愿意接受，愿意响应政府治理三江源生态环境的举措。

5.2.4 产业结构逐步优化，但缺乏引领经济发展的优势产业

在经济社会的发展过程中，青海产业结构不断调整优化，取得了一定的

成绩,对经济发展起到了重要的作用。目前,第一产业发展稳定,高原现代生态农牧业加快发展;工业转型发展较好,高新技术产业占规模以上工业比重稳步提高;服务业发展水平不断提升,特别是旅游业为经济发展做出了贡献。2015年,青海三次产业占国民经济的比重分别为8.6%、50%和41.4%,与2010年数据相比,第一产业下降了1.4个百分点,第二产业下降了5.1个百分点,第三产业上升了6.5个百分点。从产业结构的变化情况来看,第一、二产业比重逐步降低,第三产业比重上升,符合产业经济学的相关理论。但从就业结构来看,2015年,青海第一产业就业人口比重为35.8%,比2010年下降了5.6个百分点;第二产业就业人口为23%,比2010年上升了0.4个百分点;第三产业就业人口为41.2%,比2010年上升了5.6个百分点。随着产业结构的变动,虽然就业结构也有所变动,但第一产业从业人员比重仍然比较大,说明青海第一产业的发展效率并不高。目前青海的第二产业比重最高,但就业人口比重最大的却是第三产业。这说明,青海的产业结构虽然逐步优化了,但第三产业还不是带动经济发展的主动力。三次产业都存在着科学技术落后等方面的制约,不能很好地体现出科技进步带来的效率。尤其表现在第三产业多是简单、低效的服务业,缺乏科技的支撑,反过来也不能够很好地为第一、二产业服务。而这种产业结构的落后性,以及技术支撑的缺乏,更加明显地体现在非城镇地区,在生态移民地区更加明显。虽然就业结构也随之发生变化,但产业结构本身还需要进一步优化提升。

表5.6是2015年和2010年青海各地州的产业结构比重。从各地州产业结构比重的变化和就业结构看,目前各州依托地方特色,发展适宜地方经济的特色产业,取得了一定的成绩。西宁和果洛产业结构比重的变化,符合配第一克拉克定理,三次产业形成了先进的三二一模式。海东、海北、黄南、海南以及海西目前是二三一模式,玉树为以第一产业为主的一二三模式,其中第一产业比重高达42.50%,第三产业比重仅有19.00%。黄南、海南和玉树都属于第一产业比重相对较高的地区。

玉树在大力发展产业扶贫的同时,切实在提高贫困户内生动力和劳动技能上下功夫,提出"产业+就业"的扶贫模式,以产业为牵引,以就业为驱动,多措并举,形成合力,为贫困户稳定脱贫实施"双保险"。玉树2016年

表 5.6 青海各地州产业结构比重

单位：%

地区	2015 年			2010 年		
	第一产业	第二产业	第三产业	第一产业	第二产业	第三产业
西宁	3.30	48.00	48.70	3.90	51.00	45.10
海东	13.80	50.20	36.00	20.67	38.90	40.45
海北	17.80	45.50	36.70	19.10	50.40	30.50
黄南	27.00	34.90	38.10	29.30	40.30	30.40
海南	22.30	50.00	27.70	26.80	44.20	29.00
果洛	16.50	38.40	45.10	21.50	41.70	36.80
玉树	42.50	38.50	19.00	56.40	22.90	20.70
海西	6.10	67.50	26.40	2.80	79.10	18.10

注：数据来源于 2011~2016 年青海统计年鉴。

农作物种植面积 18.51 万亩，比上年增长了 0.98 万亩，年末草食牲畜存栏总数 254.28 万头，也表现出上升的趋势，肉类产品较上年上升了，奶类产量略有下降，农牧业依然是玉树的主要主导产业。海南第二产业比重由 2010 年的 44.2%上升到 2015 年的 50%，2016 年全部工业增加值比 2015 年增长 8%，重工业增加值增长 8.9%，电力、燃气及水的生产和供应业增加值增长 11%；海南州建筑业总产值的不断增长，也为第二产业比重的提升贡献了力量。

表 5.7 为 2015 年三江源四个州各产业的产值增加情况。黄南对经济贡献比较大的产业是制造业，建筑业，交通运输、仓储和邮政业以及科研事业；海南州增速较好的产业是采矿业、制造业、金融业等；果洛的建筑业增速高达 17.7%，金融业增速高达 29.5%；玉树租赁和商务服务业的增速最快，其次是金融业。这些产业增加值及其增速的表现，说明各州的产业升级对经济增长的带动是比较明显的。但从各州产业份额的情况看，现代服务业所占的份额是非常少的，总量也比较低，比如租赁和商务服务业等在黄南的总量只有 0.2 亿元，这些数据说明，目前三江源地区的第三产业比重虽然有所变化，第三产业内各行业的氛围也有所增长，但还没有成为服务第一、二产业的重要支撑，还不能和技术、科技等先进行业相结合，因此，产业结构还存在一定的低效性。

表 5.7 2015 年三江源各州分行业增加值及增速

单位：亿元，%

指标	黄南		海南		果洛		玉树	
	总量	增速	总量	增速	总量	增速	总量	增速
国内生产总值	72.8	7.0	140.2	9.3	35.7	6.0	60.6	10.4
农林牧渔业	20.2	4.5	31.7	6.0	6.0	5.2	25.9	5.1
农林牧渔服务业	0.6	1.3	0.5	1.1	0.1	5.0	0.2	−3.1
采矿业			2.3	18.8	3.9	−8.0		
开采辅助活动								
制造业	3.7	46.5	10.9	44.7	0.3	5.2		
金属制品、机械和设备修理业								
电力、热力、燃气及水生产和供应业	11.6	−2.7	32.0	4.8	0.2	10.3	0.7	
建筑业	10.1	9.4	24.9	10.5	9.4	17.7	22.6	17.2
批发和零售业	1.5	2.7	3.1	5.3	1.3	7.2	1.2	4.1
交通运输、仓储和邮政业	0.6	11.8	3.9	4.4	1.1	4.8	0.6	1.1
住宿和餐饮业	1.5	4.1	2.2	6.0	1.4	7.8	0.4	5.6
信息传输、软件和信息技术服务业	1.1	7.2	1.9	10.4	1.4	1.3	1.6	9.5
金融业	1.9	18.9	4.6	17.8	2.1	29.5	0.2	19.5
房地产业	0.7	5.0	2.1	−1.3	0.4	5.0	0.1	5.0
租赁和商务服务业	0.2	8.9	0.5	13.2	0.9	8.5	0.7	24.5
科学研究和技术服务业	0.5	13.0	0.5	11.6	0.0	7.0	0.3	
水利、环境和公共设施管理业	0.2	8.3	0.3	6.2			0.4	−3.0
居民服务、修理和其他服务业	0.2	9.2	0.4	12.2	0.6	8.5	0.8	−7.1
教育	2.1	10.4	4.9	8.4	1.1	8.5	0.4	1.0
卫生和社会工作	1.3	11.8	2.7	18.4	1.2	8.5	0.5	−2.6
文化、体育和娱乐业	0.8	8.3	0.8	−6.9	1.0	8.5	0.4	−5.0
公共管理、社会保障和社会组织	14.6	12.9	10.4	11.1	3.7	2.9	3.9	15.1

注：①本表总量按当年价格计算，增速按可比价计算。②按照 2012 年制定的《三次产业划分规定》，农林牧渔服务业、开采辅助活动和金属制品、机械和设备修理业划归为第三产业。

三江源生态移民搬迁定居点,有些地方后续产业的发展已经有了一定的成效,移民收入增加以及地区经济发展就具备了一定的发展潜力。比如海南,全州新型农牧业经济组织达 3223 家,农牧民专业合作社 1212 家,家庭农牧场 542 家,规模养殖场 178 家,种养大户 1072 家,农牧业规模化、集约化、产业化水平显著提升;坚持新型清洁能源扩容增容与就地转化输出同推进,着力打造水电、水光风多能互补、光伏发电 3 个千万千瓦级新能源基地和西北地区重要的"西电东输"基地,建成世界最大的 800 兆瓦水光互补发电项目,实现向江苏及省内有关企业输电 12 亿千瓦时;突出环湖旅游和贵德旅游两个重点,着力提升完善青海湖—龙羊峡—贵德"三点一线"旅游精品线路,文化旅游及服务业实现提档升级,上半年接待游客 310 万人次,同比增长 19%,实现旅游收入 8.5 亿元,同比增长 21%①。而对于一些后续产业乏力的地区来说,仅仅依靠政府的补助,移民生计水平提升乏力,居民的生活水平就难以改善。由于移民搬迁地的自然环境相对严酷,牧民的人力资本状况不理想,相关产业的培育具有一定的难度,尤其是对技术能力要求较高的产业,根本不具备发展的能力。

项目组所走访的海南州同德县,以精准扶贫为主要方针,通过实施优势产业扶贫战略,大力扶持和培育"一村一品"特色主导产业的发展思路,以产业发展带动当地经济发展脱贫致富。目前,在尕巴松多镇科加滩兴建了规划总面积 347.1 亩的同德县巴塘扶贫产业园区、同德县扶贫农贸市场、同德县省级扶贫产业园等,发展生态农牧业,以"产业培植"推动"造血扶贫"。巴塘扶贫产业园区根据辖内各村的优势农牧业发展情况,涉及的项目有油菜籽加工、石雕加工、饲草储备加工和有机肥加工等。巴塘扶贫产业园区的建成填补了同德县扶贫后续产业发展的空白,同时解决了当地 100 余人的就业问题,促成尕巴松多镇 3506 户无畜户和少畜户通过转产转业实现脱贫致富。

同德县升级扶贫产业园区是集加工、销售、物流、劳动力为一体的集约化、规模化、产业化扶贫基地,涉及的项目分别为藏服加工、木雕工艺加工、

---

① 全力推动三江源生态保护 描绘海南碧水蓝天 [EB/OL]. 海南藏族自治州人民政府网,http://www.qh.xinhuanet.com/hnz/2017-09/12/c_1121650919.htm.

铜艺加工、哈达加工、有机畜产品冷链基地、藏文化影视拍摄制作基地、天然矿泉水生产、粉条粉丝加工以及青稞加工等。通过园区的建设，不仅带动了当地劳动力就业，还充分发挥了地方优势，实现了生态保护和可持续发展，带动贫困群众由农牧民向产业工人的转变，持续稳定地增加了当地居民的收入。同德县扶贫农贸市场主要是利用易地搬迁后续产业的发展资金以及藏区连片开发的相关资金，为当地群众提供扶贫开发项目，通过综合市场的提供，为无畜户、少畜户提供生产经营条件，不仅增加了经营者的收入，还为辖内各村居民提供了丰富的生活用品，农户增收，实现了社会效益和经济效益。在此基础上，同德县积极引导生态移民发展牧草种植、暖棚蔬菜、舍饲圈养等后续产业，一些牧民还进入市场从事经商、运输、餐饮、建筑、服饰制作等行业，并且有意识地把移民社区和移民群众作为重点地区和重点人群来对待，在教育、卫生、扶贫、就业、培训等方面与非移民相比能享受到更多的优惠政策。

　　表5.8为根据各产业产值计算的青海各地产业结构的区位商情况。西宁由于是青海政治、文化和经济的中心城市，所以西宁的经济发展水平明显好于其他地区，第三产业相对发达，从表中可以看出，第三产业各部门的区位商值多数都大于1，说明西宁的第三产业具有比较优势。海北、黄南、海南、果洛和玉树的农牧业区位商都比较高，说明这个州的农牧业是带动地区经济增长的优势产业。电力、热力、燃气及水生产和供应业的发展在黄南和海南非常具有优势，是当地的优势产业，海西因为矿产资源发达，以采矿业为优势产业。除此以外，可以看出，多数地区缺乏引领地区经济发展的优势产业和主导产业，尤其是第三产业的发展水平，在项目所考察的几个州中，都不具备比较优势。因此，我们可以得出，虽然青海及项目所研究的三江源地区产业结构得到了不断调整和优化，但缺乏带动地区经济发展的优势产业。

表 5.8 青海各产业区位熵情况

产业分类	西宁	海东	海北	黄南	海南	果洛	玉树	海西
农林牧渔业	0.36	1.50	2.04	3.08	2.44	1.99	4.86	0.66
农林牧渔服务业	0.24	1.62	2.26	6.10	2.49	2.08	2.47	0.62
采矿业	0.03	0.79	2.41	—	0.32	1.49	—	3.84
制造业	1.24	0.90	0.33	0.19	0.32	0.03	—	1.16
金属制品、机械和设备修理业	—	—	—	—	—	—	—	—
电力、热力、燃气及水生产和供应业	0.58	0.82	1.20	2.45	4.17	0.10	0.25	1.14
建筑业	0.75	1.33	1.37	1.23	1.43	2.14	2.84	0.79
批发和零售业	1.55	0.64	0.51	0.37	0.40	0.66	0.36	0.40
交通运输、仓储和邮政业	0.85	0.90	0.53	0.21	0.61	0.79	0.25	1.93
住宿和餐饮业	0.79	1.41	1.49	1.78	1.25	3.41	0.54	0.75
信息传输、软件和信息技术服务业	1.43	0.60	0.39	0.53	0.36	1.34	0.80	0.64
金融业	1.63	0.40	0.46	0.45	0.50	0.96	0.05	0.39
房地产业	1.35	0.75	0.61	0.65	0.88	0.67	0.10	0.64
租赁和商务服务业	1.46	0.26	0.65	0.19	0.19	1.98	0.82	0.86
科学研究和技术服务业	1.24	1.47	0.75	0.46	0.27	—	0.33	0.51
水利、环境和公共设施管理业	1.05	2.09	0.23	0.61	0.59		1.47	0.28
居民服务、修理和其他服务业	1.11	0.59	0.88	0.59	0.39	2.83	2.16	1.06
教育	1.06	1.59	0.98	1.00	1.25	1.12	0.28	0.35
卫生和社会工作	1.30	0.47	1.13	1.04	1.21	1.96	0.58	0.58
文化、体育和娱乐业	1.30	0.25	1.37	1.39	0.53	3.48	0.75	0.73
公共管理、社会保障和社会组织	0.82	1.51	2.11	2.56	1.03	1.29	0.95	0.52

注：基础数据来源于青海统计年鉴，根据各产业数据计算所得。

5.3 青海生态移民的社会绩效

近年来，青海基础设施建设实现了新的跨越，截至 2017 年底，青海完成交通固定资产投资 436 亿元，同比增长 16%；8 个市州、29 个县级行政区已经实现了高速公路互通，46 个县级行政区全部开通二级以上公路，98.6%的乡镇、97%的建制村通畅，83.2%的建制村村内道路实现硬化。目前，全省道路客运班线达到 887 条，实现 100%的乡镇、86.94%的建制村通客车，大大方便了青海居民的出行和经济、社会交流。

5.3.1 基础设施不断完善

"十二五"期间，青海的基础设施不断完善，道路交通、光伏发电等建设取得了较大的成就。高速化公路突破了 3000 千米，二级以上公路总里程达到 7.56 万千米，基本实现了市州通高速、区县通二级路、乡镇和村通硬化路的局面，铁路建设进入了全国高铁网。在水利建设方面，引大济湟工程实现了跨流域调水，部分重要水利工程开工建设，新增供水能力 6 亿立方米。同时，太阳能、风能发电快速崛起，青海成为全国最大的光伏发电基地。

从三江源地区的基础设施建设投入情况看，在数量上较从前增加很多。2016 年，玉树州全社会固定资产投资完成 57.72 亿元，同比增长 16.3%；海南州全社会固定资产投资为 251.73 亿元，比上年增长 14.5%；果洛社会固定资产投资 719375 万元，同比增长 14.67%；黄南全社会固定资产投资完成 86.69 亿元，比上年增长 28.35%。交通设施也不断完善，公路通车里程不断增加。2016 年，黄南公路通车里程达到 4980 千米，全州 32 个乡镇全都通了油路，营运车辆数量稳定，为百姓出行以及相关货物运输提供了很大的方便。果洛公路通车里程达到 10815.95 千米，较上年增加 1269.84 千米，有 3 条省际客运班线、8 条市际客运班线和 1 条县际班线。

表 5.9 为 2016 年末青海乡镇、村交通设施情况。2016 年末，青海省在乡镇地域范围内有火车站的乡镇占全部乡镇的 4.6%，有码头的占 0.8%，有高速公路出入口的占 18.9%。98.9% 的村通公路，43.3% 的村内主要道路有路灯。村委会到最远自然村或居民定居点距离以 5 千米以内为主。

表 5.9　2016 年末青海乡镇、村交通设施情况

单位：%

指标	全省	指标	全省
有火车站的乡镇	4.6	按村内主要道路路面类型分的村	
有码头的乡镇	0.8	水泥路面	
有高速公路出入口的乡镇	18.9	柏油路面	76.1
通公路的村	98.9	沙石路面	3.2
村内主要道路有路灯的村	43.3	村委会到最远自然村或居民定居点距离	16.7
按通村主要道路路面类型分的村		5 千米以内	79.9
水泥路面	66.1	6~10 千米	5.1
柏油路面	17.3	11~20 千米	5.9
沙石路面	15	20 千米以上	9.1

注：数据来源于青海省第三次全国农业普查主要数据公报。

海南州大力实施生态移民工程，新建城镇移民社区和安置点 21 个，妥善安置生态移民 3244 户 15926 人，有效解决 2.91 万人 12.08 万头只牲畜饮水问题，生态移民社区（点）水、电、路、通信、广播电视、教育、卫生等公共服务体系不断健全。项目组走访了位于海南州东南部的同德县。同德县总面积 4758 平方千米，辖 2 镇 3 乡 73 个行政村，居住有藏、汉、回、撒拉、土、蒙古等 7 个民族，总人口 6.52 万人，其中藏族人口占全县人口的 90.3%，是一个以畜牧业为主、农牧业相结合的少数民族地区。同德县自实施生态移民工程以来，实施生态移民易地搬迁工程 5 项，建成了北巴滩移民社区、尕群移民社区等 6 个移民社区，将长期在黄河流域过游牧生活的牧民群众聚集到宜于居住的县城周边及集镇定居。新建砖木结构移民定居房 4.63 万平方米，砖混商住两用房 8000 平方米，高标准暖畜棚 3.4 万平方米。同德镇县城西部的尤龙村，主要以牧业为主，兼营少量旱作物。尤龙村于 2012 年开始实施扶贫攻坚，先后累计投资 1121.9 万元，新建游牧民定居和易地搬迁住房 179

套、幼儿园一所。为了提高农牧民的生活水平，增加其收入，减轻生活负担，尤龙村修建畜用暖棚 13 座，道路硬化 3.5 千米、修建砂石路 28 千米、供水管道 4 千米，实施通水工程 71 户、通电工程 62 户，安装节能路灯 18 盏、广播电视户户通 179 户，并建有村"两委"班子办公、党员活动、图书阅览及文化活动、医疗卫生室等为一体的便民综合服务中心和文化广场，使群众生产生活和村级办公服务条件得到极大改善。为增加农牧民收入，尤龙村还投资 50 万元新建贮草棚 2 座、600 平方米高标准畜棚 2 座，引进牦犏牛 40 头、羊 300 只，主要发展牛羊繁育养殖；投资 360 万元在县城北环路新建了一栋 1600 平方米的综合商业楼；已惠及 179 户 785 人，预计年创收 42 万元，年户均增收 2000 元，可解决 30 余人就业。为了减轻生态压力，促进生态自然环境的休养生息，同德县还让移民群众及时接受了扫盲、科普、技能等方面的培训和教育。

表 5.10 为 2016 年末青海农村拥有的能源、交通设施情况，青海通电的村子占到全省的 98.1%，通天然气的村占全省的 5.4%，通电话的村占全省的 98%，宽带在农村的覆盖率为 50.1%，说明各村与外界的交流能力增强。

表 5.10　2016 年末青海农村能源、交通设施情况表

单位：%

指标	全省	指标	全省
通电的村	98.1	安装了有线电视的村	29.2
通天然气的村	5.4	通宽带互联网的村	50.1
通电话的村	98	有电子商务配送站点的村	15.4

注：数据来源于青海省第三次全国农业普查主要数据公报。

接受访谈的居民表示，现在的居住环境和搬迁前相比有很大改善，路好走了，用水用电都比以前方便，但感到不适应的地方在于，现在的生活没有以前自由，从心理适应的角度来说，内心是非常复杂的。搬迁前，以游牧为生的牧民多住在牛毛毡房中，而搬迁后，政府提供的多为 70~80 平方米的砖混住房。理论上认为，住房条件大为改善，但生态移民工程带来的是商品经济与竞争意识，而他们擅长的是自给自足的自然经济。访谈中根据搬迁居民的反应来看，他们并不是特别满意现在的居住环境。对于藏族牧民来说，这种改变使他们的内心发生了巨大的变革,感觉"根"不在了。移民的心理上,仍然觉得自己是牧民,但没有牲畜却是个事实,因此对于搬迁定居后新的生活感到身份尴尬。年轻人相对更喜欢城镇新鲜的生活,年纪较长的移民更加怀念以往草原的游牧生活,对于返迁问题的看法是,内心很想回去,但回不去了。

5.3.2 社会保障参与度不断提高

青海的社会保障事业近些年取得的成绩主要表现在社会保障覆盖面拓宽、参保人数增加等方面。2017 年,青海养老保险参保人数上升到 377.45 万人;医疗保险参保人数较 2016 年略有减少,为 548.99 万人;失业保险参保人数上升到 41.47 万人;工伤保险参保人数上升到 66.15 万人;生育保险参保人数上升到 50.04 万人。

三江源地区的社会保障覆盖面也逐渐加宽,参保人数和参保率都有所提高,重要的是,农民参保率表现出提升的趋势。2016 年海南州城镇职工基本养老保险参保人数 1.63 万人;城镇职工基本医疗保险参保人数 3.34 万人;新型城乡居民基本养老保险参保人数 21.14 万人,参保率为 99.0%;城乡居民基本医疗保险参保人数 36.92 万人,参保率为 99.7%;失业保险参保人数 1.76 万人;工伤保险参保人数 2.33 万人;城镇职工生育保险参保人数 2.03 万人。2016 年末海南州享受城市最低生活保障的居民 19979 人,享受农村最低生活保障的农牧民 51694 人。

玉树州参加基本养老保险的人数为 18194 人。其中城镇职工参保人数为 12736 人;城乡居民养老保险参保人数 201616 人。全州参加城镇职工基本医疗保险的人数 22727 人,城镇居民医疗保险参保人数为 28544 人,参加新型农村合作医疗人数为 327899 人。这些数据与五年前相比,有了很大的提升;与三年前相比,2013 年玉树参加医疗保险人数仅有 18085 人,参加养老保险的人数仅为 6975 人。

黄南参加机关事业单位养老保险 579 户 1.57 万人,其中城镇职工养老保险人数 1.52 万人。工伤保险参保职工 1.8 万人;城乡居民养老保险参保人员

12.56 万人；参加城镇职工基本医疗保险人数 2.03 万人，城乡居民医疗保险 22.02 万人，失业保险参保人数 0.99 万人。黄南州现有城镇低保对象 6703 户 10591 人，农村低保对象 11762 户 43427 人。截至 2016 年累计兑现城镇低保金 4857.26 万元，兑现农牧区低保金 7227.52 万元；医疗累计救助 10260 人次，医疗救助金 1834.16 万元；年内享受五保供养政策 1632 人，其中集中供养五保老人 339 人，分散供养 1293 人。

2016 年果洛城镇参加企业职工基本养老保险的有 8329 人，同比增长 2.87%；参加城乡居民基本养老保险 93146 人，同比增长 2.18%；参加城镇职工基本医疗保险 16963 人，同比增长 6.10%；参加失业保险 6085 人，同比增长 1.79%；参加工伤保险 10885 人，同比增长 3.79%；参加生育保险 10886 人，同比增长 9.32%；参加城乡居民医疗保险 170269 人，参保率 99.48%。

在同德镇，我们所了解到的情况也是该镇社会保障程度在不断加强，居民的医保的覆盖面越来越宽，为减轻移民住院就医的负担起到了较好的作用。"十二五"期间，同德镇新型农村合作医疗参保率为 93.2%，参加人数达到年均 12213 人，养老保险参保人数也逐渐提高，还为 1915 名 60 岁以上的老人落实了养老金待遇，改善了他们的生活状况。同时，同德镇开展了专门针对残疾人就业脱贫的个性化服务，帮助残疾人居家灵活就业和自主创业。部分村民表示，自从参加了新农合医疗保险以后，生病住院自己承担的金额很少，感觉看病的压力小多了。

5.3.3 城镇化水平偏低，农牧业人口比重大，移民受教育程度低

青海的城镇化水平，从各地区发展的情况看，有很大的差距。从我国第六次人口普查年鉴中的数据看，青海城镇化率为 44.72%，青海常住人口中，少数民族人口比重占到了 46.98%。同 2000 年第五次人口普查数据相比，城镇化率上升了 9.96 个百分点；每万人中具有大学程度学历的人数由 330 人上升到 862 人，文盲率下降了 7.8 个百分点，由 18.03% 下降到 10.23%。几个自治州多是以牧业为主，少量农业为辅，乡村人口占总人口的比重较大。

表 5.11 是根据我国第六次人口普查年鉴整理所得的青海省城乡人口结构，海西蒙古族藏族自治州是青海城镇化率最高的地区，城镇化率高达70.03%；排名第二的是西宁市，城镇化率高达 63.70%。其他地区的城镇化水平都比较低，均低于青海的平均水平，海东地区为 22.83%，是几个地州中比重最低的。2016 年青海年城镇化率为 41.06%，乡村人口比重高于城市人口比重。

表 5.11　青海城乡人口结构

地区	城镇人口（人）	乡村人口（人）	城镇化率（%）
西宁市	1406894	801814	63.70
海东地区	318918	1077928	22.83
海北藏族自治州	89597	183707	32.78
黄南藏族自治州	65960	190756	25.69
海南藏族自治州	125742	315947	28.47
果洛藏族自治州	44920	136762	24.72
玉树藏族自治州	121521	256918	32.11
海西蒙古族藏族自治州	342706	146632	70.03

注：数据来源于全国第六次人口普查年鉴。

如表 5.12 所示，从各地区的情况看，西宁的城镇化水平为 61.84%，城西区的城镇化水平最高，高达 100%，没有乡村人口；城东区高达 98.40%，城中区为 93.97%，城北区相对较低但也达到了 88.09%的水平。但再看其他地区，城镇化水平最高的是平安区，44.41%，最低的泽库县仅为 13.58%。项目所考察的几个州，城镇化水平都相对较低，各县区的水平往往更低。城镇化水平低，说明当地的基础设施等公共资源的投入水平就会相对较低，生活的便利程度以及相应的城市功能也都处于比较低的水平。

表 5.12　2016 年青海分地区户籍统计人口数及变动情况

地区	总户数（户）	合计（人）	城镇化率（%）	乡村人口比重（%）
全省	1768869	5796648	41.06	58.94
西宁	618468	2032837	61.84	38.16
城东区	83990	255185	98.40	1.60

地区	总户数（户）	合计（人）	城镇化率（%）	乡村人口比重（%）
城中区	81972	244326	93.97	6.03
城西区	77691	233063	100.00	
城北区	76643	225014	88.09	11.91
大通县	123573	463841	41.49	58.51
湟中县	133799	480149	23.01	76.99
湟源县	40800	131259	32.10	67.90
海东	487133	1712919	27.56	72.44
乐都区	92896	288726	33.67	66.33
平安区	42878	127422	44.41	55.59
民和县	112448	436313	26.72	73.28
互助县	114291	400654	24.00	76.00
化隆县	80958	300484	20.33	79.67
循化县	43662	159320	27.85	72.15
海北	95469	295805	29.46	70.54
门源县	48077	161412	23.33	76.67
祁连县	17854	52018	38.83	61.17
海晏县	12897	36235	40.09	59.91
刚察县	16641	46140	31.98	68.02
黄南	89168	274766	25.47	74.53
同仁县	32950	98827	36.18	63.82
尖扎县	22459	61888	29.56	70.44
泽库县	22068	74520	13.58	86.42
河南县	11691	39531	14.68	85.32

注：本表数据来源于 2017 年青海统计年鉴。

同时，从第六次人口普查年鉴中计算整理出的三江源地区 6 岁及以上受教育程度比重中可以看出（见表 5.13），三江源地区高文化素质的人才比重非常低。未上过学人口比重，黄南为 28.00%，辖内泽库县未上过学人口比重高达 39.23%；海南州未上过学人口比重为 21.37%，是三江源辖内四个自治州里比重最低的，辖内兴海县未上过学人口比重高达 30.83%；果洛未上过学的人口比重为 23.90%，辖内久治县该比重高达 33.37%；玉树未上过学人口比重是四个州里最高的，高达 38.13%，辖内比重最高的县是曲麻莱县，比重高达 48.30%，文盲率非常高。

表 5.13　三江源地区 6 岁以上人口受教育程度比重表

单位：%

地区	未上过学人口比重	大专人口比重	本科人口比重	研究生人口比重
黄南	28.00	4.14	1.95	0.08
同仁县	21.99	5.58	2.98	0.11
尖扎县	19.77	4.91	1.95	0.06
泽库县	39.23	2.12	0.76	0.08
河南县	34.61	3.08	1.60	0.04
海南州	21.37	3.69	1.87	0.07
共和县	20.32	4.99	3.16	0.14
同德县	24.63	3.20	1.50	0.05
贵德县	16.43	3.76	1.55	0.02
兴海县	30.83	2.38	1.20	0.11
贵南县	17.72	3.13	1.16	0.02
果洛	23.90	4.39	1.91	0.08
玛沁县	13.81	7.45	3.33	0.20
班玛县	28.06	3.84	1.54	0.04
甘德县	32.29	2.08	0.90	0.01
达日县	23.34	2.78	1.45	0.05
久治县	33.37	3.31	0.88	0.03
玛多县	13.91	5.61	3.01	0.08
玉树	38.13	2.87	0.91	0.03
玉树县	37.34	4.35	1.21	0.03
杂多县	33.21	1.75	0.76	0.01
称多县	37.89	2.56	0.74	0.00
治多县	22.78	2.88	0.78	0.04
囊谦县	44.78	1.72	0.66	0.06
曲麻莱县	48.30	2.86	1.12	0.03

注：数据来源于第六次人口普查年鉴。

从政府部门公布的相关统计数据及人口普查数据来看，三江源地区大专人口、大学本科人口以及研究生学历人口比重非常低。大专人口比重最高的是果洛州的玛沁县，也仅有 7.45%，最低的是玉树州的囊谦县，仅为 1.72%。本科人口比重最高的也是果洛州的玛沁县，仅有 3.33%，最低的是玉树州的囊谦县，仅为 0.66%。同时，玛沁县研究生比重也是三江源地区最高的，为 0.20%。玛沁县 6 岁以上人口数为 46144 人，研究生数为 91 人。从项目组的调研情况来看，在接受调查的 59 户移民中，受教育程度为高中及以上的，仅占调研总数的 10.2%，初中为 32.2%，小学为 33.9%，文盲为 23.73%。同时，从三江源地区移民的受教育情况来看，同等学力情况下，男性的数量大多是高于女性的，即女性受教育的情况和比例基本上都是低于男性的。

5.4 青海生态移民的生态绩效

随着三江源生态保护和建设工程的稳步推进，《三江源生态保护和建设二期工程规划中期省级自查评估报告》和年度监测报告结果显示，三江源地区生态系统退化趋势得到了初步遏制，生态建设工程区生态环境明显好转，草原退化趋势明显减缓，森林生态功能逐渐增强，湿地生态系统面积扩大，荒漠化土地面积逐步减少，水源涵养功能明显提升，江河径流量逐渐增加，水土保持功能不断增强，生物多样性资源恢复加快，农牧民生产生活水平稳步提高，生态保护和建设成效凸显。从 2004~2012 年三江源地区草地恢复态势的统计情况来看，退化状态不变的面积为 6.02 平方千米，占退化草地总面积的 68.52%；轻微好转面积为 2.18 万平方千米，占退化草地总面积的 24.85%；明显好转面积为 0.54 万平方千米，占退化草地总面积的 6.17%；目前退化发生的面积最少，仅有 0.01 万平方千米，占退化草地总面积的 0.12%；退化加剧发生面积为 0.03 万平方千米，占退化草地总面积的 0.34%。[①]

---

① 吴丹，曹巍，邵全琴，赵志平. 三江源地区草地退化对土壤含水量的影响［J］. 南京林业大学学报（自然科学版），2018（42）.

2016 年，青海 30 个国家重点生态功能区考核县域中，生态环境状况指数（EI）值分布在 42.15~72.78，生态环境状况为"良"的县域 28 个，占考核县域总面积的 75.41%；生态环境状况为"一般"的县域 2 个，占考核县域总面积的 24.59%；国家重点生态功能区的考核县域生态环境状况以"良"为主。与 2015 年相比，30 个县域生态环境状况指数的变化幅度在 -1.03~4.1，从整体来看，重点生态功能区县域生态环境状况稳中向好。三江源综合试验区生态环境状况以"良"为主，总体状况保持稳定，草地植被草层高度、覆盖度及产草量与历年变化相比呈波动态势；乔木林的郁闭度、蓄积量表现出缓慢正增长趋势，灌木林总体呈增长趋势；沙化土地植被的高度、盖度、生物量与往年相比略有增长；湿地植被盖度、生物量较上年均有增长。[①]

通过生态移民的搬迁，极大地减少了迁出地的人口数量，缓解了人口分布与自然生态承载力之间的矛盾，使得牧区草场得以休养生息。同时，群众的生产经营方式也得以转变，为实施减畜禁牧、休牧育草、划区轮牧、舍饲或半舍饲的现代生态畜牧业创造了条件，有力增强了草原畜牧业的可持续发展能力。三江源的生态环境状况还有待进一步恢复和发展，目前取得的成绩主要表现为水量、植被覆盖程度、生物多样性、农牧民收入以及群众生态意识五个方面的增加。

第一是水量增加。4 年内三江源地区年平均出境水量达到 525.87 亿立方米，比 2005~2012 年年平均出境水量增加 59.67 亿立方米，水域面积由 4.89% 增加到 5.70%，而且水质始终保持优良。2015 年青海水资源总量为 589.3 亿立方米，2016 年上升为 612.7 亿立方米，2016 年青海地表水资源量 591.5 亿立方米，地下水资源量 282.5 亿立方米，均比 2015 年有所增加。人均水资源量由 2015 年的 10015 立方米/人上升到 10324.2 立方米/人。

第二是植被覆盖度增加。生态移民共生的实施，使得三江源地区的各类草地草层厚度、覆盖度和产草呈上升趋势，草畜矛盾趋缓，退化过程整体呈减缓态势，局部严重退化草地生态恢复明显。2015 年和 2016 年，青海森林面积 452.21 万公顷，森林覆盖率达到 6.3%，湿地面积为 814.36 万公顷。工程

---

① 中华人民共和国生态环境部. 2016 年青海省环境状况公报 [Z]. 2016.

区灌木林平均盖度增加了 0.21%，平均高度增加了 0.82 厘米；沙化土地监测样地植被盖度由 2011 年的 33.36% 提高到了 2016 年的 39.40%；湿地监测站点植被盖度增长了 4.67%。比如海南州，封山育林 149.26 万亩，人工补植 12.84 万亩，封沙育林草 32 万亩；人工营造灌木林 8.5 万亩，湿地保护 16.4 万亩；防控林业有害生物 11 万亩；治理水土流失面积 57.61 平方千米。保护区林草植被盖度提高 10 个百分点，天然草地放牧压力极大减轻，草地退化态势得到明显遏制，水源涵养和水土保持功能显著提升。2016 年青海累计水土流失治理面积 858.18 千公顷，较 2015 年增加了 20.58 千公顷；2016 年造林面积 202614 公顷，比 2015 年增加了 89946 公顷；自然保护区个数为 11 个。

随着植被覆盖发生变化，气候环境也潜移默化地发生了一定的变化。表 5.14 是青海主要地区的气候情况，五年来，青海的平均风速、日照水平以及平均降水量的变化都和生态环境的变化之间有着密切的联系。

表 5.14　青海主要地区气候情况表

指标	年份	西宁	海东	海北	黄南	海南	果洛	玉树	海西
平均风速（米/秒）	2016	1.10	1.80	2.80	2.20	1.80	1.90	1.60	1.80
	2011	1.04	2.04	1.40	1.19	1.47	1.76	1.38	1.63
平均降水量（毫米）	2016	444.10	396.70	402.80	492.80	464.20	629.20	429.80	248.90
	2011	390.40	255.10	504.20	472.80	314.50	544.00	540.30	165.70
平均日照（小时）	2016	2690.40	2672.80	2833.20	2556.00	2948.10	2586.90	2402.90	2916.40
	2011	2547.00	2576.30	2496.80	2541.80	2843.00	2550.30	2423.80	2923.60

注：数据根据历年青海省统计年鉴数据整理所得。

第三是生物多样性增加。随着三江源地区生态环境的逐步好转，藏羚、普氏原羚、黑颈鹤等珍稀野生动物种群数量逐年增加，生物多样性逐步恢复；雪豹、金钱豹、豺、斑尾榛鸡等频繁现身三江源地区；澜沧江源头还拍摄到河流生态系统的旗舰种欧亚水獭，这些都反映出青海河流生态系统的健康以及完整性。

第四是农牧民收入增加。通过生态补偿、加强基础设施建设、支持当地发展生态畜牧业和旅游业等多种措施，农牧民生产生活方式发生重大变化，收入水平明显提高，2016 年农牧民人均纯收入达到 7300 元，较 2013 年增长

34.97%。这个问题在前面已经进行过细致的分析，不再赘述。

第五是群众生态意识增强。通过各项工程的实施及环境保护宣传工作的开展，项目区广大干部群众加深了对三江源地区生态保护和建设重大意义的认识，生态保护意识牢固树立，自觉参与意识普遍增强，促进了社会稳定和民族团结。项目区牧民群众直接参与项目管护意识普遍增强，思想观念和生产生活方式极大转变，保护和建设生态的积极性明显提高，超载过牧、滥牧、乱砍、滥伐的现象得到有效遏制。近年来，海南州每年有近 6000 人次自发在西久公路、青海湖景区、生态移民社区等开展垃圾收集、清运等活动，自觉保护居住地生态环境。

表 5.15 和表 5.16 分别是青海 2016 年各市州绿色发展年度评价结果及排序，综合看，海南、黄南的绿色发展指数排名排在前两位。说明公众满意度比较高，且综合发展情况比较好，尤其在环境质量指数以及生态保护指数方面，都有比较好的表现。随着经济的不断发展，青海已经越来越重视生态环境以及地区经济的可持续发展。

表 5.15　2016 年青海各市（州）绿色发展年度评价结果

地区	绿色发展指数	资源利用指数	环境治理指数	环境质量指数	生态保护指数	增长质量指数	绿色生活指数	公众满意程度
海南	81.68	80.06	76.35	96.03	82.77	78.51	72.26	94.46
黄南	81.24	82.71	86.27	87.36	82.58	67.99	67.62	93.50
西宁	79.98	83.19	80.52	65.8	80.55	89.03	84.00	90.24
海东	79.86	80.92	75.24	86.21	80.57	74.24	77.84	86.07
海北	79.20	73.62	77.85	92.61	79.15	74.08	81.16	86.47
海西	79.09	77.16	73.54	93.62	64.22	86.46	84.17	86.14
果洛	76.63	72.34	78.06	89.7	85.72	67.66	60.00	88.94
玉树	75.11	70.54	68.12	99.46	79.91	62.3	64.56	88.94

注：本表中各市（州）按照绿色发展指数值从高到低排序。数据来源于青海统计信息网。

表 5.16　2016 年青海各市（州）绿色发展年度评价结果排序

地区	绿色发展指数排名	资源利用指数	环境治理指数	环境质量指数	生态保护指数	增长质量指数	绿色生活指数	公众满意程度
海南	1	4	5	2	2	3	5	1
黄南	2	2	1	6	3	6	6	2
西宁	3	1	2	8	5	1	2	3
海东	4	3	6	7	4	4	4	8
海北	5	6	4	4	7	5	3	6
海西	6	5	7	3	8	2	1	7
果洛	7	7	3	5	1	7	8	4
玉树	8	8	8	1	6	8	7	5

注：本表中各市（州）按照绿色发展指数值从高到低排序。数据来源于青海统计信息网。

5.5　青海生态移民绩效的综合评价

通过对青海生态移民绩效的综合分析，在三江源生态移民工程不断推进的过程中，其社会绩效以及生态绩效都是比较显著的。移民生活水平的改善，主要体现在生态移民定居点的生活性基础设施以及生产性基础设施水平都有显著提升。三江源是长江、黄河、澜沧江的发源地，对中国的生态状况以及国民经济发展起着非常重要的作用，在西部大开发过程中承担着生态环境治理和保护的重要责任。作为中国乃至亚洲重要的生态屏障和水源涵养区，青海三江源地区的生态保护，关乎西北地区乃至全国的生态安全，是关系到我国经济社会可持续发展的重要问题。因此，三江源地区生态移民工程的绩效评价具有重要的现实意义。

从现有的研究看，三江源生态移民工程取得的成绩是明显的，经济效益、社会效益和生态效益都有所提升，其中改善最明显、收效最大的是三江源地区的生态绩效。但存在的问题也是客观的，生计活动的单一以及资本的匮乏，导致移民后续发展乏力。移民搬迁后，就业是困扰移民的重要问题，大部分牧民的传统观念很难适应市场经济发展的要求，缺乏对个人以及家庭的规划，不利于移民安置区后续产业的发展。

　　三江源移民所面临的尴尬问题还在于：有放牧的劳动能力，却无牧可放；面对薪资较高的工作缺乏技术；不愿放弃家庭生活外出打工。这就使得移民生计水平的可持续发展受到了限制，从而影响到了移民经济水平的提升。因此，为提升三江源地区移民的经济绩效，进一步提升居民的收入水平，提高移民的技术及生产能力，改变移民的思想观念，通过后续产业资金的投入，加快当地相关后续产业的发展，让移民能够通过参与劳动，感受到通过自身的努力，个人以及家庭所发生的切实变化，才能够更有动力地主动致富。

　　表 5.17 是根据青海生态移民的调研情况以及政府部门公布的相关数据所描述的青海生态移民绩效评价指标体系。随着对三江源生态环境重视程度的不断加深，政府对三江源生态环境保护和建设力度不断加大，2014 年继投资 75 亿元的三江源生态保护和建设工程一期项目之后，青海三江源国家生态保护综合试验区建设暨三江源生态保护和建设二期工程正式启动。二期工程将项目实施面积由一期的 15.23 万平方千米扩大到 39.5 万平方千米。2016 年完成投资 8 亿元，重点实施黑土滩综合治理、封山育林、建设养畜、农牧民转产培训等一批生态恢复性工程[1]。加之对居民的教育与影响，居民保护生态环境的意识不断增强。

表 5.17　青海生态移民绩效评价指标体系

目标层	领域层	变量层	指标属性	表现
生态移民绩效评价	经济效益	移民收入水平	∧	—（上升缓慢）
		人均 GDP	∧	↑（上升）
		居民消费水平	∧	↑（上升）
		产业结构	—	↑（优化）
		物价水平	—	—
		居住条件	∧	↑（改善）

[1] 青海 2016 年将投资 8 亿元修复三江源生态系统 [EB/OL]. 新华网，http://www.xinhuanet.com/local/2016-03/18/c_1118375059.htm.

续表

目标层	领域层	变量层	指标属性	表现
生态移民绩效评价	社会效益	城市化率	∧	—(有待提升)
		人口结构	—	农业人口为主
		受教育程度	∧	↑(上升)
		公共基础设施	∧	↑(改善)
		养老保险覆盖	∧	↑(上升)
		医疗保险覆盖	∧	↑(上升)
		生活便利程度	∧	↑(上升)
		移民满意度	∧	↑(上升)
	生态效益	迁出地生态恢复情况	∧	↑(优化)
		迁入地生态环境	∧	↑(优化)

说明：∧表示越大越好，∨表示越小越好，—表示其他指标。

三江源生态移民搬迁到政府为他们提供的定居点定居，生活的自然环境和社会文化环境都发生了根本性的变化，居住方式由过去的游牧生活向群体定居转变，过去自给自足的生产方式、生活方式完全改变。好在基础设施不断完善，与移民切实相关的医疗、养老等社会保障的覆盖面逐渐拓宽，这为移民生活的安定和发展奠定了良好的基础。

6　新疆生态移民的经济绩效评价

6.1　新疆生态移民概况

6.1.1　新疆概况

新疆作为中国陆地面积最大的省级行政区，位于我国西北边陲、亚欧大陆腹地。新疆现有 47 个民族，是我国五个少数民族自治区之一，新疆地域广大，面积 166 万平方千米，占国土总面积的 1/6，至 2016 年辖 4 个地级市、5 个地区、5 个自治州、13 个市辖区、22 个县级市、62 个县以及 6 个自治县。新疆资源丰富，三大山脉的积雪、冰川汇集为 500 多条河流，分布于天山南北的盆地，是非常重要的水源资源。新疆是中国西部干旱地区主要的天然林区，森林广泛地分布于山区和平原，面积占西北地区深林总面积的 1/3。新疆的矿产资源种类全、储量大，开发前景非常广阔，目前发现的矿产有 138 种，其中 9 种储量居全国首位，32 种居西北地区首位。新疆农林牧可直接利用土地面积占全国农林牧宜用面积的 1/10 以上，高达 10.28 亿亩，后备耕地面积居全国首位，是全国五大牧区之一。新疆生物资源丰富，共有野生动物 500 多种，野生植物 3850 多种。新疆还拥有丰富而独特的旅游资源，自然景观独特，天池、喀纳斯湖、赛里木湖、巴音布鲁克草原等自然风景传奇优美；5000 多千米古丝绸之路上留下了数以百计的古迹遗址，各民族的文化艺术和风情民俗构成了文化色彩浓郁的人文景观。

据全国第六次人口普查数据显示，新疆常住人口为 21813334 人，其中汉族人口占总人口的 40.1%，各少数民族人口占总人口的比重为 59.9%。2016年，新疆地区生产总值为 9617.23 亿元，按可比价格计算比上年增长 7.6%，人均 GDP 为 40427 元，三次产业结构为 17.1：37.3：45.6，经济总体上表现出平稳运行，结构逐渐优化，社会经济持续、稳定发展的局面。

新疆生态环境的基本特征：第一，新疆处于干旱和极干旱地区，干旱是新疆生态环境的最基本特征，降水量少而蒸发量大。新疆的夏季短而且炎热，冬季严寒而且较长，大风较多，是全国干热风危害最为严重的地区之一。新疆是典型的干旱地区，水资源短缺而且时空分布不均，供需矛盾突出。第二，沙漠戈壁的面积大，将绿洲包围且分割，沙漠、戈壁的有害物质流不断侵袭，使得绿洲逐渐被沙化，造成了日益严峻的生态形势。第三，植被稀疏、森林覆被率低导致新疆的生态服务功能受到限制。受恶劣自然条件的制约，新疆广大地区植被总体表现为低矮而稀疏，且分布不均匀，由低矮、稀疏植被所形成的生物保护层不健全且功能微弱，使地表物质易受到风蚀和搬运而形成沙尘暴，威胁人类生存环境，同时对农林牧及工业交通造成危害。森林不仅可为国家提供大量木材和各种林副产品，还蕴藏着丰富的动植物资源，同时还具有涵养水源、保持水土、调节气候、净化空气、维护生物多样性，以及防治水、旱、风、沙等自然灾害的巨大作用。然而新疆森林的覆被率仅有1.92，且主要分布在北疆山区。平原地区森林面积很小，仅沿少数大河有少量的荒漠河岸林分布。尽管新疆植被稀疏，森林覆盖率很低，限制了其生态功能的有效发挥，但对于荒漠面积占绝大部分的新疆来说，它们仍然是极其珍贵的生态资源。第四，新疆是土壤盐渍化的敏感地区，地表积盐严重。由于气候干旱，降水量少而蒸发量大，土壤的淋洗作用极其微弱，热力作用所造成的水分上行过程占优势，将土壤下层和地下水中的可溶性盐分随毛细管水运动带至上层和地表，造成土壤不同程度盐渍化的现象，这是新疆生态环境十分普遍而突出的特征。土壤盐渍化是农业生产的最大障碍，它不仅影响作物生长，造成减产，甚至影响人类的生存。第五，生态环境脆弱，且破坏后不易恢复。新疆自然条件恶劣，物种和生态系统类型是在长期发展进化的过程中，适应复杂条件和生存环境的产物，两者间已形成了相关的平衡关系。这种平衡关系的相关性极容易受到破坏，且破坏后很难恢复，这就是通常所指的干旱地区生态环境的脆弱性。荒漠植被破坏后，在自然状况下经历几十年都难以恢复到原来的植被状况，甚至永远不能逆转。无植被或少植被覆盖的地表，易受到侵蚀、沙化，或成为沙尘暴的策源地。山区森林过量采伐，涵养水源、保持水土等生态服务功能减弱或丧失，暴雨来临时极易出现山洪、泥石流和山体滑坡、塌方等严重的地质灾害。在新疆，这些现象几乎年年都在发生，已成为人人皆知和屡见不鲜的客观事实。森林破坏以后的天然恢复过程极其漫长，人工辅助更新和恢复，至少还要经过一个"百年树木"的生长发育历程才能实现。

6.1.2　新疆生态移民概况

随着社会经济的不断发展，人类生产活动的不断增加，作为全国五大牧区之一的新疆出现了严重的生态环境问题。然而新疆是发展农业生产的重要基地，其生产潜力巨大。由于特殊的自然环境和社会历史原因，新疆人口密度较小、经济欠发达、开发程度较低。但这里不仅有丰富的油气资源、储量可观的煤炭和有色金属，还有充足的光热、大面积未开垦的土地和具有开发潜力的水资源等农业自然资源，为进一步开发利用储备了极大的生产潜力。于是在人们不断追求经济利益的过程中，乱采滥伐不断加剧，草地载畜量不断加大等，对植被造成了严重的破坏，致使新疆少数民族地区面临着严重的贫困问题和生态环境问题。由于人类行为对生态环境的压力，以及偷猎活动等对野生动物种群造成的严重威胁等问题，新疆的罗布泊野骆驼自然保护区、卡拉麦里、阿勒泰金山、塔什库尔干、喀纳斯和天池自然保护区6个自然保护区都需要进行生态移民，以减少频繁的人类活动对自然环境的继续破坏。新疆的生态移民起步于20世纪90年代，注重在实施中总结，在过程中交流，已经取得了较好的成绩。在生态移民工程推进的过程中，新疆非常注重基础设施的建设，通过建立多种筹资渠道，在基础设施建设方面加大投入。同时，多方面筹集资金解决农牧民的经济补偿，促进产业结构的调整和升级，提升生态移民工程经济效益和社会效益。

目前，新疆生态环境存在的主要问题是，由于人为的不合理活动，生态环境受到的破坏日益严重，水土流失严重，土地沙漠化日益严重。截至 2014 年底，新疆荒漠化土地总面积为 107.06 万平方千米，占新疆国土总面积的 64.31%，分布于乌鲁木齐、克拉玛依、吐鲁番、哈密、昌吉、伊犁、塔城、阿勒泰、博尔塔拉蒙古自治州（简称博州）、巴音郭楞蒙古自治州（简称巴州）、阿克苏、克孜勒苏柯尔克孜自治州（简称克州）、喀什、和田 14 个地（州、市）及 5 个自治区直辖县级市中的全部 100 个县（市）（含兵团）。截至 2014 年底，新疆沙化土地面积为 74.71 万平方千米，占新疆国土总面积的 44.87%，分布于乌鲁木齐、克拉玛依、吐鲁番、哈密、昌吉、伊犁、塔城、阿勒泰、博州、巴州、阿克苏、克州、喀什、和田等 14 个地（州、市）及 5 个自治区直辖县级市中的 89 个县（市）（含兵团）。乌鲁木齐的新市区、头屯河区、水磨沟区，伊犁州伊宁县、伊宁市、巩留县、新源县、昭苏县、特克斯县、尼勒克县和塔城地区的塔城市等 11 县（市）没有沙化土地分布①。土地的沙漠化、荒漠化对当地的经济发展以及生态环境造成的危害都是非常大的。水土流失不断加剧以及盐渍化土壤分布广也是新疆当前生态环境存在的问题，在制约了农业生产的同时，也影响了人工绿洲的建设发展。

另外，由于超载和退化现象严重，新疆天然草地面积表现出了下降趋势，草地面积的减少、超载和退化现象严重，已成为当前新疆最突出的生态环境问题之一。同时，随着人口增加和农业的发展，大量引水灌溉和拦截水源，使许多河流下游的水量减少或完全断流；荒漠河岸林和灌木林面积减少，资源植物破坏严重；由于无节制的樵采、无计划的开垦和不合理的水资源利用等，塔里木盆地边缘的胡杨林面积缩减，木材蓄积量也在不断减少。生物多样性受到严重威胁，多年来对甘草、麻黄、肉苁蓉、贝母等药用植物的大量采挖，不仅使资源储量迅速减少，甚至遭到了毁灭性的破坏。巴音布鲁克草原是新疆非常重要的水系源头，位于新疆巴州和静县西北天山中段南麓，总

---

① 新疆荒漠化和沙化状况公报 [EB/OL]. 中国荒漠化防治网，http://www.forestry.gov.cn/portal/zsb/s/982/content-910436.html.

面积 23853 平方千米，可利用草场面积达 2625 万亩。近年来，受超载过牧、持续多年干旱少雨以及蝗虫鼠害等因素影响，巴音布鲁克草原呈现出牧区贫困化的发展态势。据新疆农业大学专家调查表明：巴音布鲁克草原全年理论载畜量为 113.66 万只绵羊单位，而实际牧放牲畜为 253.08 万，超出 1 倍还多。草原退化草原面积高达到 457.20 万亩，占牧区总面积的 67.3%，沙化面积达 32.93 万亩。小尤尔都斯草场退化更是达到了 243.31 万亩，占这个牧区总面积的 81.9%。

新疆吐鲁番艾丁湖，形成于 2.5 亿年前，是喜马拉雅山造山运动的产物，曾是近 5 万平方千米的内陆湖。20 世纪 40 至 90 年代，水面面积由 150 平方千米降至约 10 平方千米。2013 年 5 月，艾丁湖完全干涸，湖面、湖床逐渐演变为盐沼地或干涸的盐壳地，湖区裸露盐化面积达到 90 平方千米。艾丁湖周围居住了 15 万人，作为吐鲁番盆地最大的湖泊，湖水的干涸导致土壤出现高盐碱，地下水水质逐渐恶化，给吐鲁番未来的发展以及居民的生活带来极严峻的考验。更为严重的是，艾丁湖的干涸直接导致了当地气候的恶化，沙尘暴和干热风天气明显增多，大片植物枯死，很多珍稀动物和鸟类已不见踪影。针对生态环境不断恶化，野生动物种群的多样性不断下降等问题，生态移民工程的推进势在必行。

20 世纪 80 年代起，新疆启动了以牧民定居为主的生态移民，90 年代中后期的"八七"扶贫攻坚工作开展以来，新疆部分农村地区实施了针对贫困而搬迁的小规模移民工程，2000 年以来开始实施以改善生态环境为目的的生态移民。2001 年，政府投资 107 亿元实施了塔河流域综合治理、退耕封木搬迁项目，拟通过新疆巴州轮台县和尉犁县地区的居民搬迁，退还引用塔河水量 1.5 亿立方米并输送至下游，来改善塔河的生态环境，提升区域经济发展[1]。在国家发展改革委的支持下，2004 年新疆开始了针对生活环境极端恶劣地区的贫困人口所实施的易地扶贫搬迁。从 1994 年到 2003 年，新疆行政村规模的移民搬迁点打到 120 处以上，先后累计搬迁贫困农户 4.56 万户 20.98 万人。

---

① 张灵俐，刘俊浩. 新疆生态移民工程与牧民定居工程关系比较研究 [J]. 石河子大学学报（哲学社会科学版），2013（10）.

从 2000 年到 2006 年，新疆共投入生态移民搬迁项目资金 4.89 亿元，先后累计搬迁贫困农户 1.3 万户 6.07 万人。其中，2001~2003 年移民搬迁 10652 户 4.9 万人，2004~2006 年易地搬迁 0.23 万户 1.17 万人[①]。2016 年，新疆投入 15.66 亿元，对全疆 9 个地州、30 个县（市、区）、129 个乡（镇）、476 个行政村的 7665 户 26100 人实施易地扶贫搬迁。各地主要依托小城镇或工业园区安置、行政村内就近安置、移民新村集中安置、乡村旅游区安置等进行集中安置，以及通过插花安置、投亲靠友等进行分散安置。2017 年，新疆易地搬迁任务为 22756 户 8.39 万人，项目竣工后，8.39 万人将搬出过去生态贫困、生活贫困的地方，开始新的生活。总体来看，新疆生态移民工程是保护生态环境的重要举措，通过全面禁牧和封育的措施，降低了人为对生态的破坏。2016 年，新疆"十三五"易地扶贫搬迁建设规划（2016~2020 年）出台，计划到 2018 年完成 11 万建档立卡贫困人口的易地扶贫搬迁建设任务，使贫困群众户均住房面积达到 50~80 平方米；到 2020 年，实现搬迁人口全部脱贫。

6.2 新疆生态移民的经济绩效

6.2.1 人均 GDP 平稳增长，地区经济发展不平衡

近年来，新疆国民经济稳定发展，社会和谐稳定，民生不断改善，人均 GDP 稳步增长。2010~2012 年，新疆生产总值分别增长 10.6、12、12 个百分点，经济增长速度在全国的位次跃升至第 11 位，在西部十二省区由第 12 位跃升至第 8 位。同时在此期间，新疆的人均 GDP 由 19942 元增加到 33796 元，增长 34.1%，年均增长 10.3%。2013~2015 年，新疆的国内生产总值由

---

① 陈玉兰，刘维忠，匡延昌，热合曼江·居马. 新疆少数民族地区生态移民的方式及政策研究 [J]. 现代农业，2007（22）.

8443.84 亿元上升到 9324.80 亿元，增长了 10.43%；人均 GDP 的增长也比较快，由 2013 年的 37553 元上升到 2015 年的 40036 元。新疆历年人均 GDP 变化图如图 6.1 所示。

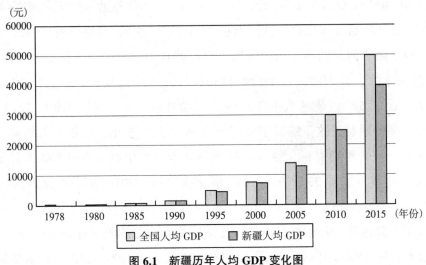

图 6.1 新疆历年人均 GDP 变化图
资料来源：根据历年中国统计年鉴和新疆统计年鉴中的数据整理所得。

各地州的人均 GDP 也有一定的增长，2015 年，人均 GDP 排在前三位的分别是：克拉玛依，人均 GDP 高达 131014 元；石河子，人均 GDP 为 83701 元；乌鲁木齐，人均 GDP 为 74340 元。人均 GDP 排在后三位的分别是和田地区、克州和喀什地区，分别只有 10215 元、16777 元和 17431 元。不论从新疆的总体经济情况还是人均 GDP，都可以看出新疆经济的平稳增长，但地区之间的发展不平衡非常明显。2015 年人均 GDP 排名第一的克拉玛依，其人均 GDP 是排名最后的和田地区的 12.8 倍。

6.2.2 生态移民收入水平持续上升

伴随着新疆产业结构的不断调整，经济社会发展程度的不断提高，居民的收入水平稳步提升。从城乡居民的收入水平看，随着新疆经济实力的不断增强，城乡居民收入水平也同步大幅提高，贫困现象得到缓解。"十二五"期间，新疆五年累计脱贫 174 万人，贫困发生率由 32% 下降到 15%。南疆四地州贫困人口 5 年减少 135 万人，贫困发生率由 46.8%下降到 22.7%。2009 年以来，新疆城镇居民人均可支配收入由 2009 年的 12258 元提高到 2012 年的 17921 元，增长了 46.2%，年均增收近 1900 元，年均增长 13.5%；农民人均纯收入由 3883 元提高到 6394 元，增长 64.7%，年均增收 837 元，年均增长 18.1%。2012 年城乡居民收入分别增长 15.5%、17.5%，增速全国第一。

以位于阿克陶县西南方的塔尔塔吉克民族乡为例，塔尔乡辖 8 个行政村，18 个村民小组；其中山区 5 个行政村和搬迁点 3 个行政村，总人口 1310 户 5408 人，山区 5 个行政村 800 户 3189 人，搬迁点 3 个行政村 510 户 2219 人。受地理环境的限制，这里的经济发展十分滞后。2015 年，塔尔乡人均纯收入 3689.9 元。阿勒玛勒克村，精准扶贫建档立卡系统中有 188 户 862 人贫困人口，2016 年实现脱贫 23 户 95 人。巴格艾格孜村，2016 年脱贫 12 户 37 人。巴格村人均收入 4189 元，2016 年脱贫 10 户 47 人。在精准扶贫的推进过程中，塔尔乡其他几个村子的贫困户在逐渐减少，居民的收入都有所提升。

表 6.1 是 2009~2012 年新疆居民家庭收入情况，2009~2012 年，新疆城乡居民收入中政策性转移收入快速增长，说明居民得到的政策性补贴收入，各项惠农补贴、提高离退休工资、提高低保补助标准等一系列政策逐步得到落实。居民收入结构日趋多元化，与 2009 年相比，转移性收入和比重都同步快速增长。2012 年，城镇居民人均转移性收入 3984 元，比 2009 年增加 1706 元，增长 74.9%，占家庭总收入的 19.7%，比 2009 年提高 3 个百分点。农村居民人均转移性收入 976 元，比 2009 年增加 745 元，增长 3.2 倍，占家庭纯收入的 15.2%，比 2009 年提高 11.9 个百分点。

表 6.1　2009~2012 年新疆居民家庭总收入来源情况

收入类型	城镇居民人均家庭总收入（元）				占比重（%）			
	2009 年	2010 年	2011 年	2012 年	2009 年	2010 年	2011 年	2012 年
总收入	13602	15422	17631	20195	100.0	100.0	100.0	100.0
工资性总收入	10233	11328	12654	14432	75.2	73.5	71.8	71.5
经营性总收入	975	1132	1412	1633	7.2	7.3	8.0	8.1
财产性总收入	116	152	149	146	0.9	1.0	0.8	0.7
转移性总收入	2278	2810	3416	3984	16.7	18.2	19.4	19.7

收入类型	农村居民人均家庭纯收入（元）				占比重（%）			
	2009 年	2010 年	2011 年	2012 年	2009 年	2010 年	2011 年	2012 年
纯收入	3883	4643	5442	6394	100.0	100.0	100.0	100.0
工资性纯收入	461	556	805	1008	6.3	12.0	14.8	15.8
经营性纯收入	3070	3650	3887	4239	88.7	78.6	71.4	66.3
财产性纯收入	121	127	147	171	1.7	2.7	2.7	2.6
转移性纯收入	231	310	603	976	3.3	6.7	11.1	15.3

注：表中数据来源于历年新疆统计年鉴。

2015 年，新疆城乡居民人均可支配收入 18354.65 元，比上年增长 8.9%，扣除价格因素，实际增长 7.4%。按常住地分，城镇居民人均可支配收入 28463.43 元，比上年增长 8.3%，扣除价格因素，实际增长 6.8%。其中，工资性收入 19173.37 元，增长 6.9%；经营净收入 2940.52 元，增长 9.2%；财产净收入 1279.28 元，增长 0.9%；转移净收入 5070.26 元，增长 16.0%。农村居民人均可支配收入 10183.18 元，增长 8.0%，扣除价格因素，实际增长 6.7%。其中，工资性收入 2527.11 元，增长 18.6%；经营净收入 5641.98 元，增长 4.5%；财产净收入 222.75 元，增长 6.3%；转移净收入 1791.33 元，增长 6.2%[①]。

表 6.2 是 2015 年新疆各地州城乡居民人均可支配收入，城镇居民人均可支配收入最高的是克拉玛依市 33430 元，最低的是喀什地区 20662 元。整体上城镇居民间收入差距不太大。农村居民人均可支配收入最高的是昌吉 15633 元，最低的是克州 5434 元。2012 年昌吉州城镇居民人均可支配收入为 17267 元，农村人均收入纯收入为 11776 元，几年来昌吉州城乡居民的收入上升幅度比较大。和田地区、喀什地区和克州属于新疆经济发展相对滞后的地区，城乡居民收入水平也都相对较低。2012 年和田地区城镇居民人均可支配收入 17160.93 元，农村居民人均纯收入 3896 元；喀什地区城市居民人均可支配收入 14997 元，农牧民纯收入 5142 元，职工年均货币工资 42116 元；克州的城镇居民人均可支配收入为 15222 元，农牧民人均纯收入 3236 元。虽然目前这

三个地区的城乡居民收入水平仍然是新疆各地州之中比较低的，但近几年也有比较好的上升趋势。巴州 2012 年城镇居民人均可支配收入 18026 元，农村居民人均纯收入为 11782 元，2015 年分别上升到 26523 元和 14154 元。

表 6.2　2015 年分地区城乡居民人均可支配收入（抽样调查）

单位：元

地区	城镇居民	农村居民
乌鲁木齐	31604	15007
克拉玛依	33430	—
吐鲁番	25869	10322
哈密地区	27975	12951
昌吉	25856	15633
伊犁州直属县（市）	24207	10591
塔城地区	25097	13583
阿勒泰地区	23478	9377
博州	24775	13127
巴州	26523	14154
阿克苏地区	23987	9831
克州	22465	5434
喀什地区	20662	7201
和田地区	22549	6346

注：数据来源于 2016 年新疆统计年鉴。

2015 年在新疆乌苏古尔图镇所做的问卷结果反映，牧民搬迁后收入较从前都有增长，但由于各家本身拥有的资本情况不同，以及劳动力状况、技术水平等都有差异，增长的情况也不相同。尤其牧民搬迁较久的地区，居民已经完全融入现在的生活，收入相对稳定。被称为"万山之州"的克州是南疆四地州脱贫攻坚的重点和难点区域，如今越来越多的贫困户在产业帮扶、转移就业、易地搬迁、富民固边、基础设施建设等措施中脱贫致富。长期居住在大山深处的克州乌恰县托云乡托云村村民，一直过着逐水草而居的游牧生活，由于草场退化，靠自然放养的传统畜牧业很难维持一家的生计。受益于精准扶贫、精准脱贫，很多牧民搬进了位于乌恰县托帕口岸附近的托帕社区，住进了楼房，过上了城里人的生活。通过对移民的技术培训以及相关的产业规划，移民的生活逐渐安定、富裕起来。

6.2.3　生态移民消费能力和质量有所提高

随着收入的增加和生活水平的不断改善，新疆生态移民的消费能力和消费质量也有所提高。因为搬迁居民几乎都是农民或者牧民，因此我们以农村居民的消费性支出情况作为研究新疆移民消费情况的基础数据。从表6.3可以看出，2015年，新疆农村居民消费比重较高的主要集中在食品烟酒、肉禽类、居住以及交通通信方面，并且近几年农民用于医疗保健的费用较以前不断增加。农村低收入户和高收入户在消费方面存在的差距也比较大，消费性支出中，高收入户的支出金额为14176.93元，是低收入户5374.82元的2.64倍。食品烟酒方面高收入户的支出比低收入户、中低收入户以及中等收入户分别高出1934.77元、1926.87元、1507.1元。从其他方面的支出来看，低收入户、中低收入户和中等收入户之间的差距并不太大，主要是和高收入户之间存在比较大的差距。

表6.3　2015年农村居民家庭人均全年消费性支出抽样调查表

单位：元

项目	全区	低收入户	中低收入户	中等收入户	中高收入户	高收入户
消费性支出	7697.95	5374.82	5214.60	6696.80	8879.52	14176.93
食品烟酒	2622.52	2064.23	2072.13	2497.30	2883.53	3999.00
谷物	538.27	499.63	513.07	533.87	556.59	610.35
肉禽类	900.65	661.30	682.22	892.90	992.77	1432.53
水产品	15.63	12.43	4.52	7.84	19.26	40.72
蛋类	55.00	53.36	51.48	50.89	56.25	65.74
奶类	55.42	46.11	27.50	59.96	74.74	78.38
衣着	691.27	540.95	534.95	613.22	787.09	1098.66
居住	1486.55	1028.22	1048.38	1381.73	1647.96	2661.59
生活用品及服务	396.00	271.74	214.56	303.86	487.52	824.25
交通通信	1031.63	507.92	526.42	690.36	1104.83	2785.10

续表

项目	全区	低收入户	中低收入户	中等收入户	中高收入户	高收入户
教育文化娱乐	632.02	392.42	346.73	482.05	847.43	1289.98
文化娱乐用品	69.70	45.65	29.52	50.91	83.09	165.71
医疗保健	731.85	512.58	427.32	651.31	972.68	1272.12
其他商品和服务	106.11	56.76	44.11	76.97	148.48	246.22

资料来源：表中数据来源于 2016 年新疆统计年鉴。

从平均每百户居民家庭年底耐用品拥有量来看，居民的生活水平和消费水平也提高了（见表 6.4）。2011 年，新疆农村家庭平均每百户拥有摩托车 77.23 辆，2015 年上升为 87.91 辆；洗衣机 72.77 台，2015 年上升为 87.82 台；电冰箱、微波炉以及彩色电视机的数量均有不同程度的上升。2010 年，新疆农村家庭平均每百人拥有黑白电视机 11.61 台，2011 年下降为 4.58 台，2015 年统计数据中已经没有黑白电视机了，说明新疆农民生活水平和消费水平有所上升。

表 6.4　2015 年家庭平均每百户年底耐用品拥有量

单位：元

项目	全区	城镇	农村	农村（2011 年）
家用汽车（辆）	19.93	26.45	12.64	
摩托车（辆）	48.86	13.91	87.91	77.23
助力车（辆）	33.37	24.78	42.96	
洗衣机（台）	92.81	97.28	87.82	72.77
电冰箱（台）	91.07	95.99	85.56	63.94
微波炉（台）	23.57	39.4	5.88	3.87
彩色电视机（台）	100.06	100.16	99.94	99.03
接入有线电视	53.62	83.22	20.55	
空调（台）	9.23	16.51	1.1	
热水器（台）	53.23	81.62	21.52	
太阳能热水器	14.53	20.68	7.67	
消毒碗柜（台）	1.39	2.22	0.46	
洗碗机（台）	0.86	1.61	0.03	
抽油烟机（台）	44.84	76.93	8.97	4.58

项目	全区	城镇	农村	农村（2011 年）
固定电话（部）	43.97	60.93	25.02	
移动电话（部）	192.69	209.08	174.38	141.87
接入互联网	77.71	103.9	48.45	
计算机（台）	39.76	62.55	14.3	
接入互联网	32.57	52.93	9.82	
摄像机（架）	3.99	7.15	0.46	
照相机（架）	17.01	29.93	2.57	2.9
中高档乐器	3.67	6.42	0.61	
健身器材	2.81	5.21	0.13	
组合音响	3.47	4.46	2.36	

注：表中数据来源于 2012 年、2016 年新疆统计年鉴。

　　移民搬迁后生活逐步安定下来，消费的数量和质量都有所上升。彩色电视机和移动电话在定居点的普及程度非常高，只是不可回避的是，城镇居民和农村居民之间的消费差距也是比较大的。新疆城镇居民 2015 年平均每百户拥有电脑的数量是 62.55 台，接入互联网的有 52.93 台，而农村仅有电脑 14.3 台，接入互联网的仅有 9.82 台。这同时说明，农村居民在信息的接收方面以及和外界的沟通交流方面要弱于城镇居民。新疆的地理环境不同于西北其他省份，各个县区之间的距离都非常遥远，移民新搬迁的定居点离市区相对较远，基础设施虽然不断完善，但与经济发展较好的地区相比还有较大的差距。比如 2016 年 10 月，课题组成员在吐鲁番地区调研，吐鲁番市区环境相对较好，但从吐鲁番返回乌鲁木齐的时候，吐鲁番市区到吐鲁番火车站有 50 多千米路程，没有公共交通，在乘坐出租车前往的路上，空旷而荒凉，只能遇到大型的运输货车，基本见不到行人。

6.2.4　物价平稳运行

　　2016 年，新疆居民消费价格（CPI）比上年上涨 1.4%，其中，食品烟酒价格上涨 1.9%。工业生产者出厂价格（PPI）下降 5.5%，其中，轻工业上涨

1.8%，重工业下降 6.6%。工业生产者购进价格下降 4.5%。固定资产投资价格下降 0.1%。农业生产资料价格下降 1.8%。 2017 年，新疆居民消费价格指数（CPI）累计上涨 2.2%，八大类商品和服务价格全部上涨。新疆工业生产者出厂价格（PPI）上涨 13.7%，自 2016 年 10 月结束了长达 54 个月的下降态势。PPI 作为判断经济走向的先行指标，其高低直接反映出市场需求的变化，如果 PPI 长期低位运行，则表明需求不足，将导致供应过剩，进一步引发生产能力过剩，最终影响经济活力。2017 年 PPI 持续较大幅度上升对经济增长产生了重要影响，推动了利润快速增长，促进了企业库存的正向调整，降低了企业杠杆率，增强了企业信心。据新疆各地区消费者价格指数以及居民消费价格分类指数的情况来看，城市和乡村之间的商品价格差距并不是太大。

然而对于搬迁移民来说，存在着和其他地区相同的问题，改变了过去的牧民身份，对当前消费压力的感受还是非常明显的。对物价感到压力的原因，除去通货膨胀因素下物价的确上涨以外，移民搬迁后收入虽然有所增加，但消费支出越来越多，生活负担相对较重，从而感受到物价的压力。

6.2.5　结合地方优势发展特色产业

随着经济社会的不断发展，新疆产业结构不断调整优化，2016 年，新疆三大产业结构为 17.1∶37.3∶45.6。全年实现农林牧渔业总产值 2969.7 亿元，比 2015 年增长 6%，农林牧渔服务业产值为 80.98 亿元，增长了 6.9%。目前新疆农业机械化水平也在不断提高，2016 年末农业机械总动力 2581.96 万千瓦，增长 4%。大中型拖拉机拥有量增长 3.5%，现有 48.68 万台；小型拖拉机 26.74 万台，下降 4.8%。农作物机耕率 99.27%，机播率为 94.49%。农村用电量 108.16 亿千万时，增长 3.9%。同时，农业产业化经营组织比上年增加 820 家，自治区级以上农业产业化重点龙头企业 507 家。这些数据说明，新疆农业不断发展，技术水平在不断提高。第二产业中，规模以上工业企业 2894 家，比上年增长 6.9%。全年规模以上工业实现增加值 2440.94 亿元，按可比价计算，增长 3.7%。按轻重工业划分，轻工业增加值 366.20 亿元，增长

11.7%；重工业 2074.74 亿元，增长 2.5%。2016 年全年实现社会消费品零售总额 2825.9 亿元，较上年增长 8.4%，除去价格因素实际增长为 7.9%，全年货物进出口总额比上年下降 8.7%；货运量比上年增加 1.9%，全年完成有点业务总量 564.5 亿元，比上年增长 41.4%。总体来看，新疆产业结构调整出现积极变化，各行业发展情况较好。

从新疆各地生态移民后续产业发展情况来看，搬迁以后的农牧民主要从事以下行业：第一产业主要是依靠地方优势发展农业种植业、家畜家禽饲养业、特色林果栽培、牛羊示范养殖小区、蔬菜大棚、花卉盆景、药材人工种植等。第二产业主要是依靠当地民族特色发展民族手工业，如民族服装、地毯、小刀等，北疆生态移民多从事奶业、酒业、果品业等行业。南疆生态移民基本是在本县城内选址安置，虽距离县城较近，但多偏离中心大城市，人口流动缓慢，信息相对闭塞，观念落后，与外界交流较少，市场发育程度极低，几乎没有加工企业带动。北疆生态移民第三产业的起步相对较早，已经基本融入现代文化生活，外出进城务工从事餐饮等服务行业较多。

且末县为了增加牧民收入，积极推进暖季放牧、冷季舍饲，取消冬草场，在秋冬季节将牧区商品畜转移至农区育肥增值，增加农牧民收入，从根本上保护和改善草原生态环境。截至 2008 年底，从牧区转移牲畜 3.53 万头只，已育肥出栏 1.36 万头只。同时结合矿业开发，拓宽牧民就业和增收渠道，实现牧区富余劳动力就近就地转移，确保劳务增收。

各县乡镇为保障生态移民后续产业的发展，制定了一系列产业扶贫激励机制。南疆塔吉克阿巴提镇利用区位优势发展特色林果业，提高经济效益，加大瓜果蔬菜种植面积，改善生态移民膳食结构；乌恰县生态移民发展城东戈壁产业园；策勒县发展特色养殖示范小区；伊犁新源县发展乳业及果品加工业辐射带动生态移民的产业发展；阜康生态移民安置区发展生态旅游业带动第三产业的发展等。

为了移民能够"稳得住，能致富"，新疆各地针对生态移民定居点后续产业的发展投入了大量的精力，但是牧民定居后，生产方式要从传统游牧过渡到现代畜牧业，这对移民的要求还是较多的。只有打破传统的生产方式，实现多种经营，引导移民多渠道增收，才能真正体现生态移民工程的经济绩效。

新疆具备发展旅游业的得天独厚的自然资源和文化资源，引导和促进休闲观光农业以及传统旅游业的发展，都是促进移民地区经济发展的必要手段。

6.3 新疆生态移民的社会绩效

6.3.1 基础设施不断完善

从新疆整体的基础设施水平来看，全社会基础设施投资不断增加，生产性及生活性基础设施都不断完善。从表 6.5 可以看出，2014 年，新疆在电力、燃气及水的生产和供应业方面的投资额为 1652.05 亿元，2015 年上升到 2108.82 亿元，增长了 456.77 亿元，增长幅度非常大。交通运输、仓储和邮政业的投资由 2014 年的 827.88 亿元增长到 2015 年的 1061.36 亿元。信息传输、计算机服务和软件业的投资增加了 24.68 亿元，增长到 132.6 亿元。水利、环境和公共设施管理业的投资增长额度较大，从 2014 年的 865.55 亿元增加到 2015 年的 1093.95 亿元，增加了 228.4 亿元。

表 6.5　新疆基础设施投资表

单位：亿元

指标	2014 年	2015 年
总计	3453.40	4396.73
电力、燃气及水的生产和供应业	1652.05	2108.82
交通运输、仓储和邮政业	827.88	1061.36
信息传输、计算机服务和软件业	107.92	132.60
水利、环境和公共设施管理业	865.55	1093.95

注：数据来源于 2016 年新疆统计年鉴。

以主要年份新疆农村居民家庭房屋使用情况的抽样调查表来看（见表 6.6），农村居民的住房条件和住房面积不断改善。不论是本年新建住房还是年末住房情况，钢筋混凝土结构的住房面积都在增加，调查所走访的居民反映，对当前的住房条件非常满意，搬迁前的房屋多是土房。2000 年住房面积为 17.25 平方米/人，2011 年上升为 26.14 平方米/人。当前，由当地政府出资为生态移民或者限牧定居的牧民所建造的房子，都是具备抗震防灾等基本条件的。

表 6.6　主要年份农村居民家庭房屋使用情况（抽样调查）

项目	2000 年	2005 年	2010 年	2011 年
本年新建（购）房屋				
面积（平方米/人）	0.38	1.37	0.73	1.06
价值（元/平方米）	169.37	225.2	442.00	843.42
住房结构（平方米/人）				
钢筋混凝土结构	0.03	0.08	0.22	0.32
砖木结构	0.16	1.04	0.50	0.71
生活用房面积（平方米/人）	0.38	0.72	0.80	1.06
年末住房情况				
住房面积（平方米/人）	17.25	21.23	24.00	26.14
住房价值（元/平方米）	120.86	160.99	252.79	452.36
住房结构（平方米/人）				
钢筋混凝土结构	0.53	0.98	1.83	2.30
砖木结构	2.75	6.48	10.95	13.47

注：表中数据来源于 2012 年新疆统计年鉴。

随着新疆的生态移民工程的深入展开，移民定居点生活类基础设施和生产类基础设施都得到不断的完善。巴州为确保搬迁移民"搬得出、稳得住、能致富"，2006~2007 年起投资 1108 万元新建砖混结构高标准抗震安居住房 296 套，先后从三乡三场搬迁牧民 296 户 1063 人，截至 2009 年，已累计将 363 户 1355 名牧民搬迁至察汗乌苏村。2010 年投入资金 1500 万元，新建抗震安居房 260 套，提高了搬迁移民的基本生活设施。同时投资 257 万元，新修道路 2 条共计 9.5 千米，完成自来水、生活用电、有线电视等入户工程，配套完善集中安置点"四通"基础设施。巴州注重善解决搬迁牧民生计问题，收回国际实业 1 万亩饲草料基地和自治区草原总站 1 万亩苜蓿种子基地，按照贫困户人均 7 亩基本农田、富裕户每户 40 亩饲草料地的标准，收回祥庆红枣种植公司 3464.80 亩土地，分给新搬迁牧户，解决搬迁牧民农牧业生产用地问题。

阜康自 2005 年以来，结合天池景区生态治理和国家退牧还草项目的实施，把牧民定居与新农村建设有机结合，开展了以牧民高标准定居为核心的生态移民工程，同时不断加强牧区水、电、路、住房、棚圈、草料等基础设施建设，引导和鼓励牧民转变传统生产方式，提高牧民定居质量和畜牧业发展的水平。截至 2009 年底，实现高标准定居牧民 656 户 2624 人，建成饲草料地 6.64 万亩，牧民户均 20 亩，通过定居，牧民人均收入较定居前提高 1500~2500 元。阜康水磨沟乡牧民定居新村为居民配备了抗震安居房，通村柏油马路也铺到了每家每户的门前，政府投入 58 万元栽植 9000 株树木，并采取滴灌措施加强林带管护，水磨沟乡牧民定居新村是 2008 年开发建设的定居点，位于准东基地北侧，阜彩路以西，规划建设 500 户，户均 2 亩地。2008 年阜康市财政投入 314 万元进行"三通一平"等基础设施建设。市委市政府为每户搬迁定居牧民补助建房资金 2 万元，并通过实施 1.5 万亩国家土地整理项目和退牧还草项目，使定居牧民在 3~5 年内达到人均 10 亩耕地，解决农牧民定居后的生产资料问题。阜康水磨沟乡在完成基础设施建设的基础上，按照抗震安居建设标准，对房屋外观和围墙进行统一建设，为搬迁牧民提供 67、88 平方米两种面积户型，每平方米建设价格为 860 元，建成 150 户牧民定居工作。

在对待生态移民生产、生活基础设施的问题上，且末县依托县内丰富的水土资源优势，加快饲草料基地建设，在英吾斯塘乡、苏塘地区、塔什萨依实验区和车尔臣河西岸大渠建设"四个草料基地"，种植优质牧草，规模达到 10 万亩以上。投入资金 130 万元启动了英吾斯塘乡 2 万亩人工草场建设工程。同时充分做好即将搬迁牧民的思想宣传和发动工作，依托国家 60 万亩的退牧还草项目和塔什萨依实验区开发建设，利用 3~5 年的时间，将牧区 50% 以上的牧民搬迁下山，移民安置，并把牧民定居与扶贫开发、抗震安居、防病改水、教育卫生等利民惠民工程结合起来，建立符合"三通、四有、五配套"标准的牧民搬迁点，实现牧民由低水平定居向高水平安居的转变。截至 2008 年底，塔什萨依实验区已平整土地 3200 亩，新打机井 5 眼，推筑主干道

4 千米、机耕道 12 千米，架设电线 12 千米。

6.3.2　社会保障参保人数持续增加

从新疆的社会保障情况来看，2016 年末参加职工基本养老保险 463.31 万人，增长 31.2%，参加城乡居民基本养老保险 539.58 万人，增长 1.7%。参加城镇基本医疗保险 687.55 万人，增长 4.7%，其中，城镇职工 386.62 万人，增长 2.7%；城镇居民 300.93 万人，增长 7.3%。参加失业保险 233.62 万人，增长 1.8%。参加工伤保险 257.27 万人，增长 1.5%，其中，参加工伤保险农民工 43.55 万人。参加生育保险 248 万人，增长 2.9%。年末城市居民最低生活保障人数 78.65 万人，农村居民最低生活保障人数 166.52 万人。年末各类收养性社会服务机构及设施 4004 个，拥有床位数 7.15 万张，收养人数 2.64 万人。社区服务机构 2263 个，其中，综合性社区服务中心 308 个。2001~2015 年，新疆基本养老保险的参保人数从 148.08 万人增加到 345.35 万人，而且表现出逐年上升的趋势，2015 年城乡居民社会养老保险参保人数为 530.83 万人。职工基本医疗保险的参保人数由 2001 年的 116.17 万人上升到 2015 年的 376.48 万人，城乡居民基本医疗保险参保人数 2015 年为 280.41 万人，比 2010 年增加了 5.81 万人。工伤保险、生育保险和失业保险，从表 6.7、表 6.8 中都可以看出，新疆整体上表现出了上升趋势，参保人数不断增加。

从各地州的情况看，各地州社会保险的参保水平和地区经济发展水平之间的关系非常相关。2011~2015 年，新疆各地州职工基本养老保险参保人数都表现出增加的态势，人数增加最多的 3 个地区依次是乌鲁木齐、昌吉和巴州。乌鲁木齐职工基本养老保险的参保人数 2011 年为 94.74 万人，2015 年上升到 112.4 万人，5 年间增加了 17.66 万人，是新疆各地州中人数增加最多的；2011 年新型农村社会养老保险参保人数为 10.3 万人，2015 年城乡居民社会养老保险参保人数为 11.61 万人；城镇居民基本医疗保险 2011 年参保人数为 56.27 万人，2015 年增长到 60.08 万人。昌吉 2015 年职工基本养老保险的参保人数上升到 25.36 万人，上升了 5.42 万人。巴州职工基本养老保险的参保人数从 20.49 万人上升到 25.21 万人，上升了 4.72 万人。

表 6.7　2011 年新疆各地区社会保障情况

单位：万人

地区	基本养老保险			职工基本医疗保险	城镇居民基本医疗保险	工伤保险	失业保险	生育保险
	职工基本养老保险	新型农村社会养老保险	城镇居民社会养老保险					
乌鲁木齐	94.74	10.3	0.80	99.13	56.27	66.14	67.99	57.59
克拉玛依	4.25	0.09	0.05	3.95	7.58	5.02	3.99	4.40
吐鲁番	4.95	19.07	0.55	7.47	9.28	4.70	3.98	3.97
哈密地区	9.27	8.53	0.24	10.06	9.89	8.80	5.90	5.97
昌吉	19.94	30.59	0.64	22.52	21.03	21.82	12.61	16.42
伊犁州直属县（市）	23.65	51.49	5.35	25.34	33.56	14.46	13.78	16.33
塔城地区	11.77	19.43	1.56	12.21	11.51	6.28	6.03	7.28
阿勒泰地区	7.81	12.92	0.79	11.23	12.39	7.29	5.21	6.36
博州	5.10	7.16	0.23	5.73	7.80	3.98	3.40	3.97
巴州	20.49	20.38	1.50	24.01	19.09	14.86	14.82	15.14
阿克苏地区	11.64	64.51	2.43	17.12	26.87	8.52	9.20	10.40
克州	3.17	17.36	1.17	6.65	6.53	3.74	3.43	4.12
喀什地区	13.95	137.92	9.51	23.71	42.92	13.87	14.06	15.51
和田地区	4.82	90.84	2.67	10.26	17.95	6.08	5.98	7.09

注：数据来源于 2012 年新疆统计年鉴。

2015 年城乡居民社会养老保险参保人数最多的 3 个地区依次是喀什地区、和田地区和伊犁州直属县（市），这几个地区的农业人口比重是非常大的，尤其是喀什地区和和田地区的经济条件相对落后。喀什地区城乡居民社会养老保险的参保人数达到 149.55 万人，和田地区达到 94.52 万人，伊犁州直属县（市）为 58.16 万人。

表 6.8　各地、州、市社会保险年末参保人数

单位：万人

年份/地区	基本养老保险		基本医疗保险		工伤保险	失业保险	生育保险
	职工基本养老保险	城乡居民社会养老保险	职工基本医疗保险	城镇居民基本医疗保险			
2001	148.08		116.17		30.53	126.47	30.52
2005	181.88		211.85		79.51	140.82	103.48

续表

年份/地区	基本养老保险		基本医疗保险		工伤保险	失业保险	生育保险
	职工基本养老保险	城乡居民社会养老保险	职工基本医疗保险	城镇居民基本医疗保险			
2010	259.67		296.72	274.6	184.13	180.29	188.23
2015	345.35	530.83	376.48	280.41	253.55	229.45	241.1
乌鲁木齐	112.4	11.61	118.58	60.08	76.56	78.05	67.04
克拉玛依	5.64	0.19	20.76	7.3	18.89	8.08	17.49
吐鲁番	6.1	21.56	8.47	3.06	6.59	4.83	5.45
哈密地区	12.51	8.24	12.78	9.31	10.57	7.84	7.49
昌吉州	25.36	30.36	26.44	21.63	26.06	16.96	20.19
伊犁州直属县（市）	28.45	58.16	29.81	31.72	17.2	16.74	19.01
塔城地区	13.3	21.52	13.12	12.27	7.19	6.77	8.05
阿勒泰地区	8.8	14.09	11.9	11.37	7.72	5.6	6.75
博州	5.81	7.89	6.72	6.12	4.99	4.01	4.67
巴州	25.21	21.65	28.42	25.92	19.31	17.6	18.85
阿克苏地区	13.65	7.39	19.57	27.14	11.46	11.01	12.64
克州	3.87	18.1	8.31	4.59	4.74	4.8	4.57
喀什地区	16.63	149.55	26.85	45.2	21.69	16.67	18.86
和田地区	6.31	94.52	12.24	14.79	7.28	7.21	8.58

注：基本医疗保险数据不含新型农村合作医疗。数据来源于 2016 年新疆统计年鉴。

　　从工伤保险、生育保险和失业保险的参保人数情况看（见表6.8），这三种保险主要集中在城市，参与人群主要为城镇居民，或者在城镇工作的居民。2011~2015 年，三种保险的参保人员都是增加的，只是除了乌鲁木齐、克拉玛依以外，其他地区的增长程度非常小。2015 年，乌鲁木齐工伤保险、失业保险和生育保险三种保险的参保人员数分别增加了 10.42 万人、10.16 万人和9.45 万人，克拉玛依分别增加了 13.87 万人、4.09 万人和 13.09 万人。昌吉州三种保险的参保人员数分别增加了 4.24 万人、4.35 万人和 3.77 万人。其他地区三种保险 5 年间增加的参保人数不多，像和田地区分别为 1.2 万人、1.23万人和 1.49 万人，博州增加的人数分别为 1.012 万人、0.61 万人和 0.7 万人，阿勒泰地区仅增加了 0.43 万人、0.39 万人和 0.39 万人。

6.3.3 落后地区城镇化率水平低，农业人口比重大

表 6.9 为新疆各地州人口城镇化率。从新疆的城镇化水平来看，经济发展程度较好的乌鲁木齐、克拉玛依、石河子等地的城镇化水平比较高，因此，这些地方的基础设施水平、公共服务的投入情况明显好于其他地区。像克州、喀什地区以及和田地区的城市化水平就非常低，排在新疆的最后三位，分别为 21.37%、24.23% 和 26.61%。在美国地理学家诺瑟姆的研究中，将城市化进程大致分为三个阶段，第一阶段为城镇化初期，城镇化水平在 30% 以下，城镇化速度比较缓慢；第二阶段为城镇化中期，城镇化水平在 30%~70%，城镇化加速发展；第三阶段为城市化后期，城市化水平超过 70%，城市人口增

表 6.9　新疆各地州人口城镇化率

单位：万人，%

地区	总人口	位次	城镇人口	城镇化率	乡村人口	乡村人口比重
乌鲁木齐	266.83	3	206.35	77.33	60.48	22.67
克拉玛依	29.97	15	29.68	99.03	0.29	0.97
石河子	63.26	11	42.69	67.48	20.57	32.52
吐鲁番	65.19	10	23.59	36.19	41.6	63.81
哈密地区	61.67	12	33.71	54.66	27.96	45.34
昌吉	139.28	7	57.61	41.36	81.67	58.64
伊犁哈萨克自治州	469.63		203.58	43.35	266.05	56.65
伊犁州直属县（市）	300.42	2	131.08	43.63	169.34	56.37
塔城地区	102.42	8	45.55	44.47	56.87	55.53
阿勒泰地区	66.80	9	26.95	40.34	39.85	59.66
博州	47.97	14	23.14	48.24	24.83	51.76
巴州	139.38	6	63.75	45.74	75.63	54.26
阿克苏地区	253.05	4	83.04	32.82	170.01	67.18
克州	59.61	13	12.74	21.37	46.87	78.63
喀什地区	449.92	1	109.01	24.23	340.91	75.77
和田地区	232.43	5	61.84	26.61	170.59	73.39

注：城镇、乡村人口按公安年报口径计算，数据来源于 2016 年新疆统计年鉴。

长速度下降。而城市化水平低，相关的配套设施不完善，人们的生活水平相对较低，发展也相对缓慢。

从新疆人口的就业比重情况来看（见表6.10），从事农业劳动的人口比重虽然表现出了下降趋势，但目前的情况还是农业人口的比重最高，第三产业的就业人口比重表现出了逐年上升的趋势，第二产业就业人口比重变动不大。这说明新疆的大多数地区目前仍然是以农牧业为主要收入来源的，而且，农牧业的发展程度并不太高，还没有形成以先进的技术带动农牧业发展的理想状态，第三产业的从业人员虽然比重在不断上升，但新疆目前第三产业发展的效率不高，还不能够很好地服务于第一、二产业的发展。

表 6.10　2015 年新疆人口就业比重

单位：%

年份	构成		
	第一产业	第二产业	第三产业
1978	72.06	14.33	13.61
1980	70.01	14.84	15.15
1985	64.20	15.84	19.96
1990	61.27	17.39	21.34
1995	57.42	18.37	24.21
2000	57.68	13.78	28.54
2005	51.54	15.51	32.95
2010	48.97	14.84	36.19
2015	44.08	15.16	40.76

注：数据来源于 2016 年新疆统计年鉴。

人口的发展会受到社会、政治、经济发展的制约，同时它对社会的发展也起着促进或者延缓的作用。新疆是一个多民族聚居的自治区，人口发展与其他地区有相似性，但也有自己的独特性。表6.11为根据历次人口普查整理的新疆人口情况，可以看出，新疆的少数民族人口比重一直是大于汉族人口比重的，近年来，受教育的水平不断提升，人力资源状况较过去有很大好转。

表 6.11　新疆人口情况

单位：万人

指标	第二次普查 （1964 年）	第三次普查 （1982 年）	第四次普查 （1990 年）	第五次普查 （2000 年）	第六次普查 （2010 年）
总人口	727.01	1308.15	1515.69	1845.95	2181.58
男	389.47	673.22	782.32	955.22	1127.01
女	337.54	634.93	733.37	890.73	1054.57
总户数（万户）	178.00	293.79	337.41	491.66	690.29
家庭户	—	292.70	334.89	479.38	670.56
集体户	—	1.09	2.52	12.28	19.73
各年龄组人口					
0~5 岁	121.86	186.70	218.85	165.12	185.03
6~14 岁	146.77	330.85	282.12	338.18	261.15
15~64 岁	428.73	742.42	955.49	1256.40	1593.99
65 岁及以上	29.65	48.18	59.23	86.25	141.41
民族人口					
汉族	232.12	528.40	569.54	748.99	882.99
少数民族	494.89	779.75	946.15	1096.96	1298.59
各种文化程度人口					
大专及以上	4.10	8.37	27.98	94.65	231.53
高中和中专	15.51	84.28	157.42	224.79	254.56
初中	50.37	228.63	313.51	508.59	790.62
小学	197.34	442.57	552.55	699.78	656.32
不识字或识字很少	249.03	265.39	198.11	103.68	63.52

注：不识字或识字很少除 1964 年包含 12~14 岁人口外，其他均为 15 岁及以上人口。

6.4　新疆生态移民的生态绩效

　　制度建设是推进生态文明建设的重要保障，在生态移民工程不断推进的过程中，近 5 年来新疆还发布实施了《自治区主体功能区规划》，在全国率先编制完成《新疆生态环境功能区划》，确定了自治区生态环境保护红线，修订颁布了《新疆维吾尔自治区环境保护条例》《煤炭石油天然气开发环境保护管理条例》等地方性法规，并发布实施了环境保护"十二五"规划及 8 个专项规划，形成了完整的环保规划体系。2013 年底，新疆出台了《新疆维吾尔自治区环保厅环境保护约谈办法（试行）》，将环保约谈工作方式制度化。同时出台了《关于乌鲁木齐区域执行大气污染物特别排放限值的公告》，就乌鲁木齐大气重点控制区域内（乌鲁木齐、昌吉、阜康、五家渠）的火电、钢铁、水泥、石化、有色、化工六大行业和燃煤锅炉执行大气污染物特别排放限值。对于超过排放限制的企业给予惩罚。从 2014 年 7 月 1 日起，新疆施行《新疆维吾尔自治区取水许可管理办法》，贯彻落实了最严格水资源管理制度，严格取水许可审批，加强日常监督管理，制止违法取水行为，促进水资源节约和保护，保障水资源可持续利用。2014 年 12 月，自治区党委明确提出，努力把新疆建设成为最洁净的地方。这是新疆生态文明建设的最新目标，也是对"环保优先、生态立区"和"两个可持续"发展理念的丰富与发展，为进一步动员全疆各族干部群众共同谱写美丽中国新疆篇章赋予了新内容。2015 年，新疆进一步推进生态环保体制机制十项改革，明确建立和完善污染物排放许可证制度、环境违法案件移交等工作内容。

6.4.1　造林面积不断扩大

新疆生态环境的改善，首先体现在造林面积的不断扩大上，表 6.12 为政府部门公布的 2000 年以来新疆造林情况。新疆的造林总面积不断上升，2015年为 186699 公顷，比 2000 年增加了 122526 公顷。从造林方式和造林用途两个角度看，都发生了比较大的变化，人工造林面积扩大明显，防护林以及特种用途林的种植面积也有较大的变化，这些都对生态环境的恢复起到了一定的积极作用。

随着新疆相关配套政策的不断完善，资金投入力度的加大，全区生态环境质量总体保持稳定，绿洲生态环境质量有所改善，草地退化趋势得到遏制，沙化土地扩张速度明显减缓。天保工程即天然林资源保护工程的简称。自从

表 6.12　新疆造林情况

单位：公顷

年份	造林总面积	按造林方式分			按林种用途分				
		人工造林	飞机播种	无林地和疏林地新封	用材林	经济林	防护林	薪炭林	特种用途林
2000	64173	63793	200		1605	44564	16512	1012	480
2005	136990	130323	6667		3226	40523	92449	738	54
2010	199629	156964		42665	1996	104527	90546	2298	262
2015	186699	123577	333	62789	2214	48341	134265	444	1435

注：数据来源于 2007 年新疆统计年鉴。

国家 1998 年开始实施天保工程以来，新疆率先实施全面禁伐，停止了长期以来对天然森林的破坏式利用，将林业生产以木材生产为主转化为以生态建设为主。经过 20 年的努力，新疆实现了森林面积、森林蓄积、森林覆盖率逐年增长，工程区的森林面积由 209.47 万公顷增加到 228.87 万公顷，森林覆盖率由 25.66% 提高到 28.94%。生态扶贫是精准扶贫的重要内容，虽然实施了禁牧禁伐，但为了不影响当地牧民、伐木工人的收入，为了提高当地牧民的经济收入，很多牧民以及过去的伐木人员都被聘为森林护管员，既保护了森林，又不会因为身份的改变而降低收入。

6.4.2　空气、水质及荒漠治理成效显著

新疆生态环境的改善，体现在空气质量的改善、水质改善、荒漠化治理成效显著、纸杯面积增加等方面。

空气质量改善显著。从整体来看，2014 年新疆城市环境空气质量达到Ⅰ、Ⅱ级日数占全年的 73.4%，显示新疆空气质量向好的态势。其中，乌鲁木齐的空气质量提升最为明显，在全国 74 个重点监控城市中由污染最重、倒数第一，上升到排名前 20 位左右，位列全国中游。2014 年新疆空气质量最好的城市——阿勒泰，空气质量优良天数达到 362 天，达标率高达 99% 以上，在全国城市空气质量排名中名列前茅。

水质改善稳中有升。总体来看，相比 2012 年湖库水质，2013 年优良水质占比增加。2013 年全区主要城市集中式饮用水源地总体水质保持良好。在监测的乌鲁木齐、克拉玛依、昌吉、伊宁、阿克苏等 19 个城市 39 个集中式饮用水源地中，水质达标的占 89.7%。水质为Ⅳ类及以下的占 10.3%。从全疆来看，南疆饮用水源水质提高较快。

荒漠化治理成效卓著。2009 年底，全国荒漠化土地总面积 262.37 万平方千米，占国土总面积的 27.33%。其中，新疆沙漠化面积为 107.12 万平方千米，是沙漠化程度最深的省区。目前，新疆土地沙化总体上趋于缓和，沙进人退的局面初步得到遏制，沙化扩展速度持续减缓，在本监测周期内，全疆土地沙化面积年均扩展 82.8 平方千米，比前两个监测周期 400 平方千米和 102.4 平方千米的年均扩展速度持续减缓；与此同时，新疆沙化程度大幅减轻。重点治理区植被明显增加，流动沙地面积由上一个监测周期增加 2094.3 平方千米转变为减少 59.3 平方千米；而沙化土地扩展区域也在减少。全疆有 11 个地州市沙化面积实现缩减，但仍有 3 个地州市存在扩展的趋势。

植被覆盖面积出现可喜变化。2010 年以来，新疆全区植被覆盖总面积 10982 万公顷（含稀疏植被），占全区总面积的 66%。天然草地毛面积 5726 万公顷，可利用面积 4800 万公顷，天然草地面积及各类草地面积所占比例基本稳定。森林覆盖面积有较大改善，2015 年达到 4.5% 的目标，绿洲森林覆盖率由 14.95% 提高到 23.5%。治理水土流失面积 0.85 万公顷，累计实现草原禁牧 1010 万公顷。2013 年，自治区继续完善落实草原生态保护补助奖励机制政策，落实天然草原禁牧 1.5 亿亩，山区水源涵养区禁牧 150 万亩，草原平衡 5.4 亿亩，发放补偿资金 19 亿元。森林面积的扩大、退化草地的恢复，为新疆生物多样性的保护提供了条件。

巴音布鲁克草原总面积为 23853 平方千米，可利用草场面积达 2625 万亩。受超载过牧、持续多年干旱少雨以及蝗虫鼠害等影响，呈现退化态势。近年来，巴州通过实施巴音布鲁克草原生态治理与恢复工程和"人畜下山来，绿色留高原"生态移民工程，加大整治力度，核定载畜量，限定放牧时间，上山羊群实行"通行证"，成功减畜 100 万只绵羊单位，初步缓解了草场超载现象。目前，巴音布鲁克草原生态开始转化，部分草场牧草平均长高 10 厘米，小山地区的草场恢复面积已达 300 万亩以上。

"良好生态环境是最普惠的民生福祉"，新疆生态环境脆弱，生态安全直接关系到子孙后代的生活。当前，新疆各级政府部门已经越来越重视对生态环境的恢复与保护，加强生态环境保护，努力建设美丽新疆，是维护新疆社会稳定和实现长治久安的内在要求，是保障国家生态安全的有力举措，是加快丝绸之路经济带建设的重要支撑，是推进新疆环境治理能力和治理体系现代化的迫切需要。有了好的保护生态环境的理念和积极的行动，新疆生态环境的恢复与可持续发展将会越来越好。

6.5 新疆生态移民绩效的综合评价

在新疆推行的大规模的以牧民定居为主的生态移民工程，具有重要的政治意义和经济意义。生态移民工程注重生态环境的保护，通过退耕还林还草以及人工林种植等生态工程的推进，缓解了生态脆弱地区的生态恶化问题，提高了当地的植被覆盖率，使得生物的多样性得以恢复，生态环境越来越好，实现了新疆生态系统的良性循环。同时，生态移民工程转变了农牧民的思想观念，提高了搬迁居民的生活水平，改善了区域经济的发展环境。在生态移民后续产业发展的过程中，不断改革创新，以市场为导向，帮助移民增收致富。

从政府部门公布的相关数据，以及实地调研和访谈的结果看，搬迁定居的移民，大部分生活状态逐渐变好的趋势是明显的，收入水平有所上升，生活质量有所改善。但移民搬迁后产业结构的调整对居民心理的影响还是比较大的，使很多人对未来生活感到茫然，无所适从。尤其搬迁初期的贫困过渡期，对牧民信心的影响较大，也会影响到移民经济生活的后续发展。

项目组对于新疆生态移民绩效的评价，停留在对官方发布的数据的分析，以及实地访谈的少量问卷的基础上。由于数据的可得性有限，因此项目组经过反复的讨论，根据对官方数据的统计分析以及实地访谈的结果，统计编制出新疆生态移民绩效评价指标体系表（见表 6.13）。从表中可以直观地看出，新疆生态移民工程的总体绩效是较好的，经济绩效、社会绩效和生态绩效各指标都有正向的增长趋势，说明生态移民工程为新疆的经济、社会发展起到了一定的积极作用。

表6.13 新疆生态移民绩效评价指标体系

目标层	领域层	变量层	指标属性	表现
生态移民绩效评价	经济效益	移民收入水平	∧	↑（上升缓慢）
		人均GDP	∧	↑（上升）
		居民消费水平	∧	↑（上升）
		产业结构	—	↑（优化）
		物价水平	—	—
		居住条件	∧	↑（改善）
	社会效益	城市化率	∧	↑（上升）
		人口结构		农业人口为主
		受教育程度	∧	↑（上升）
		公共基础设施	∧	↑（改善）
		养老保险覆盖	∧	↑（上升）
		医疗保险覆盖	∧	↑（上升）
		生活便利程度	∧	↑（上升）
		移民满意度	∧	↑（上升）
	生态效益	迁出地生态恢复情况	∧	↑（优化）
		迁入地生态环境	∧	↑（优化）

说明：∧表示越大越好，∨表示越小越好，—表示其他指标。

《新疆维吾尔自治区"十三五"易地扶贫搬迁建设规划》提出，到2018年，新疆将完成11万建档立卡贫困人口的易地扶贫搬迁建设任务，使贫困群众户均住房面积达到50~80平方米，满足安全饮水、便利出行、生产生活用电等基本需求，教育、医疗、文化等公共服务设施基本配套。到2020年，实现搬迁人口"两不愁、三保障"，人均可支配收入增长幅度高于全疆平均水平，基本公共服务主要领域指标接近全国平均水平，全部实现脱贫。可见，易地搬迁扶贫改变了居民原本的生产方式，生态移民工程是通过改变生产方式来实现脱贫和恢复生态环境的重要手段。

7 西北民族地区生态移民工程中存在的问题

通过对西北民族地区生态移民绩效的研究可知，在西部大开发不断推进的过程中，生态移民工程体现了其在缓解贫困过程中的重要作用，所起到的积极意义是非常重大的。宁夏、甘肃、青海和新疆的生态移民工程，通过易地搬迁的形式，使得搬迁移民经济收入不断提高，消费能力不断上升，移民安置区后续产业的发展都相继有了一定的规模，经济效益非常明显。经济收入的提升，说明了生态移民是有效解决贫困问题的方式之一，但西北民族地区的贫困问题依然严重。同时，在推进西北民族地区生态移民过程中，各地都有不同的资金投入，总体来看，投入的成本与取得的经济效益是具有效率的。社会效益方面，生活性基础设施和生产性基础设施不断完善，对移民的生活质量的改善起到很大作用；社会保障的覆盖面和参保人数不断增长，移民的生活品质有了一定程度的提升；随着城市化水平的不断提高，城镇的城市功能逐渐体现出来，为移民生活水平的提高奠定了物质基础。生态效益方面，通过生态移民工程降低了人为对生态环境的破坏，阻止了其继续恶化，加之不断对生态进行恢复和发展，各地的生态效益都是非常明显的。从生态移民生活状态改变的情况来看，从以下几个方面都感受到了移民搬迁所带来的好处：家庭收入增加、家庭财产增加、土地质量提高、粮食收成增加、饮水条件改善、受教育条件改善、就医环境改善、消费条件提高、社会交往条件改善。

但在取得成绩的同时，我们也必须看到，由于后续产业发展中存在的问题，以及相关政策不完善等一系列原因，贫困及返贫现象依然是存在的，在有些地方还相对比较严重。通过近些年来精准扶贫工作的推进，移民地区的贫困人口数量有很大程度的下降，但剩下的贫困现象更是难啃的"硬骨头"。在生态环境好转的同时，搬迁移民的生计问题还需要进一步得到重视。同时，西北几个省区都不同程度地存在着人力资本匮乏的情况，从而影响生态移民生计的可持续发展。因此，我们需要探寻西北民族地区生态移民工程推进的过程中，还存在哪些问题需要得到进一步改善。

7.1 生态移民安置的相关规划未得到重视

7.1.1 移民过渡期的贫困问题更需要得到重视

移民过渡期，主要是移民搬迁后的 1~3 年左右的时间内，放弃了过去多年的生活方式，生产方式也从过去的简单、低效向现代化靠近。在新的社会、文化、经济、心理等方面，搬迁移民还有很大的不适应性。此阶段的贫困不仅仅是经济、物质方面的匮乏，还包括由此带来的心理上的不适应。从西北民族地区的调研情况来看，几个省区的生态移民在刚搬迁的时候，或多或少都存在这样的问题。移民搬迁前多是自给自足的小农生活或者游牧生活，搬迁后其生活方式和生产方式都发生了根本的改变。以前以务农为生的农民，搬迁后需要外出打工，去找一份合适的工作；以前以放牧为生的牧民，搬迁后没有了草原和牲畜，茫然而又无助。虽然在搬迁后，政府会根据移民的实际情况给予一定的经济补偿，但对于移民来说，搬迁本身也是有成本的，除去住房、家用以外的会计成本，其机会成本也是不容忽视的。尤其是新的移民搬迁至新的定居点，除了整齐划一的砖房，所有的产业、设施、生产都需要重新开始。

对于生态移民而言，每一户生态移民在搬迁时都需要缴纳一定的购房费用，比如宁夏的费用为每户 1.28 万元，其他省区根据各自的情况各有不同。费用的缴纳使得部分移民生产、生活资本减少，部分移民为了搬迁不得不举债。2016 年 8 月，全国易地扶贫搬迁现场会议中，汪洋副总理在讲话中指出，要牢牢守住建档立卡搬迁人口人均住房建设面积不超过 25 平方米的红线，决不能把安置房盖成"小洋房""小别墅"，决不能让贫困户因建房而举债，延缓脱贫进程，甚至加剧贫困。搬迁后，移民过去养殖业、畜牧业等的优势没有了，收入来源也随之减少，但消费数量在不断增加，造成了移民过渡期的经济贫困。

迁居后，农业种植以及畜牧业的养殖需要时间周期，如果不外出务工，或者外出找不到工作，就意味着坐吃山空。这个阶段对移民的心理影响是很大的，茫然的生态移民会将此刻的生活状态和搬迁前熟悉的环境相比较，从而产生较大的心理落差。宁夏的移民在搬迁过程中，所选择的地点"近水、靠城、沿路"，把移民迁移到有水源的地方，迁移到扬黄灌溉工程灌溉区，或者依托土地资源丰富的国营农场，比如红寺堡生态移民开发区，或者是插花安置在几个较大的国营农场周围，或者就近选址搬迁，因此移民的心理适应性相对较好。即便如此，整存搬迁的过程中，到了新的环境，移民也会感受到心理压力，尤其是由经济生活所引起的心理压力较大。2015 年 8 月在宁夏红寺堡区调研时，我们访谈了几户刚搬迁不到半年的移民，其中一户正在自家院子里加盖房子，前来帮忙的是同村的亲友。他们的感受是，搬出来后还没有收入却什么都要花钱，搬迁前家里生活不愁，但搬迁后这几个月生活压力是非常大的。甘肃的生态移民，特别是下山入川的生态移民，迁入地的生活环境是明显变好的，庄浪县的几个移民新村，移民对住房、生活环境的改善以及相关基础设施的满意度较高。青海三江源和新疆两地的生态移民，多是放弃了原本的游牧生活，为了生态环境的恢复必须放弃原来的传统生产方式，发生了根本的改变。由于地域广阔，搬迁地不是游牧民族所世代依赖的草原，自然生活环境没有改善反而更加偏远。

如果处理不好搬迁后 1~3 年的过渡期内移民经济收入的问题，缓解其心理压力，对后续移民工作的展开势必带来不好的负面影响。虽然过渡期的贫困是短暂的，从以往生态移民的经验来看，搬迁定居一段时间之后，移民生活会逐渐出现好转的现象，但过渡期内的贫困问题在很大程度上影响了居民的安定和团结，对定居点的后续发展以及生态移民后续工作的展开会产生不利的影响。

7.1.2　人口安置过程中缺乏有针对性的细致规划

我国的生态移民工程的推进，有些地区选择渐进式，有些地区选择突进式。西北民族地区的生态移民工程经过若干年的推进，由于生态环境恢复的迫切性以及贫困人口规模较大等问题，人口安置过程中缺乏相关人性化的规划。比如说，关于人口年龄及心理问题，多数地区的相关规划中都没有考虑该问题的重要性。

《宁夏中南部地区生态移民政策汇编》中，自治区党委、人民政府关于进一步扶持生态移民新村发展的若干意见中提出，切实提高思想认识、全面落实惠农政策以及支持移民搬迁安置，加快发展后续产业等。制定了相应的补助政策及安置办法，生态移民住房安置政策等都是以家庭户为单位。根据项目组 2014~2015 年在红寺堡区调研的情况来看，移民家庭常住人口平均为 3 人，最少为 1 人，最多为 7 人；家庭劳动力平均人数为 1.69 人，最多为 5 人。由此看来，几乎每个家庭都有劳动能力不全的老人或者儿童，每个家庭都有不同的经济状况以及不同的需求。但在以前的搬迁安置过程中，为了确保易地扶贫搬迁工程的顺利实施，以往宁夏在住房面积、组织方式和各项补助标准等问题上都采取"一刀切"的办法，推进了工作的进展，但群众会有不同的反应。在我们的调查过程中，一些人口比较多的家庭对住房的满意程度相对较低，尤其是两三代人同居一室的家庭，居住环境相对较差。由于地域经济发展水平、移民收入状况、民族生活习惯、家庭成员数量等情况的差异，移民需求表现出多样化。因此，以往按照统一模式和标准进行安置的方式已经难以满足移民多样化的需求。

7.2　后续产业发展存在滞后性，影响移民安置区经济跨越式发展

从各省区的生态移民工程发展情况来看，各地都非常重视产业扶贫的重要性，以市场为导向，以经济效益为中心，以产业发展为杠杆对移民定居点进行扶贫开发。因地制宜的依托地方优势，发展特色产业，是贫困地区面貌改善、贫困群众生活水平提高的重要举措。但是当前，在西北民族地区的生态移民工程推进过程中，后续产业的发展还存在一定的滞后性，影响着移民安置区经济的跨越式发展。

7.2.1　产业发展缺乏合理规划

各地在制定后续产业发展的相关政策时，都进行了相关的规划。宁夏"十三五"易地搬迁规划中提出，要坚持从安置区和搬迁对象实际出发，大力培育产业发展。甘肃"十三五"扶贫攻坚规划中提出，要立足贫困地区资源禀赋，以市场为导向，充分发挥农民专业合作组织、龙头企业等市场主体作用，建立健全产业到户到人的精准扶持机制，每个贫困县建成一批脱贫带动能力强的特色产业，每个贫困村形成特色拳头产品，贫困人口劳动技能得到提升，贫困户经营性、财产性收入稳定增加。青海认识到当前其产业发展偏粗偏重、链条短、附加值低，必须把握当今科技和产业变革方向，坚持走循环经济的发展路子，以创新为动力，加快推进结构调整，促进产业转型升级，全面提高质量和效益。新疆也提出紧紧围绕推动高质量发展，加大调结构、转方式力度，构建具有新疆特色的现代产业体系。

但在实际搬迁、发展过程中，各省生态移民搬迁以后，后续产业的发展会遇到各种不可预料的问题，产业的建立和发展都是困难重重。在移民搬入新的居住地后，并不是所有人都能够按需分配到维持生存所需要的土地。而

搬迁前的生计活动都已经停止，有些移民即便分配到了土地，也选择了流转或者交给种植公司集体经营，因此，农业不是大多数移民地区的主要收入渠道。从各地实际调研情况来看，西北民族地区各移民定居点产业模式的选择，基本上都是维持基本生存的产业发展模式。多数移民的文化水平比较低，加之新迁入地的资金水平相对较低，劳动力适应性相对较差，产业升级以及现代产业体系的发展在移民地区的形成就有一定的难度。而各地区在制定了产业政策后，就逐步开展对移民的培训，帮助移民进行项目转产等，并没有根据不同产业区域发展特点而实施因地制宜的发展，结果统一的规划、统一的执行，却没有看到统一的效果。比如三江源地区针对搬迁牧民提供的奶牛养殖、藏香猪圈养等项目的培训和培育，就是没有因地制宜地结合地方气候特点等进行合理的规划；引导主要以肉制品为主的牧民进行蔬菜种植，他们内心的接受程度普遍较低。因此，生态移民地区后续产业的发展，应该以地域优势、人文背景为依据，做更详尽、合理的规划。

7.2.2 产业结构单一，居民收入来源少

移民搬迁后，相关产业的发展是实现移民群众致富的重要手段，是增加移民收入、促进长远发展的重要保障，也是关系到生态移民工程稳步推进的主要支撑。由于目前移民产业仍处于低端、粗放型发展的阶段，且产业结构比较单一，导致移民产业收入的稳定性和可持续性较差。移民搬迁以前所居住的地区生产力水平低，产业形式非常单一，主要从事传统农业、畜牧业或者民族手工业等，工业、服务业的就业比重很低，就业人口的转移未能实现从第一产业向第二、三产业的传递。从课题组在各地调研的实际情况来看，目前大多数安置区都选择了适宜当地情况的产业来发展，但受技术、资金等客观因素的影响，移民区的产业结构所表现出来的特点就是以农业为主，第二、三产业发展严重滞后，即便个别地区表现出第三产业比重增长，但第三产业多以简单低效的服务业为主。新兴服务业发展滞后，比重偏低，像甘肃一些山区，现代物流业、信息服务业等几乎都不涉及，文化产业等现代服务业明显滞后，与省内其他地区相比还有非常大的差距。

　　项目组所走访的地区，宁夏的闽宁镇、隆湖区、月牙湖、红寺堡等地，甘肃的古浪县、平凉庄浪县等地，由于缺乏技术、资金，多是以单一发展小规模农业为主，第二、三产业非常滞后。宁夏的闽宁镇虽然占据了发展葡萄产业的优势，取得了一定的成绩，但目前仍然属于生产力相对落后的地区。而青海的三江源地区，新疆阿勒泰地区的哈巴河移民，布尔津县、昌吉州等地区为促进生态恢复而搬迁的居民过去大多数以传统畜牧业或者少量民族手工业为主，搬迁后多以温棚养殖、种植等为生。从各地的产业结构情况来看，第一产业比重并不是最高，但从业人员比重居高不下，这说明广大劳动力缺乏从事第二、三产业的能力，同时由于当地的第二、三产业发展相对滞后，能够提供的就业渠道相对较少，造成了搬迁移民收入来源相对比较单一。

　　生态移民工程的推进，将人口进行集中安置，这种人口的集聚为后续产业的发展创造了非常有利的条件。但目前这种优势在很多移民地区还没有得到很好的利用，各级政府部门应该考虑结合地区的优势资源，继续深入调节产业结构，充分调动移民增收致富的积极性，促进移民增产增收。只有后续产业的发展和完善，才能带动地区经济的发展，从而带动移民的就业，带动移民增收致富。

7.2.3　旅游资源不能充分发挥优势，缺乏经济效益

　　课题所考察的西北民族地区，包括宁夏、甘肃、青海和新疆，都是拥有得天独厚的旅游优势资源的地区。宁夏的大漠景观，素有塞上江南之美誉，雄浑的黄河，壮丽的贺兰山，阡陌纵横的银川平原构成了奇美的自然景观；而西夏历史、回族风情、黄河精神等又沉淀为独特的人文情怀。甘肃历史悠久，自然景观奇特，民族风情多样，是丝绸之路的黄金路段，多元历史文化，多类自然风光，多种民俗风情，使甘肃成为多彩的旅游天堂。大美青海，拥有高原特色的自然风光、历史文化和民族风情等资源优势，是"丝绸之路经济带"的前沿阵地。地处亚欧大陆中心的新疆，与 8 个国家接壤，自然景观奇异独特，有着悠久的历史文化，多元的少数民族风情，与新疆特殊的地理位置和气候条件等共同造就了独具特色的丰富的旅游资源。理论和实践都已

经证明，旅游业是发展地方经济强有力的切入点。近年来，随着西北民族地区生态移民的推进，旅游业也成为其后续产业的发展方向，如宁夏的红寺堡、闽宁镇等地，凭借贺兰山东麓发展葡萄产业的地域优势，以葡萄酒文化为主题的葡萄酒旅游业逐渐发展起来，不仅增加了当地移民的收入，提高了他们的生活水平，还解决了大量的移民就业问题。三江源地区的藏族风情吸引了大量国内外游客，以藏族风情为主题的藏家乐等休闲观光农业成为当地牧民增收的重要渠道。新疆旅游资源丰富，过去以畜牧业为主的哈萨克族移民，为了生态恢复而禁牧定居，现在以农家乐的方式，为全国各地的旅游者提供哈萨克族美食等，也成为其收入的主要来源。然而，这些都停留在小旅游的层次上，并不能够充分以地方的旅游资源优势，带动移民的致富，经济效益不能很好地体现出来。这些低层次的开发不仅没有充分带动地方经济发展，促进移民致富，而且在一定程度上还造成了对资源的浪费。

7.2.4 部分地区后续产业发展乏力

搬迁前，人们大多居住在交通、信息闭塞的地区，生产生活条件十分艰苦，生活水平基本都处于自给自足的状态。搬迁后，移民的生活一切重新开始，大多数地区缺乏启动资金和致富带头人，移民的生产和发展就显得非常迷茫。宁夏的生态移民工程在政府的引导和支持下起步较早，比如红寺堡地区，前期已经有了大部分定居居民，产业发展的前期工作已经有了很好的铺垫，而且宁夏的生态移民比较集中，后续产业如葡萄产业、设施农业等发展得就相对较好。而甘肃地区的一些"下山入川"居民，刚搬到定居点，改变了过去的生产生活方式，由于技术缺乏、学历偏低等各方面的因素影响，对农业新技术接受能力较弱，又对发展相关产业的风险估计过大，导致后续产业发展乏力，收入增长等预期目标受到影响。青海三江源地区也同样存在这样的问题，游牧民族搬迁定居后，不愿融入竞争激烈的市场经济以及技术水平等很多方面都制约了他们的就业，从而使得相关产业的培育和发展乏力，难以形成规模。

最关键的因素还有资金的匮乏，资金是制约经济发展的瓶颈，政府虽然对搬迁工程提供了很大的资金支持，各地也都积极拓宽资金的筹集渠道，但移民安置区后续产业的发展，并不是一个静态的过程，需要不断地注入资本，以形成产业的发展和集聚。要想形成一定的规模效益，所需资金就更加庞大。单单依靠政府的力量来发展致富产业远远不够，筹资渠道应该更加多元化，否则就会使得移民安置区后续产业的发展壮大难以顺利进行。

7.3 移民自身素质导致生活和就业存在困难

美国著名经济学家西奥多·舒尔茨提出的人力资本理论强调，"改进穷人福利的关键因素不是能源、空间和耕地，而是提高人口质量，提高知识水平"。生态移民因为受过去生活条件的影响，普遍文化素质较低，劳动技能单一，就业能力相对较差，使得人力资本的短缺成为影响移民增收、地区经济发展的又一重要因素。

7.3.1 思想认识高度不够，存在"等、靠、要"思想

在各地的调研中我们发现，部分移民的依赖心理比较严重，存在着严重的"等、靠、要"思想。比如在生态移民工程推进的过程中，宁夏的移民方式是整村移民，这难免存在一些移民不愿意背井离乡而搬迁的问题。加之在刚搬迁的1~3年的过渡期内，移民生活的状况难以改善，因此，一些移民把生活的压力归结于政府搬迁所致，认为政府应当对这样的结果给予经济上的支持。也有部分移民认为，搬迁最主要的原因是为了恢复生态，其自身是响应了政府的号召为了恢复生态而搬迁，就是在为国家付出、为国家做贡献，那么自己的生活问题理所应当由政府解决。这些消极的"等、靠、要"思想，不仅使得移民自身缺乏脱贫的主观能动性，还会对周边的很多人产生不良的示范效应，对于移民安置区生计的可持续发展来说是非常不利的。

同时，搬迁移民中很多妇女受到传统习俗的影响，不愿离家外出就业，

致使一些适合妇女就业的服务行业，仍然存在"企业招工难、移民就业难"的矛盾。

7.3.2　受教育程度偏低，人力资本难以形成

生态移民地区的人口多为居住在生态环境恶劣地区的农、牧民，远离城市，受各方面条件的影响，文化程度普遍偏低。而文化素质同发展能力一般呈正相关，生态移民的文化素质越高，其掌握先进生产技术的能力越强，产业的发展及升级越容易。如青海在五次人口普查中文盲率为18.03%，第六次人口普查中文盲率下降到10.23%，但在三江源地区，受经济水平和发展条件的影响，文盲率要远远高于这个水平。我们所走访的移民定居点，相似之处在于，移民年龄在40岁以上的文化程度都相对比较低，而50岁以上的文盲程度则非常高，成年女性受教育的程度低于男性。青海三江源地区的藏族移民中，部分年轻人还能用汉语交流，年龄较长的基本都只用藏语交流，成年人的文盲率非常高。在新疆我们也遇到了同样的问题，语言问题成为交流的主要障碍，移民地区的受教育水平明显低于城市。让我们感到比较欣慰的是，搬迁居民们大多都非常重视子女的教育问题，期望知识改变他们的命运。因此，移民子女们受教育的程度要好于父辈，移民们认为，现在子女上学读书的条件比搬迁之前方便多了。移民个人综合素质的高低，是影响其度过贫困过渡期的关键因素。文化素质差是制约移民地区人力资本形成的重要因素，而人力资本是制约地区产业发展的重要因素。

7.3.3　技术培训效果有待提高

西北民族地区的生态移民工程使得农村、牧区的劳动力为了生计而大量涌入城市，但当地的城镇规模相对较小，城镇经济发展质量与管理水平低，这导致能够提供的就业机会少，从而出现了移民就业难的问题。为了帮助移民就业，促进移民增收从而提高生活水平，多数地区在移民搬迁后都会选择对生态移民进行相关的职业技能培训。通过技术培训，一方面可以增强移民

就业、致富的能力，另一方面可以为社会提供大量的人力资源。在和移民进行的问卷调研及访谈中，谈及生态移民后政府投入资金所进行的技术培训，涉及的种类有很多，驾驶、种植、计算机、缝纫、养殖等。理论上通常认为，政府的技术培训是帮助移民就业以及促进移民定居点后续产业发展的关键做法，也是增加移民收入的重要方式。然而情况和我们想的不太一样，一些地方培训的效果并不明显，此项投资的效益有待提升。虽然政府在针对移民的技术培训方面投入了较大人力、物力、财力等，但针对移民的培训和社会的实际需要以及移民的实际需要之间还存在一定的差距。三江源地区的藏族牧民，搬迁后就业成为其个人生活状况的重要因素。虽然当地政府组织开展了一些驾驶、理发等就业技能，但由于培训的时间短，移民难以学以致用。而且针对移民的培训，多数都是在移民搬迁的初期，而且很多地方的培训扎堆进行，培训效果和质量难以保证。随着生态移民安置房建设任务的完成和计划搬迁移民的到位，传统建筑用工岗位的减少与就业人数增加的矛盾更加突出，而一些其他用工岗位，移民群众又缺乏相应的劳动技能，难以实现就业。

从生态移民的角度来说，搬迁前从事单一的农、牧业生产，再由于本身的文化素质较低，接受能力相对较差，因此对于技术培训参与的积极性并不高。搬迁后，传统的农业、畜牧业向现代农牧业发展，移民需要先进的现代养殖、种植技术，以及在城市生活所必需的一些职业技能。在宁夏的西夏区、金凤区调研时，部分移民表示，刚搬迁的时候政府举办的培训比较多，基本上是当做完成任务去接受培训，难度大的听不懂，而有些却用不上。在青海调研时，政府相关部门针对移民举办的石雕刻等，移民感到实际用处不大，积极性不高。同时部分地区移民依赖思想严重，缺乏自我发展意识，存在着严重的"等、靠、要"思想，所以对培训、就业等问题根本没有产生重视。一些移民缺乏长远的眼光，只看到眼前，不愿意投入，一些深层次的培训如果需要投资费或者没有补贴等，就不愿意参加。从管理者的角度看，培训的规模、覆盖面、层次等问题，以及移民群众的切实需要都是要考虑的问题。到定居点举办一些小型的、相对简单的培训，参与的人数会比较多，但短期、层次低不能满足一些移民相对高层次的需求；周期太长、难度太大的话能够坚持学习和接受的人又很少。关于培训内容的问题，做到真正满足移民的需求是有很大难度的，有些填鸭式的培训对本就文化素质不高的移民来说，效果比较牵强。

7.3.4　大龄打工者就业能力低

移民搬迁到定居点后，生活水平有了很大的改善，但生活环境的改变和消费环境的改变等都使得居民消费日益增高。放弃了原本的农牧生活，或者土地流转出去以后，一些大龄打工者，尤其是 45 岁以上移民的就业问题就摆在了眼前，赋闲在家，花销较大；而外出打工，这个年龄缺乏技术等条件，体力也比不上年轻人，就业的难度比较大。加之 45 岁以上的移民基本上受教育水平都非常有限，而现有的很多培训都是针对 45 岁以下展开的，而且企业录用，年龄也是其必须考虑的一个因素。对于这个年龄段的移民来说，他们的内心也是非常复杂的，他们自认为有劳动能力，曾经都是家里的主要支柱，但却难以找到工作，他们期望通过劳动得到收入的同时得到社会的认可。但现实情况是，没有土地，没有牛羊的话，就只能赋闲在家。从他们的出路考虑，一些搬迁移民家底薄，有的甚至还有债务，从事家庭经营缺少资金；从事经营行业，要具备一定的经济头脑和知识，多数人不具备条件；如果仅在本地开展经营活动，容易受到市场饱和人口数量的限制，预期收益不高。

7.4　贫困问题仍然是困扰生态移民的重要问题

贫困是指温饱问题还没有彻底解决，人均国内生产总值低于贫困线和文化、教育、卫生等人的基本生存条件的缺乏。西北地区是贫困人口相对集中的地区，不仅表现在物质方面，还表现在精神方面。贫困会产生代际的传递，会因为生计资本的匮乏而陷入恶性循环。虽然经过多年的扶贫工作，西北民族地区的贫困现象已经得到了很好的缓解，但地区之间还存在着非常大的差距，农村的实际贫困仍然比较严重。

7.4.1 贫困及返贫现象严重影响生态移民的可持续发展

生态移民工程是缓解贫困、推进精准扶贫的重要手段，随着易地扶贫搬迁工程的实施和推进，贫困群众的数量不断下降，移民生活水平不断好转，移民的生产、生活条件得到了较好的改善，增收渠道不断拓宽，脱贫致富的愿望正在慢慢实现。但是，在实地调研的过程中我们看到，搬迁的生态移民中贫困问题还是比较尖锐的，尤其是青海、甘肃等易地搬迁后由于生计资本的缺乏而出现的贫困，以及搬迁后的返贫问题。另外，未搬迁居民的贫困问题也亟须解决。最关键的是，西北地区剩余贫困人口的脱贫问题，都是多轮扶贫没有啃下来的"硬骨头"，因此扶贫的任务更加艰巨了。

由于自然、历史等多方面因素的制约，宁夏中南部地区的经济、社会发展严重滞后，产业层次低，工业基础差，是全国 14 个集中连片特困地区中贫困面最大、贫困程度最深、解决难度最大的地区之一。中南部地区 9 县区人均 GDP 仅占全区平均水平的 36.8%，财政自给率仅 10.6%；农民人均纯收入仅为全区平均水平的 70%。截至 2015 年底，宁夏的贫困人口还有建档立卡贫困人口 58.12 万人，贫困发生率为 14.5%，其中，中南部地区 9 个扶贫开发工作重点县有建档立卡贫困人口 49.38 万人，占全区贫困人口的 85%。海源、同心、隆德、西吉等地，目前基本上是宁夏最贫困的地县，而由于恶劣的生态环境，土地贫瘠，就地脱贫的难度很大，居民有强烈的搬迁意愿。宁夏计划"十三五"期间搬迁安置生态移民 20549 户 82060 人，其中建档立卡贫困人口 19980 户 80004 人。

甘肃的贫困问题在西北地区属于相对比较突出的。武威加快推进易地扶贫搬迁工程，2016 年完成新建（购置）住房 7929 套，搬迁入住 5096 户 20431 人；2017 年完成新建住宅 3970 套，搬迁入住 818 户 3268 人。2018 年，武威共落实易地扶贫搬迁任务 3123 户 10965 人，其中建档立卡贫困户 421 户 1760 人，同步搬迁非建档立卡户 2702 户 9205 人。经济发展滞后的古浪县易地扶贫搬迁任务为 2917 户 10081 人，其中建档立卡贫困户 215 户 876 人，同步搬迁非建档立卡户 2702 户 9205 人；天祝县 206 户 884 人全部为建档立卡贫困户。2015 年以来，平凉通过牛产业、果产业及劳务产业"三大产业"实现脱贫 4.63 万户 19.74 万人。平凉高度重视"一户一策"精准脱贫计划的落实，2018 年聚力推进落实精准脱贫计划户数 5.1 万户 18.82 万人，其中制定精准脱贫计划 4.7 万户 17.23 万人，巩固提升帮扶计划 3805 户 1.59 万人。

青海目前还有 15 个深度贫困县、129 个深度贫困乡镇、24.6 万贫困人口，其中深度贫困地区有 17.5 万贫困人口，因病致贫返贫 19393 人，占全省因病致贫返贫总数的 51.10%。已搬迁的三江源生态移民，也还存在着贫困现象及返贫现象，扶贫任务艰巨而又紧迫。

新疆在"十二五"期间，172.67 万农村建档立卡贫困人口摆脱了贫困，估计到"十三五"结束之前，还有 122 万人要实现脱贫，其中 92% 的贫困人口分布在新疆南部的喀什地区、和田地区、克孜勒苏柯尔克孜自治州和阿克苏地区。南疆四地州是国家确定的深度贫困地区，生存环境恶劣，致贫原因复杂，基础设施和公共服务缺口大，部分县乡的贫困发生率超过 30%。

然而西北民族地区的生态环境恶劣，水资源匮乏、基础设施落后，以及贫困地区人力资本匮乏等一系列问题，使脱贫攻坚的难度加大，贫困的治理任务还相当艰巨。

7.4.2　发展不平衡及较大的收入差距不利于移民社区的和谐发展

西部地区资源分布的不均衡，自然资源禀赋的差异导致了区域发展的不平衡。西北民族地区，由于受地理环境的制约，水土资源匮乏，严重影响到当地农牧业的发展，难以形成规模；交通不畅，与外界的交流相对较少，因而思想观念比较保守、陈旧，不愿接受新思想新观念，竞争意识较弱；教育水平落后以及经济发展水平低，导致人力资本短缺。因此我们可以看到，西北民族地区的经济、社会发展水平整体低于其他地区。生态移民工程在一定程度上缓解了这里的贫困问题，但是，贫困问题依然严峻，维护社会和谐稳定任务繁重，缩小与全国发展差距仍然任重道远①。

比如宁夏的红寺堡开发区，移民后居民收入及地区 GDP 水平都有大幅上升，但其收入水平在宁夏的几个区县中是最低的，而且差距相对较大，与全国水平相比也存在一定的差距。甘肃、青海以及新疆的移民安置区，也都存在这样的问题，需要通过经济的发展，来缩小与其他地区之间的收入差距。

表 7.1 是 2016 年我国各地区农村居民人均收支及排序情况表，充分表现出西北民族地区的农村居民与全国其他地区相比较的状况，西北地区和我国的东部地区存在着非常大的收入分配差距。可以看出，西北地区农村居民的人均可支配收入在全国的排名情况比较靠后，其中，甘肃排在全国的最后一位，而且收入数量非常低，仅有 7457 元。而且，西北地区的几个省份的农村人均可支配收入的数量都比较少。农村居民人均可支配收入最高的是上海，其数量为 25520 元，且排名前四位的几个城市，农村居民人均可支配收入都超过了 2 万元。从农村居民人均消费性支出的情况来看，支出数量最大、排名前三位的还是浙江、北京和上海。西北地区的几个省份在农村居民人均消费性支出方面的排名在 19~29。这说明西北民族地区农村居民的低收入水平决定了他们的低消费。

表 7.1　2016 年全国各地区农村居民人均收支及排序

地区	人均可支配收入				人均消费性支出			
	数量（元）	位次	增长率（%）	位次	数量（元）	位次	增长率（%）	位次
全国	12363		8.2		10130		9.8	
北京	22310	3	8.5	15	17329	2	9.6	13
天津	20076	4	8.6	12	15912	4	8	23
河北	11919	14	7.9	23	9798	15	8.6	19
山西	10082	24	6.6	30	8029	27	8.2	22
内蒙古	11609	19	7.7	25	11463	8	7.8	26
辽宁	12881	9	6.8	29	9953	14	12.2	4

---

① 国务院关于印发"十三五"促进民族地区和人口较少民族发展规划的通知（国发〔2016〕79 号）[EB/OL]. http://www.gov.cn/zhengce/content/2017-01-24/content_5162950.htm.

续表

地区	人均可支配收入				人均消费性支出			
	数量（元）	位次	增长率（%）	位次	数量（元）	位次	增长率（%）	位次
吉林	12123	12	7	28	9521	16	8.4	21
黑龙江	11832	16	6.6	31	9424	18	12.3	3
上海	25520	1	10	2	17071	3	5.7	31
江苏	17606	5	8.3	17	14428	5	12	5
浙江	22866	2	8.2	18	17359	1	7.8	25
安徽	11720	17	8.3	16	10287	11	14.6	1
福建	14999	6	8.7	11	12911	6	7.9	24
江西	12138	11	9	10	9128	21	7.6	28
山东	13954	8	7.9	22	9519	17	8.8	15
河南	11697	18	7.8	24	8587	23	8.9	14
湖北	12725	10	7.4	27	10938	9	11.6	7
湖南	11930	13	8.5	14	10630	10	9.7	11
广东	14512	7	8.6	13	12415	7	11.8	6
广西	10359	22	9.4	6	8351	25	10.1	10
海南	11843	15	9.1	9	8921	22	8.7	17
重庆	11549	20	9.9	3	9954	13	11.4	8
四川	11203	21	9.3	7	10192	12	10.2	9
贵州	8090	30	9.5	4	7533	28	13.4	2
云南	9020	28	9.4	5	7331	30	7.3	30
西藏	9094	27	10.3	1	6070	31	8.8	16
陕西	9396	26	8.1	19	8568	24	8.4	20
甘肃	7457	31	7.5	26	7487	29	9.6	12
青海	8664	29	9.2	8	9222	19	7.7	27
宁夏	9852	25	8	21	9138	20	8.6	18
新疆	10183	23	8	20	8277	26	7.5	29

注：本表增速为名义增速，数据出自中国统计年鉴。

从既有的研究情况看，西北民族地区的生态移民工程，使得迁居群众的生活水平逐渐好转，但他们与城市居民的收入差距相对较大。同时，迁居居民之间由于生计资本的不同，而出现一定的收入差距。众所周知，收入差距在一定的范围内存在，可以刺激人们的竞争意识，而较大的收入差距会影响安定团结，进而影响社会的和谐发展。比如，宁夏红寺堡调研中遇到的收入差距的表现，搬迁后有年收入 8 万元的，也有年收入不足 1 万元的移民。三江源地区的移民，课题组访谈的一户牧民，搬迁前拥有草场面积很大，牛羊群的放牧规模也很大，搬迁后利用牛羊换来的资金，做起了生意，收入依然稳定可观。但相比之下，也有很多移民搬迁后很难找到工作，仅仅依靠政府的相关补助度日。群众间逐渐增大的收入差距会影响到当地的和谐发展。

7.4.3 客观条件限制整体脱贫，稳固脱贫难度大

由于移民安置区的建设用地、灌溉设施、土地质量、项目资金等因素的限制，部分有利于乡域经济发展、有利于带动群众增收的项目还无法实现落地，现有产业难以扩大规模，产业扶贫还处于缓慢发展状态。通过对移民安置区的调查研究，经过政府扶持和企业自身努力，一些在生态移民安置区域布局落地的龙头企业已逐步产生带动效应，但受市场经济影响，现有企业支持扶贫工作的力量是有限的，已形成规模的企业用工数量远小于需要脱贫的人数，暂时还不能在精准脱贫中发挥关键作用。

同时，由于部分移民安置地区自然资源条件差，脱贫成本较高，部分贫困户虽然在短时间内实现了脱贫，但由于其目前发展的根基还不牢固，极易再次返贫，巩固脱贫成果的难度比较大。

7.5 生态环境问题依然严峻

2015 年，全国 2591 个县域中，生态环境质量为"优""良""一般""较差"和"差"的县域分别有 548 个、1057 个、702 个、267 个和 17 个。"优"和"良"的县域占国土面积的 44.9%，主要分布在秦岭淮河以南、东北大小

兴安岭和长白山地区；"一般"的县域占 22.2%，主要分布在华北平原、东北平原中西部、内蒙古中部、青藏高原中部和新疆北部等地区；"较差"和"差"的县域占 32.9%，主要分布在内蒙古西部、甘肃西北部、青藏高原北部和新疆大部。

整个西部地区的生态环境质量相对较差，项目所研究的西北民族地区，生态环境的恶劣程度更甚。新疆大部分地区仍属于生态环境质量较差地区，甘肃西北部生态环境差。生态环境最差的地区，基本上都分布在内蒙古、甘肃和青海。因此，西北地区的生态环境问题还应当得到进一步的重视。

从宁夏的情况来看，2013~2015 年，宁夏分配各地市及宁东地区黄河水量总计约 140 亿立方米，但生态用水仅占 2.75%，且表现出逐年下降的趋势。2015 年，宁夏本级财政用于大气和水污染防治的资金分别较上年同期减少58.4% 和 40.6%。2013 年以来，宁夏 9 个国家级自然保护区中，6 个存在新建或续建开发活动点位 149 处，其中 106 处为新建点位。贺兰山国家级自然保护区 86 家采矿企业中，81 家为露天开采，破坏地表植被，矿坑没有回填，未对渣堆等实施生态恢复。神华宁煤汝箕沟煤矿 2 个采区侵占保护区核心区和缓冲区面积 108 公顷，且切断生态保护区生物廊道，弃土弃渣沿山随意堆放，破坏林地 347 公顷。秀江工贸菜园沟煤矿占用保护区核心区、缓冲区面积 166.3 公顷，且露天开采破坏自然环境。青年曼汽车有限公司以生态治理之名行资源开采之实，生态破坏问题突出。[①]

近些年，新疆的生态环境得到了恢复和发展，但仍然存在比较多的问题。如环境基础脆弱，植物种类稀少，覆盖度低，类型结构简单；土壤很易盐化，造成土壤品质肥力下降；环境自净能力下降；"三废"排放总量不断增加，这些成为制约生态建设和环境保护的不利因素。加之为了促进新疆的经济发展，新疆先后出台了一系列优厚的招商引资条件，不少内地企业纷纷入驻新疆，这样或多或少地给新疆带了环境污染的相关问题。新疆虽然已经先后制定了多部地方性法规和单行条例，政府规范性文件、政府规章等，形成了比较系统的地方性环境保护法规体系，但立法上仍然还是重视环境污染防治而轻视

---

① 中华人民共和国生态环境部. 中央第八环境保护督察组向宁夏回族自治区反馈督察情况［Z］. 2016.

对环境资源的有效保护等问题。在环境行政执法上存在执法难、执法准入机制不严、环境保护执法队伍薄弱，以及资金投入不足、执法手段与技术欠缺等问题。在环境监督检查上存在有些执法监督检查人员素质不高、环境执法监督检查人员紧缺、缺乏必要工具设备等问题。

西北地区的生态环境问题，除了原本就脆弱的生态基础外，像甘肃祁连山保护区以及青海的三江源地区还存在着违法违规开发矿产资源等问题，长期大规模的探矿、采矿活动，造成了保护区局部植被破坏、水土流失、地表塌陷的严重问题，使得本就恶劣的生态环境千疮百孔。还有部分企业为了节省开支，环保投入严重不足，不愿意投入资金装配相关的污染治理设施，偷排偷放的现象屡禁不止，直接排放废气，造成大气污染，还有的将污泥、废水等污染物直接倾倒入河道，造成了水环境严重污染的现象。

生态环境的保护，是人类社会可持续发展的重要内容。人类生活在自然环境中，自然环境是人类生存的基本条件，是发展生产、繁荣经济的物质保障。保护生态环境，维护生态平衡，是关系到人类生存、社会发展的根本性问题。通过提升环保的政策力度，预防环境质量恶化，控制环境污染，是促进人类与环境协调发展、提高人类生活质量、保护人类健康以及造福子孙后代的重要举措。

8 关于促进西北民族地区生态移民可持续发展的对策建议

关于西北民族地区生态移民工程推进的对策建议，以及生态移民生计可持续发展的建议，很多学者都提出了自己的相关看法。笔者基于对西北民族地区的调研，认为西北民族地区地处偏远，在经济情况、社会发展等方面都和我国的中东部地区存在较大的差距，生态环境现状堪忧，其发展是一个循序渐进的过程。因此，本书从关注移民心理，帮助移民自我发展谈起，提出促进移民地区"搬得出、稳得住、能致富"的对策建议，由于视角及学术能力有限，提出的见解难免粗浅。希望能够对西北民族地区生态移民工程的推进，以及精准扶贫工作的推进，贡献自己的力量。

8.1 关注移民心理，帮助移民自我发展

8.1.1 完善保障机制，缩短贫困过渡期

在生态移民工程推进的过程中，造成移民过渡期贫困的原因是多方面的，有的是贫困的平移现象，即移民在搬迁前就因为缺乏资本而缺乏发展；有的是因为搬迁成本的支出而加深的贫困；有的移民是搬迁后收入少支出大从而出现的贫困。针对生态移民过渡期贫困问题，应从贫困的根源想办法解决这些问题。

首先，政府在居民搬迁前，应当先对待搬迁居民做详细的摸底调查，建立健全相关保障机制，对一些特殊家庭提供相关的帮助和资金支持，对一些经济条件困难但尚有发展潜力的家庭给予低息或免息资金的支持。政府作为生态移民工程的重要管理者和治理责任的承担者，应尽可能地保障移民的相关基本权利。政府应为移民提供必要的生产和生活资料，帮助转变他们的生产方式和生活方式，保障其平稳过渡。还可以选择将生态移民的就业培训，在搬迁前就做相应的考虑，对适龄的劳动力进行相关技能的集中培训。相关部门起到劳务中介的作用，在对移民进行培训后，架起企业和移民之间的桥梁，帮助生态移民尽快就业，以缓解搬迁后移民没有收入的压力。

其次，最关键的问题是帮助移民树立信心，增强其自我发展的能力。比如，对移民进行温棚养殖的培训，通过技术的受训和学习，增强其自我解贫的能力。给待搬迁移民多宣传搬迁移民劳动致富的先进实例，帮助他们建立努力的信心。由于缺乏生计资本，移民的自我发展缺乏基本的能力，可以考虑在扶贫开发的过程中，培育移民信贷资金的获取能力，帮助他们拥有发展的资金。通过增强基层组织的功能，对移民进行引导和帮助，或者通过吸引外界的关心和支持，帮助移民度过过渡期。

8.1.2 合理移民规划，要考虑重视移民的年龄、心理等差别

生态移民是一种迫于生态环境的恶化而产生的移民身份，人们必须舍弃故土，去适应陌生的生活和生产环境。要融入新的人文环境，他们需要克服很多心理上的困难。背井离乡，或者是永离家园，对很多生态移民来说都是需要较长的时间才能建立起心理上的归属感，所以移民本身对人们来说其实是一种痛苦的选择。对于农民接受起来还相对容易，尤其对于世代以游牧为生，将草原视作生活中重要部分的牧民来说搬迁尤为痛苦。所以，在移民安置区条件允许的情况下，合理进行移民规划，在选择和合理安排移民时，不仅要考虑当地不同的自然资源状况和社会经济发展水平，还应当将移民之间各种实际差异因素考虑进去，比如年龄、文化水平、心理适应性等因素。通

过宣传、鼓励、引导式的方式帮助移民从心理上接受搬迁，这对移民后期的自我发展会起到比较好的作用。比如，新疆阿克苏地区的柯坪县向新村人口迁移时，先考虑高中以上文化程度的年轻人，其文化水平高容易接受新鲜事物，创业热情也高，因此人口搬迁的效益得以提高。

8.2 以产业发展促进增收，实现"能致富"

生态移民工程必须和扶贫攻坚结合起来，不仅是保护生态环境的需要，也是扶贫攻坚本身的需要，既要考虑移民搬迁后的生产问题，也要考虑到后续产业的长期发展问题。因此，各省区在进行生态移民产业规划时，要考虑生态移民后期致富的问题。通过产业的发展，帮助生态移民转变身份，从农牧业身份转移到其他产业，促进产业结构的升级从而实现脱贫致富，真正改善移民的生产方式，使他们可以摆脱"贫困的代际传递"。

8.2.1 依据地域特点，合理规划后续产业

新形成的生态移民地区情况比较特殊，搬迁移民经济状况相对落后，移民技术水平缺乏，学历水平较低，家庭人口数较多，搬迁后生活负担相对较重。因此，其后续产业的发展，作为帮助移民提高收入水平，移民地区脱贫致富的关键因素，其选择具有重要的意义。生态移民发展任何一个后续产业，都需结合当地实情，不能一概而论。必须要针对地区地域特点、资源特点、民族文化特点、气候特点、受众特点等，合理地进行产业规划，将产业发展的产、供、销环节都纳入思考，让产业发展能够盈利，并且真正发展下去。从西北民族地区的具体情况来看，移民安置点人口结构主要以农业为主，而且优势产业多以第一产业为主。虽然第三产业的发达程度是衡量地区经济发展水平的重要因素，但移民安置区还要依靠区域优势，走适宜地区经济发展的产业道路。

宁夏各地积极创新产业发展机制,按照"企业+基地+农户"模式,通过土地流转经营,积极探索企业发展和移民增收"双赢"途径。比如红寺堡地区坚持因地制宜、各具特色的思路,制定了产业发展规划,在特色优势产业培育上,确定了红枣、马铃薯、葡萄、肉牛养殖等主导产业,采取托管经营方式,发展奶牛、肉牛等特色养殖业。在当前的发展中,仍要继续坚持大力发展特色产业,增强产业竞争力,全面构筑跨越式发展的产业支撑。宁夏要以发展现代农业为重点,着力推进农业产业化,发展高效节水农业,带动全区农业结构调整,最终达到节水、高效的目标。在农业发展的规划问题上,要以科学技术提升农业,以物质技术装备农业,以现代生产方式经营农业,实现特色优势产业上规模,龙头企业大发展。

甘肃的生态移民也是以农牧业为主,移民后发展设施农牧业,因此,在产业规划的问题上,要以发展现代高效设施农业为主,重视发展农副产品加工业和服务业。甘肃的生态移民地区存在着人多地少的矛盾,而且产业化程度低,单依靠土地发展农业,难以实现脱贫致富。所以在后续产业规划的问题上,应当发展优质、高产、高效的农牧业,以增加农牧民的收入,帮助他们"稳得住、能致富"。同时,要做好移民定居地区产业的发展规划,加快发展特色农产品加工等产业,延长产业链条,提升农业的效益。

根据实际调研的结果以及对官方数据的分析,三江源地区经济发展过程中,对经济增长贡献最大的是第一产业。针对搬迁牧民的基本情况,以及当前广大消费者对于生态食品的偏好,可以在政府的支持下继续选择草原生态畜牧业基地项目、草原生态种植业基地项目,如优良饲草料基地、良种繁育畜种基地,青稞生产基地,中藏药基地,油料生产基地等。还可以发展增加牧民收入的牧区庭院生态经济,以养殖业,菜篮子工程、花卉项目,豆制品、奶业及饲料加工业等为主的项目。随着青海旅游业的发展,精美、特别的富有藏族文化特点的饰品、工艺品越来越受到观光游客的喜爱。可以根据地区特点,组织闲散劳动力进行培训,发展藏族饰品、服饰、工艺品等的生产和加工。

新疆牧民搬迁前,由于牲畜超载,导致草场大面积退化,生态环境不断恶化。随着国家的禁牧政策及易地扶贫搬迁工作的展开,定居下来的牧民生产方式发生了变化，牲畜养殖方式也改为圈养舍饲。地方在进行产业规划时，要考虑传统畜牧业向现代畜牧业的转型过程中，效率与收益之间的问题。要对畜群结构和品种进行优化，以实现舍饲圈养效率与人工草场可持续发展的良性互动。在新疆的一些移民安置点发展种植业的，要注重发展特色农业和保护资源环境的关系，提高综合生产能力，实现特色经济的可持续发展。一定要坚持以市场为导向，突出地域特色，选择具有地方优势且市场前景广阔的农产品进行生产。

通过引进企业经营管理模式来发展移民地区的相关产业，以企业托管经营等方式代替小农经营模式，通过农牧业企业化的经营方式的改革，降低移民的投资风险，提高产业效益，增加移民的收入。帮助生态移民走绿色农业、绿色畜牧产品的发展道路，以高附加值产品的生产取代传统、低效的产业。

8.2.2　完善和优化产业结构，增加移民收入

生态移民要实现"搬得出、稳得住、能致富"，后续产业的发展是提高移民收入的主要手段。因此，要根据各地移民的不同特点，探索和选择移民村的发展模式、产业发展方向以及产业结构的优化和完善。将移民地区的经济发展思路融入迁入区域的整体格局，以带动移民定居点经济的发展。

葡萄产业现在已经成为西部地区的重点支柱产业之一，对经济的转型至关重要，西部地区拥有贺兰山、河西走廊、新疆等优质的原料产区。宁夏的贺兰山东麓，具备发展葡萄酒产业的天然优势，目前在市场占有率以及经济效益方面都已经取得了较好的发展。甘肃作为中国葡萄优质产区之一，集中了莫高、皇台、祁连等数家上规模的生产企业，甘肃的葡萄产区还是国内少有的无污染生态区，少病虫危害，日照充足，利于香气和果实中营养成分的积累。新疆是全国公认的最早种植葡萄、酿造葡萄酒的地区，与法国的波尔多、美国的加利福尼亚一同被誉为"世界三大黄金葡萄产区"。葡萄产业是新疆最具有区域优势的特色产业之一，葡萄酿酒产业是新疆葡萄产业中最具发展优势和发展前景的重要组成部分。当前，葡萄产业不仅是甘肃、宁夏等地的重要增收项目，也是生态移民工程后续产业发展的重要出路，是促进移民

增收的重要途径。长期以来，西部地区的经济发展主要依靠煤炭、电力、冶金、石化等高资源需求、高能源消耗行业，而当前煤炭经济的严峻形势以及渐增的环保压力，西部地区的经济发展亟待经济转型。生态移民地区具有劳动力充足以及发展种植业的技术优势，葡萄产业所涉及的葡萄种植、葡萄酒酿造、葡萄酒销售、葡萄酒文化旅游等各个环节，对劳动力的需求是非常大的。葡萄产业各环节的良性互动不仅能提升 GDP 总量，还具有产业链长、附加值高、带动力强等特点，将极大地推动第一、二、三产业的融合发展。尤其在生态移民定居区，对农民就业、增收，以及推动地区经济发展都具有非常重要的意义。发展葡萄酒庄旅游业又是一项增收、提供就业岗位的绿色产业。如西部地区当前重点打造贺兰山东麓葡萄健康休闲旅游项目，以葡萄旅游小镇建设为主体推动特色旅游发展，据估算，2020 年宁夏葡萄产业能带动10 万人就业，将持续解决大量农民及生态移民的就业问题。

因此，应当考虑如何延长葡萄产业的产业链，以促进西北民族地区产业结构升级，促进生态、经济、社会的共同发展；加强产品的附加值和深加工层次，使经济效益得到提高，促进各种相关产业的共同发展和提高。西北民族地区葡萄产区应积极建立完善的产业链，政府可以通过各种优惠政策吸引包装、酒瓶、橡木塞等加工厂的入驻，吸引各类葡萄酒经销商、设备商、包装商等的合作。同时，引进葡萄酒副产物深加工企业，葡萄酒厂每年都有数万吨的边角料遭到废弃，这对资源造成极大的浪费。所以通过引进葡萄酒副产品深加工厂使这些边脚料变废为宝，使得其经济效益大大提高。①

8.2.3　借助"一带一路"背景，推进全域旅游

由"丝绸之路经济带"和"21 世纪海上丝绸之路"组成的"一带一路"中国丝绸之路区域发展倡议（以下简称"一带一路"），对世界贸易经济发展影响重大。其主要特征是"走出去"实现国际间区域经济贸易合作，从而实

---

① 纳慧. 特色产业、文化与旅游的耦合——以西部地区葡萄酒产业为例 [J]. 商业经济研究，2016（10）.

现中国的各个领域全面对外开放①。与此同时，"一带一路"倡议会带给其沿线国家巨大的发展机遇，特别是对旅游业具有极大促进作用②。本书所研究的西北民族地区，都是"一带一路"的重要组成部分，新疆被定位为"丝绸之路经济带核心区"，甘肃、宁夏、青海三地的定位是形成面向中亚、南亚、西亚国家的通道、商贸物流枢纽、重要产业和人文交流基地。"一带一路"为西北民族地区旅游业的发展带来了挑战，也提供了很多机遇。

西北民族地区旅游业的发展，对移民地区促进就业、增加农牧民收入可以起到非常好的作用。西北民族地区的旅游业虽然起步较晚，基础薄弱，但近年来发展较快，经济效益明显上升。宁夏、新疆、甘肃和青海都具有发展旅游业得天独厚的自然资源优势、人文景观优势以及区位优势等。而且，民族地区的旅游相比较之下，更加原生态，具有民族风情，能够吸引国内外的观光游客。但西北民族地区多地处偏远，交通运输能力相对较差，基础设施水平发展滞后，是影响和阻碍民族地区全域旅游发展的重要因素。

旅游规划是做好全域旅游工作推进的基础和前提，民族地区要想发展旅游业，必须要制定出切合民族地方实际、发挥民族地区旅游资源优势、彰显民族文化特色，具有前瞻性、延续性和稳定性的旅游规划。然而，新疆、青海、甘肃、宁夏都存在着旅游景观多且分散的现象，尤其除宁夏外的其他几个省区，地域辽阔。各省份之间可以通过相互合作，形成西部地区乃至丝绸之路沿线地区大旅游的格局，以实现民族地区以及丝绸之路沿线地区的大发展。

另外，通过旅游业的发展促进移民地区的经济发展和农牧民增收，休闲观光农业是一条很好的出路。休闲观光农业是把休闲观光旅游与农业结合在一起的旅游活动，是旅游业与农业之间交叉性的新兴产业，是现代农业的组成部分。休闲观光农业可以解决农业发展的部分问题，提供大量的就业机会，为农村剩余劳动力解决就业问题，带动农村教育、卫生、交通的发展，改变农村面貌，为解决"三农问题"提供新的思路。当前，西北民族地区各省区政府越来越重视休闲观光农业的发展，通过增加对休闲观光农业的投入，为

---

① 刘卫东. "一带一路"倡议的科学内涵与科学问题 [J]. 地理科学进展，2015，34（5）.

② 樊杰. "一带一路"战略对我国发展格局的影响及内陆对外通道体系建设策略 [EB/OL]. http：//www. planning.org.cn/report/view? id=62.

满足城乡居民日益增长的休闲观光需求、提升农业效益、增加农民收入、推动城乡良性互动和一体化发展发挥着越来越大的作用。移民地区休闲观光农业的发展，可以拓宽农业功能，依托休闲观光农业的发展，餐饮、交通、住宿、娱乐、购物等行业的迅速发展可以带动当地经济增长。

增加农业投入。随着休闲观光农业不断发展壮大，许多私营个体户也开始不断投入资金，不仅促进农业的发展，而且和休闲农业相融合的相应领域也受益良多。

促进就业增收。近几年休闲观光农业兴起，就业人员不断增加，带动了餐饮、住宿、娱乐、旅游业等众多服务行业，从而为剩余劳动力提供了就业场所，增加了休闲观光农业经济收入。

"互联网+"背景下，西北民族地区精准扶贫的推进，需要以全域旅游的新理念为指导，研究如何加快少数民族地区将旅游扶贫规划纳入全域旅游，全域旅游助力精准扶贫，让景区带动辐射贫困地区发展。因此，民族地区休闲观光农业的发展，要注重投入，不断完善基础设施；要注重宣传，不断地加大宣传力度，吸引来自国内外更多的游客，以旅游业带动农业的发展，促进生态移民增收，促进产业结构的升级。

8.2.4 政府助力产业发展，增加农牧民收入

导致移民安置地区后续产业乏力的因素有很多，比如政府投入的不足，后续产业发展中资金的短缺，生态移民缺乏自我发展的能力等。作为政府，应抓好产业发展的各项配套设施，解决好生态移民的长远生计，对产业发展专项资金要统筹安排，综合治理，提高资金使用效益和生态移民的经济效率。

当地政府应想办法鼓励移民地区发展"政府+公司+合作社+农户"等新型养殖模式，形成能够最大限度保护农牧民利益的"利益共享、风险共担"的机制，以减轻农民的心理负担。在劳务输出方面，借助劳务经纪人、劳务中介机构等第三方渠道的作用，促进移民劳动力输出，稳定生态移民的务工收入。

后续产业的发展过程中，政府应引导移民地区发展第三产业，引导生态移民开展商贸物流、休闲观光农业旅游、餐饮、中介以及社会服务等行业，

在收入提升的同时，帮助移民尽快融入城镇生活。政府还应引导金融机构加大对移民地区的大型企业、农业合作社等机构提供促进他们发展的帮扶性贷款。资金短缺是影响移民地区后续产业发展的主要原因，通过信贷资金的支持，推动移民区产业发展。

8.3 提高移民素质，以自我发展能力的提高促进"能致富"

8.3.1 帮助移民建立自我发展的自觉性和主动性

首先，要引导移民转变观念，因为移民思想观念的转变，直接影响和决定移民增收致富以及移民地区经济发展。加强宣传教育工作力度，宣传各移民定居点的脱贫成效、实践经验和先进典型，通过政府引导、责任帮扶等方式，通过对已经致富的移民事迹的宣传，在移民村形成自我主动发展的风气。改变贫困移民"等、靠、要"的思想，树立自力更生、自我发展观念，充分发挥个人的主观能动性，通过勤学技术、踏实肯干，拓宽致富门路，着力营造坚决打赢脱贫攻坚战的舆论氛围。

其次，政府给予移民的相关补助。一是补偿其基本生活成本；二是补偿其放弃草地牧场等的损失。但移民不同程度地依赖政府补助，会影响移民的社会适应性，适应环境的主观能动性也会相应降低。因此，政府应在解决了移民过渡期的困难之后，逐步取消一些特殊的扶持政策，让移民认识到自我发展的重要性，推动移民主动致富。

如果凡事依赖政府，等待给钱给物，自身缺乏脱贫志向和吃苦精神，这种思想不改变、习惯不扭转，"靠着墙根晒太阳，等着政府送小康"，再好的扶持措施也难以发挥应有成效。应持之以恒地开展"扶贫重在扶志"的工作，教育引导广大贫困群众自强不息，激发内生动力，依靠吃苦耐劳、勤劳付出和自己双手来实现脱贫。

8.3.2 优化教育资源，加大补贴力度，促进移民社区教育发展

生态移民地区人力资本匮乏、人口素质低是影响其可持续发展的重要因素。随着移民的不断迁入，一些地方的教育资源已经存在较大的压力。所以在进行移民村教育资源的规划时，应进行超前规划，提前考虑后期学生规模增多的问题。有些移民安置区地处偏远，教师补充非常困难，而新招聘的特岗教师虽然具有工作热情，但存在教学经验不足等问题，需要成长的时间，教学质量难以保证。所以，应当统筹移民安置区教师配置问题，及时补充编制，以保证移民学校的教学质量。还可以考虑将移民地区的学校同城区优质学校建立校际联合发展共同体，促进移民社区学校教育水平的提升。同时，征集教师、家长、学生为主体的扶贫志愿者对移民地区建档立卡户、低保、残疾学生、孤儿开展帮扶，凝聚多方面的力量促进扶贫成效。

从移民自身而言，很多家庭都盼望着子女成才，在移民点能够接受比原居住地更好的教育。但是，由于移民后城镇生活的成本不断攀高，移民子女上学的开支尤其是高中阶段和大学阶段，给移民家庭带来了沉重的负担，甚至陷入贫困。因此，国家可以考虑放宽对移民子女读书的免费政策，比如就读幼儿园至高中阶段实行全免费教育，对考上大学的移民子女给予经济上的补贴和扶助，帮助移民子女完成高等教育，提高移民后代的文化素质，使他们具备较强的就业能力，这样就可以主动地向城镇第二、三产业转移，从长远上实现生态移民"稳得住"的目标。要全方位的推进教育扶贫中的各项工作，可以考虑加大补贴力度，实现从幼儿到大学教育资助的全覆盖。对移民安置区的贫困建档立卡户幼儿给予补助，对建档立卡户的中小学生享受"三免一补"政策和每日一定标准的营养早餐补助；对通过学籍审核的高职、中职在校学生，每学期给予一定的生活补助，帮助他们完成学业；根据地区经济发展状况对高中生每年给予一定额度的生活补助，对考入一、二、三本的大学生每学年分别给予不同金额的补助。这样可以减少生态移民子女的教育

负担，同时提升受教育的程度，全方位地提高生态移民地区人口素质。

8.3.3 做好生态移民的职业技能培训

职业技能培训，是加快人力资源开发实现经济条件改变的根本保证。提升生态移民地区的技能培训，要进一步拓展技能培训内容，增加培训人员数量，提高培训质量，开展文化素质培训（引导性培训）、专业技能培训、订单培训、外出考察等多方面培训工作，确保培训工作取得实效。政府可以通过整合各方面的资源，为移民搭建培训平台，注重对移民的培训内容以及与企业之间的用工对接，提升培训的效率。

由于搬迁移民，尤其是成年人的文盲率相对较高，接受新知识的难度要大，因此，在做好有针对性的实用技术和职业技能培训之前，要深入移民定居点，了解移民劳动力的文化程度，以及他们真实的需求。对 40 岁以下移民，要加强他们文化基础课的教育，提升他们的就业竞争力。做好对生态移民的职业技能培训，首先应将培训计划与该地区的经济、社会发展规划结合在一起，根据移民安置地的自然资源状况、劳动力素质情况、劳动力专业的特点以及产业发展的特点，来制定生态移民的职业技能培训计划。培训过程中要注重效果和质量，不能以完成培训为目的，要坚持实用、实际和实效的原则，按农时季节对农民进行培训指导，帮助他们提高温棚畜牧业以及设施农业的技术水平。对不愿从事农业的年轻人，给他们提供学习驾驶等实用性较强的技能培训。在新的移民安置区还要加大培训就业力度，确保培训质量。进一步拓展技能培训内容，引进企业实行订单式培训，增加培训人员数量，提高培训质量，严把质量关，不能凑人数，更不能走过场，切实做到技能培训拿证率和就业率都达到一定的比例以上。

要想取得好的培训效果，就要转变移民的传统观念，帮助他们认识到融入新生活所需技能的重要性，调动移民参加各种培训的积极性和主动性，以移民们的主动接受培训替代过去的被动接受，提升培训的效率。

8.3.4　开展就业援助培训，鼓励移民务工，勤劳致富

搬迁后，一些有劳动能力但年龄较大的移民、土地流转户等，虽然本人就业愿望迫切，但因自身年龄较大、就业条件较差、技能单一等原因，难以在劳动力市场竞争就业。他们一般缺乏创业启动资金，创业机会较少，技术水平较低，难以找到合适的就业岗位。首先，要加强对大龄移民的心理健康教育，鼓励他们拥有就业的信心，增强他们的内生发展动力。其次，提倡工厂、企业以及移民安置区提供公益性岗位，移民定居点的保洁、治安巡逻、城市管理等领域可以考虑向大龄移民倾斜，帮助他们就业。政府还可以与企业联合实施订单式培训，提高移民技能水平，帮助他们找到合适的工作。扩宽融资渠道，对大龄移民提供小额创业资金，通过简化贷款资金拨付流程的办法，提高他们的创业成功率。

要重点发挥定居点村党支部的核心作用，结合地区优势条件，组织移民务工，落实就业岗位，增加移民收入，同时对组织劳务输出取得良好成效的组织和个人要给予奖励，起到良好的榜样和带头作用。政府还要加大易地扶贫搬迁安置区的建设力度，规划落实配套基础设施和脱贫产业，实现搬迁户后续发展有门路、转移就业有渠道、收入水平不断提高。

8.4　加快经济建设，推进生态移民工程可持续发展

贫困涉及很多领域，关乎一个地区社会和经济的发展。世界银行《2000年的世界发展报告》中指出，"贫困不只是指物质匮乏，同时还包括低水平的教育与卫生、面对困难时的脆弱性及需求表达困难和缺乏影响力"[1]。总体来说，贫困和落后是西北民族地区最根本、最需要解决的问题，因为贫困和落后，

---

[1] 世界银行. 贫困与斗争——2000/2001 世界发展报告 [M]. 北京：中国财政经济出版社，2001.

生产和发展都受到了一定的限制；因为贫困和落后，所以人才更加匮乏，招不来人才，也难以留住人才；因为贫困和落后，生态环境才会让位给短视的经济收入，从而造成生态的不断恶化。要促进西北民族地区的可持续发展，需要加快经济发展，促进生态移民工程的可持续发展，深入推进精准扶贫，扭转贫困的恶性循环局面，促进西北民族地区经济、社会的内涵式发展。

8.4.1 继续推进精准扶贫，提高生态移民经济收入

各种扶贫模式中，学者们关注最多的就是产业扶贫，贫困地区尤其是农村地区的产业扶贫重点在于搞好农业产业扶贫，开展现代化生态农业；而非农业的集中地区，要从第二、三产业的扶持角度考虑。西北民族地区的生态移民工程的可持续发展，要以继续壮大、发展扶贫产业为推手。要在政府的引导下，形成企业、合作社，以及农户共同参与的"政府+企业+合作社+农户"产业链扶贫模式。各地都应巩固和提升现有支柱产业发展的带动作用，加大产业扶贫的力度。如宁夏的红寺堡地区，政府要继续加强葡萄产业的发展，发展酒庄经济、葡萄酒旅游等，帮助农民增产增收；闽宁镇要继续以葡萄产业和劳务输出等优势产业为推手，在加快地区经济发展的同时，带动移民增收致富；银川兴庆区月牙湖乡帮扶建档立卡贫困户发展红树莓及枸杞种植产业、蔬菜种植设施温棚发展种植产业，解决建档立卡贫困户就业问题。青海三江源地区，推动以"产业培植"推动"造血扶贫"，发展高原生态农牧业，以绿色、健康理念赢得消费者的青睐，带动地区经济发展；以传统藏族手工艺品、民族艺术品等的生产，增加搬迁移民的收入，提升他们的生活水平，缓解就业的压力。甘肃以大美甘肃、全域旅游的推进，拉动闲散劳动力的就业，提升移民的收入，带动区域经济的发展；发展现代农业，以特色林果业的发展促进农民增收。新疆要继续推进以地方优势为主的农业种植业、家畜家禽饲养业、特色林果栽培等；依靠当地民族特色发展民族服装、地毯、小刀等民族手工业，以特色优势产业的发展助推地区经济发展。

不断探索创新金融扶贫新模式，帮助移民获得生计资本。政府的财力支持是发展当地产业的基本经济支柱，贫困落后地区的经济要想发展，产业要

想形成规模，大量的资金投入是必不可少的。除了政府的投入以外，在增加资金投入方面，政府可以设立各种扶贫企业发展基金，缩小中小企业之间的发展差距。政府应当积极整合各类资源，进一步创新扶贫模式，通过移民贫困户贷款和建立保险等方式在西北地区进行金融扶贫。可以考虑将搬迁移民用于生产的小额信贷风险补偿金适当增加，放大比例授信贷款，并适当延长贷款使用年限。同时，全额补贴为生态移民地区所有建档立卡贫困户购买家庭意外伤害保险和家庭补充医疗保险等险种，帮助移民地区建档立卡贫困户规避风险。

精准扶贫模式是相对于传统的粗放式救济式扶贫而言的，具有精细化、科学化、高效性和可持续性几个特点。精准扶贫是在社会主义市场经济条件下，以家庭经济为基本单位，以政府主导、农户主体、部门支持、社会参与为基本工作格局，以家庭现有可用资源优化整合及开发利用为基础，以产业扶贫为主要抓手，以实现全体家庭经济单位真正脱贫、长久脱贫和农村同步全面建成小康社会为根本目标的扶贫方式。目前，随着精准扶贫工作的推进，大多数地区都已经完成了贫困户的建档立卡工作，对建档立卡贫困户进行信息采集，并且重点核对贫困户家庭成员基本信息。对已经建档立卡的贫困户要进行动态的灵活管理，对符合条件的贫困户，经过研究后要进行补录，对错评的贫困户进行退出，要根据地方反映的情况对数据进行及时整改、认真核查。通过进一步摸清移民地区贫困户的致贫原因和脱贫需求，充分发挥各地驻村干部、帮扶责任人等的自身优势和部门资源，在思想、政策、资金、技术、信息等方面帮助生态移民贫困村、贫困户解决实际困难和问题，提高移民群众的满意度。

要加强对生态移民地区扶贫资金的管理和监督，确保物尽其用，合理地实施扶贫项目。通过定期对扶贫项目的完成情况进行审计监督，发现问题要及时督促整改，以加强扶贫资金的拨付使用管理。扶贫资金要按专项资金的要求管理，杜绝挤占、挪用等违纪违规问题的发生，确保扶贫资金的规范运行。强化科学立项和分配资金，严格按照国家扶贫开发政策和"十三五"规划，科学地研究和申报扶贫项目，进一步整合各项涉农资金和加大整村推进投入力度，重点和有针对性地投入扶贫资金，防止扶贫项目"点多面广"和扶贫资金乱用现象。加强扶贫资金使用部门之间的协调，避免重复立项、立项不实、选项不当等情况发生，使扶贫资金真正地发挥对生态移民地区扶贫帮困和促进产业发展的作用。积极探索资产收益扶持制度，将财政投入到村的各项发展类资金（除补贴类、救济类、应急类外），转变为村集体和贫困户持有资金，作为股金投入到企业、合作社或其他经济组织，村集体和农民按股比分享收益，增加贫困群众的收入。

针对调研过程中遇到的个别移民因病返贫的问题，以及因为劳动能力缺失而生活陷入困境的移民，政府应当在社会兜底扶贫方面，将丧失劳动能力的贫困人口全部纳入最低生活保障范围，对因病致贫返贫的贫困人口实施医疗救助。在政策允许的范围内为建档立卡户发放低保补助金，发放医疗救助金等。而对于已经脱贫的农户，在一定时间范围内允许其继续享受扶贫相关政策，以确保扶贫效果的巩固。

移民的自主创业，不仅可以自主脱贫，还可以带动当地移民的就业，对其他移民也能够起到很好的示范作用。政府可以对移民加以引导和提供政策方面的扶持，帮助他们创业。政府可以在移民定居点投资运营商业网点以及社区农贸市场，引导移民创办家庭商铺，帮助移民根据自己的实际情况实现自主创业，在满足移民日常生活需求的同时，还可以活跃新老移民区的商贸流通。

8.4.2 缩小收入差距，促进移民地区和谐发展

从理论上来说，一个国家或者地区居民的收入差距表现出来先扩大后缩小的状态，是经济发展的一般规律。美国经济学家库兹涅茨通过对 18 个国家经济增长与收入差距实证资料的分析，提出了"倒 U 型"假说：一个国家收入分配的不平等会随着初期经济发展而扩大，达到最高点后，又会随着经济的进一步发展而缩小。因此，在移民安置区，或者说在整个经济发展相对落后的西北地区，出现收入分配差距较大的现象，理论上来说是不可避免的。同时，在收入分配中，公平与效率既是统一的又是矛盾的，过分强调结果公平，往往会造成巨大的效率损失。但收入分配的绝对平均会影响经济效率，

收入差距过大也会抑制有效需求，引发社会冲突，从而影响经济的运行。这就是说，生态移民安置区，或者整个西北地区，存在一个使公平与效率相互促进的收入差距适度区间，是非常重要的。因此，探寻使收入差距保持在公平与效率相互促进的适度区间，是一个非常重要的话题。

西北民族地区的生态移民工程实施以来，一些定居点借助当地的资源优势，经济发展效果相对较好。也有一些移民搬迁后，因为生计资本相对充裕，搬迁后借助良好的创业机遇，家庭经济水平有了较好的发展，这对其他的移民点或者搬迁移民来说，会起到很好的示范效果。但是，较大的收入差距也会给搬迁移民带来一定的心理落差，从而造成社会的一些不和谐因素，并且给移民安置工作带来一些负担。比如宁夏的生态移民，"十二五"期间，银川兴庆区的生态移民工作进展较好，月牙湖乡经济、社会发展效果较好，后续移民搬迁工作开展的过程中根据与迁出县区的对接，许多移民搬迁至兴庆区积极性很高，不愿意去其他相对落后的县区，这给后续移民工作的开展带来了一些麻烦。

所以，在移民工作推展的过程中，完成移民的搬迁安置任务，要千方百计地解决搬迁移民的就业问题，提高搬迁移民的收入水平和生活。积极地与迁出地区对接，落实移民户口、社保、建档立卡档案等手续的签转，帮助移民解决后顾之忧，并建立移民劳务资源信息库。政府相关部门可以通过与辖区企业接洽，协商解决劳务移民的就业问题。移民就业情况的好转，有了灵活的收入，是脱贫致富的第一步。对于促进移民就业还可以与企业协商采取订单式合作，为企业量身定制所需务工人员。通过鼓励移民自主创业，出台优惠政策鼓励移民租赁商铺、摊位等，开展自主创业发展，提升移民的收入水平。政府还可以通过购买公益性岗位等方式，引导移民从事环卫保洁、生态护林、保安等工作。移民就业的难题解决了，收入稳定了，收入差距也会逐渐缩小。

对已脱贫的建档立卡贫困移民，要考虑探索建立稳定脱贫长效机制，要保障稳定脱贫，尽量不要再返贫，在扶贫力度上做到精准扶持政策不变、帮扶责任人不变、既定帮扶计划不变，持续稳步提升贫困户能力素质，使贫困人口在稳定脱贫的基础上，逐步走上致富道路。

8.4.3　集结全力，扎实脱贫攻坚

组织各阶层领导力量，充分发挥政府的主导作用，落实移民地区脱贫攻坚的责任。易地扶贫搬迁是缓解生态恶劣地区贫困的重要手段，是西北民族地区贫困人口脱贫、改变生产、生活方式最直接的方式。各级政府应坚持在精准施策、精准推进、精准落地上发力，突出抓好易地搬迁扶贫，确保贫困家庭从中得到实实在在的收益。更加重视医疗健康扶贫和教育技能扶贫，针对因病致贫突出的实际，加大医疗救助力度、完善医疗服务体系，做到"防未病、看小病、治大病"，努力降低因病因残致贫的发生率；让更多贫困人口掌握一技之长，实现一人就业、全家脱贫。切实加强对贫困群众的教育引导，提高自我脱贫的主动性。地方各级政府应当进一步落实扶贫的责任，选派优秀干部到未脱贫的移民安置区，加快完善脱贫攻坚的责任体系、监督体系、组织保障体系，分期分批举办精准扶贫培训班、选派扶贫干部示范培训班，不断提升扶贫干部带领群众脱贫致富的能力。

调动移民群众的积极性，激发脱贫攻坚的内生动力。从生态移民的内心来说，他们比别人更希望能够脱贫致富，过上富足的生活。作为政府部门，要把脱贫工作作为全面建成小康社会的重要内容，充分激发和调动广大移民群众的主观能动性，以发展推动脱贫、以脱贫促进发展。要继续发挥产业扶贫再生态移民新区的带动作用，进一步完善产业发展规划，利用自身资源禀赋和比较优势，坚持宜农则农、宜牧则牧、宜商则商、宜工则工、宜游则游，因地制宜发展特色产业，打造"一乡一业""一村一品"，积极发展和引进各类龙头企业、专业合作组织进入贫困村发展特色产业，促进一二三产业深度融合，做实产业到村到户项目，让贫困户实现由"输血"向"造血"的转变。

在移民安置区还要继续加强基础设施建设，按照既定计划目标，完善规划、超前实施、保证配套、优化环境，建立健全"水电路"项目建设调度机制，在保证工程质量的前提下，全力推进，力争早建成、早使用、早见效，全面改善贫困地区发展条件，破除发展瓶颈制约，为生态移民创造一个好的生产、生活条件。

动员社会各界力量，人人参与，凝聚脱贫攻坚的强大合力。围绕精准扶贫的要求，把摸清移民贫困状况作为最首要、最关键的环节，进一步核实移民定居区的扶贫对象，了解贫困产生的真正原因，找准脱贫路径，确保扶贫工作的真正实效。整合工会、共青团、妇联、工商联等各类组织资源的优势，组织开展多种扶贫活动，打造有效可信平台，把产业、教育、服务、资金等各种资源整合起来，同心同向、群策群力地助贫、扶贫、脱贫。广泛发动移民安置区周边的大型企业，对移民的就业展开帮扶；研究制定更加优惠的政策，吸引社会各界到贫困地区投资建设，把企业经营的动力引导到支持贫困地区发展上，积极构建促进企业发展、移民脱贫的双赢格局。

8.5 坚持绿色发展，促进生态环境的可持续发展

习近平主席在 2016 年省部级重要领导干部学习贯彻十八届五中全会精神专题研讨班上的重要讲话指出，要坚定推进绿色发展，推动自然资本大量增值，让良好生态环境成为人民生活的增长点、成为展现我国良好形象的发力点，让老百姓呼吸上新鲜的空气、喝上干净的水、吃上放心的食物、生活在宜居的环境中，切实感受到经济发展带来的实实在在的环境效益，让中华大地天更蓝、山更绿、水更清、环境更优美，走向生态文明新时代。

国务院总理李克强在 2016 年 3 月 5 日第十二届全国人民代表大会第四次会议中做政府工作报告时指出，加大环境治理力度，推动绿色发展取得新突破。治理污染、保护环境，事关人民群众健康和可持续发展，必须强力推进，下决心走出一条经济发展与环境改善的双赢之路。

生态移民工程推动的初衷，是恢复和发展生态环境，以人口的外迁人为地从根本上解决生态恶劣地区的生态环境问题。当前，我国对生态环境保护的基本原则是，坚持生态环境保护与生态环境建设并举。只有生态问题得到了解决，人们的生活质量才能够得到真正的改善，国家的经济、社会才真正能够得到可持续发展。

推进生态环境的保护和发展，首先应当完善相关立法。积极推进资源环境类法律法规制修订，要形成生态保护和环境建设的长效机制，应当加快生态文明立法步伐，完善相关政策。要适时完善水污染防治、环境噪声污染防治、土壤污染防治、生态保护补偿、自然保护区等相关制度，建立资源有偿使用和环境补偿的相关制度。只有制度完善了，才能更好地约束人们的行为，从而达到环境保护的目的。完善立法，扩大法律保护生态环境的范围，同时健全和完善生态环境保护的相关责任制度，明确规定各权利义务主体，增强法规的可操作性，加强监管，促进执法的有效性。政府还可以考虑在政策上支持生态环境的恢复和建设工作，并且在资金方面提供一定的支持，通过一些经济手段的运用，促进区域经济建设与生态环境的协调发展。可以考虑继续增加对生态保护的投资力度和财政支出，有效促进生态的恢复和发展。

通过调整产业布局，转变经济增长方式，走可持续发展的道路。通常情况下，一个区域会经营其具有比较优势的产品贸易，西北地区自然资源相对丰富，但技术水平落后，所以多是以资源类产品的开采为主要生产方式。如宁夏的煤炭开采，青海、甘肃的矿产相关矿产；草地资源丰富的则以畜牧业为主。总之，都是以牺牲资源为代价的，这样又会进一步造成生态环境的恶化。因此，要考虑调整产业布局，加强人力资本的投入，以便先进技术能投入使用，促进地方的产业升级。应当围绕着节能减排、生态环境保护、技术改造和产业升级，以及改善民生这些领域，投入人力和物力，以寻求新的突破。西北民族地区缺乏引领经济发展的资金、人才和技术，可以考虑走生态农业、绿色农业的发展道路；工业方面注重节能减排，通过技术的更新延长产业量，尽量减少单纯以矿产、能源等资源的输出为主的生产方式；第三产业的发展，以西北民族地区得天独厚的旅游资源为主线，发展现代服务业，提升服务业的发展水平和经济效益。

响应国家"十三五"生态环境保护规划的相关号召，贯彻"山水林田湖是一个生命共同体"的理念，坚持保护优先、自然恢复为主，推进重点区域和重要生态系统保护与修复，构建生态廊道和生物多样性保护网络，全面提升各类生态系统稳定性和生态服务功能，筑牢生态安全屏障。保护森林生态系统，完善天然林保护制度，强化天然林的保护和抚育，健全和落实天然林管护体系，加强管护基础设施建设，实现管护区域全覆盖。要全面停止天然林商业性采伐，继续实施森林管护和培育、公益林建设补助政策。严格保护林地资源，分级分类进行林地用途管制，推进森林质量精准提升。坚持保护优先、自然恢复为主，坚持数量和质量并重、质量优先，坚持封山育林、人工造林并举，宜封则封、宜造则造，宜林则林、宜灌则灌、宜草则草，强化森林经营，大力培育混交林，推进退化林修复，优化森林组成、结构和功能。保护草原生态系统。稳定和完善草原承包经营制度，实行基本草原保护制度，落实草畜平衡、禁牧休牧和划区轮牧等制度。严格草原用途管制，加强草原管护员队伍建设，严厉打击非法征占草原、开垦草原、乱采滥挖草原野生植物等破坏草原的违法犯罪行为。开展草原资源调查和统计，建立草原生产、生态监测预警系统。保护湿地生态系统。开展湿地生态效益补偿试点、退耕还湿试点。在国际和国家重要湿地、湿地自然保护区、国家湿地公园，实施湿地保护与修复工程，逐步恢复湿地生态功能，扩大湿地面积，提升湿地保护与管理能力。

生物多样性是人类社会赖以生存和发展的基础，任何一个物种一旦灭绝了，便基本上没有再生的可能性。生物的多样性会直接影响到生态环境的平衡和发展，还在保持土壤肥力、保证水质以及调节气候等方面发挥了非常重要的作用。因此，要开展动物、植物等物种多样性的调查和观测，实施多样性的相关保护措施，对濒危野生动植物的抢救性保护以生物多样性的恢复来助推生态的平衡。

大力开展生态环境保护的宣传教育，倡导全民行动起来，提高全社会对生态环境保护的意识。对社会大众要加大生态环境保护的宣传教育，努力营造生态环境保护的舆论氛围，可以通过组织相关环保公益活动，全面提升全社会生态环境的保护意识。地方各级人民政府、教育主管部门和新闻媒体要依法履行环境保护宣传教育责任，把环境保护和生态文明建设作为践行社会主义核心价值观的重要内容，实施全民环境保护宣传教育行动计划。引导抵制和谴责过度消费、奢侈消费、浪费资源能源等行为，倡导勤俭节约、绿色低碳的社会风尚。要加快针对生态环境以及资源类产品的税收制度的完善，通过财政手段，减少人为对资源的滥用和浪费。建设国家生态环境教育平台，引导公众践行绿色简约生活和低碳休闲模式。从学生抓起，将生态文明教育纳入各个阶段的教学内容，帮助人们从小树立环境保护的意识。比如，日本的垃圾分类观念深入人心，从幼儿园的教育中就对儿童进行行为的规范，对社会所形成的益处是非常大的。

生态环境的保护能否真正取得好的成绩，关键要看各项工作的落实情况。所以，要强化信息公开，建立生态环境监测信息统一发布机制，全面推进大气、水、土壤等生态环境信息的公开，将各经济主体保护生态环境的情况定期通报，以便群众了解环境保护的动态。让民众能够了解到企业及相关经济组织对生态保护的执行情况，更好地监督生态环境保护工作的开展。西北民族地区要完善统一的信息公开平台，健全反馈机制，和群众之间进行更好的互动，监督各项工作积极落实，以促进生态环境的保护。

附录　调查问卷

生态移民调查问卷

编号：_____

20____年农户调查问卷

迁出地		户主姓名	
现住址		被访者姓名	
民族		与户主关系	
搬迁日期		电话号码	

调查员姓名		调查日期	
调查员电话		审核员姓名	

关系代码	1. 户主；2. 配偶；3. 子女；4. 孙辈；5. 父母；6. 兄弟姐妹；7. 女婿，儿媳，姐妹夫，嫂子弟媳；8. 公婆；9. 亲戚；10. 无亲戚关系

一、家庭成员基本情况

1. 您家现有_____口人，劳动力（男子：16~65 岁，女子：16~60 岁）_____人；有在校生_____人；外出务工人口_____人。

2. 您的年龄_____，性别_____（A. 男；B. 女）。户口类型为_____（A. 农业；B. 非农业）。

3. 您的文化程度是_____；您家的最高文化程度是_____。

A. 文盲 　　　　　 B. 小学 　　　　　 C. 初中 　　　　　 D. 高中

E. 中专及技校 　 F. 大专及以上

4. 您的职业是_____。

A. 农民，不干活 　　　　　　　 B. 农民，在自家干农活

C. 农民，有时在当地打工 　　　 D. 农民，有时在外地打工

E. 自营活动 　　 F. 乡村干部 　　 G. 教师 　　　　 H. 医生

I. 其他_____

5. 您工作的地点在_____。

A. 本村 　　　　　 B. 本乡 　　　　　 C. 本县 　　　　　 D. 本省

E. 外省

6. 您每年外出打工_____。

A. 3 个月以下 　 B. 3~6 个月 　　 C. 6~9 个月 　　 D. 9 个月以上

二、收支情况

1. 您家现在一年的总收入估算为_____元，搬迁前为_____元。

2. 您家人打工主要从事哪些行业（可多选）_____。

A. 农业、畜牧业 　　 B. 建筑业 　　　　 C. 服务业 　　 D. 工业

E. 其他_____

3. 搬迁前您家每个月外出打工的收入有_____元；您家现在每个月打工的收入有_____元。

A. 1000 元以下 　 B. 2000~3000 元 　C. 3000~4000 元 　D. 4000~5000 元

E. 5000 元以上

4. 搬迁前您家每年的农业收入大概有_____元，您家每年卖出的农产品大概有_____元。主要农作物有：

（1）_____，亩产量_____千克；

（2）_____，亩产量_____千克；

（3）_____，亩产量_____千克。

5. 搬迁后，您家的农业收入大概有_____元，您家每年卖出的农产品大概有_____元。您家的主要农作物有：

（1）_____，亩产量_____千克；

（2）_____，亩产量_____千克；

（3）_____，亩产量_____千克。

6. 搬迁前，您家主要禽畜的养殖情况：

A. 牛_____头　B. 羊_____头　C. 马_____匹　D. 鸡_____只

E. 鸭_____只　F. 其他_____

7. 当前您家主要禽畜的养殖情况：

A. 牛_____头　B. 羊_____头　C. 马_____匹　D. 鸡_____只

E. 鸭_____只　F. 其他_____

8. 您家现在养殖的禽畜主要是_____。

A. 用于改善饮食生活　　　　　　B. 用于弥补家里的日常开支

C. 职业养殖　　　　　　　　　　D. 其他_____

9. 您家养殖的禽畜如果用于出售，一年可获得的收入为_____元。

10. 您家是否有固定的工资性收入_____

A. 是，每年_____元　　　　　　B. 否

11. 您家是否有做生意的_____

A. 是，每年_____元　　　　　　B. 否

12. 您家是否有来自于政府的补助_____

A. 是，每年_____元　　　　　　B. 否

13. 您家是否有土地或房屋的租金收入_____

A. 是，每年_____元　　　　　　B. 否

14. 您家是否有土地或温棚（投资）的分红收入_____

A. 是，每年_____元　　　　　　B. 否

15. 您家一年总开支情况为_____每年。

A. 10000 元以内　　　B. 10000~20000 元　　　C. 20000~30000 元

D. 30000~40000 元　　　E. 50000 元以上

16. 搬迁前后您家支出情况的对比

支出状况（单位：元）	搬迁前一年	今年
农业全年总支出		
购置生产性固定资产支出		
农药化肥种子		
生活消费（房屋、家具、电器、衣物等）		
食品支出		
医疗费用		
子女上学		
文化精神等（宗教、旅游、书籍等）		
交通、通信费用		

17. 您家近几年的收支情况_____。

A. 负债　　　　B. 持平　　　　C. 略有积蓄　　D. 结余较多

三、家庭财产及信用状况

1. 现在您家总共有_____亩地，自有土地_____亩；在种面积有_____亩；是否拿到了土地证/签过合同？（A 是；B 否）_____；你家转出地_____亩；之前您家是否有转入，但现在不种的土地？（A 有；B 没有）_____。

2. 搬迁前您家总共有_____亩；其中：分到地有_____亩；是否签过合同？（A. 是；B. 否）_____。

3. 您家搬迁前的土地质量_____，现在土地的质量_____。

A. 非常好　　　B. 较好　　　　C. 一般好　　　D. 不好

4. 您家现有家用电器有_____，搬迁前_____。

A. 电视机　　　B. 电冰箱　　　C. 电脑　　　　D. 电话

E. 洗衣机

5. 您家现有的交通工具有_____，搬迁前_____。

A. 轿车　　　　B. 农用车　　　C. 摩托车　　　D. 自行车

E. 其他

6. 搬迁前您家的住房有_____间，是_____结构。您家现有房屋_____间，房屋结构为_____。

A. 土木平房　　B. 砖砌平房　　C. 楼房　　　　D. 其他_____

7. 您家现在的房屋为_____，自己承担金额_____元。

A. 政府免费分配　　　　　　　B. 政府补贴一部分，个人出资一部分

C. 政府规划，个人自建，政府补贴　　D. 租用

8. 您家在近五年是否借过钱_____（A 是（转 12、13）；B 否）。

9. 如果借到，借了_____，借款原因_____。

A. 疾病　　　　　B. 生活费用　　　C. 子女上学　　　D. 生产投资

E. 其他

10. 您家借钱主要向谁借_____

A. 亲戚　　　　　B. 朋友　　　　　C. 民间借贷　　　D. 金融机构

11. 您借款的话，是否需要抵押_____（A. 是；B. 否）。是否需要担保_____（A. 是；B. 否）。

四、基础设施状况

1. 您所在的村子是否有公共卫生室或医院？_____；搬迁前有吗？_____（A. 有；B. 没有）。

2. 您觉得现在看病是否方便_____；搬迁前看病是否方便_____（A. 是；B. 否）。

3. 您生活的村庄是否通自来水_____；搬迁前通吗？_____（A. 是；B. 否）。

4. 您所在村自来水供应状况是_____。

A. 全年正常供水　　B. 不正常，经常停水　　C. 每天定时供水

5. 如果使用井水，原因是什么？_____

A. 还未通自来水　　B. 井水更方便　　　C. 自来水水费太高

D. 供水水库水不稳定

6. 您家搬迁前是否通电_____（A. 是；B. 否）。

7. 您对现在用电情况是否满意_____（A. 是；B. 否）。

8. 您家对当前土地灌溉设施是否满意_____；对搬迁前是否满意_____（A. 是；B. 否）。

9. 您所在村的家庭燃料使用情况_____，您搬迁前的燃料使用情况为_____。

A. 以沼气为主　　　　　　　　B. 以瓶装液化气为主

C. 以柴草为主　　　　　　　　D. 以煤炭为主

E. 天然气

10. 您家搬迁前是否用太阳能_____；您家现在是否使用太阳能_____。

A. 是　　　　　　　　　　B. 否_____

11. 您所在村交通情况_____，搬迁前_____。

A. 通农村客运班车　　　　B. 不通车

12. 您认为当前交通是否方便_____，搬迁前_____（A. 是；B. 否）。

13. 您所在村有宽带网络接入吗？_____（A. 有；B. 没有）。

14. 您所在村是否有垃圾回收点_____，搬迁前_____（A. 有；B. 没有）。

15. 您对国家及政府的农村基础设施政策是否了解_____。

A. 很了解　　B. 一般了解　　　C. 不很了解　　　D. 完全不了解

16. 搞好农村基础设施建设，您认为对生活会产生什么影响？_____

A. 生活有很大的改善　　　　　B. 生活有点改善

C. 生活没有改善　　　　　　　D. 无所谓

17. 您觉得当地政府对于农村的基础设施建设是否做到了尽心尽力_____

（A. 是；B. 否）。

18. 结合当地实际，您觉得最需要建设的农村基础设施是什么？（多选）

_____。

A. 供水　　　　　B. 供电　　　　C. 供气　　　　　D. 水利设施

E. 道路路灯　　　F. 道路绿化　　G. 垃圾收集处理　　H. 生活污水处理

I. 电话　　　　　J. 广电　　　　K. 宽带网络

L. 镇区道路与高速公路、省道、县道相连通

M. 行政村通公共交通

N. 村内主要道路改为柏油路或水泥路

19. 您认为当前定居点的基础设施状况比搬迁前_____。

A. 改善很多　　B. 差不多　　　C. 不如从前

五、绩效情况

1. 您是自愿搬来的吗？ _____ （A. 是；B. 不是）

2. 您赞成政府采取的生态移民政策吗？ _____

A. 非常赞成　　　 B. 一般赞成　　　 C. 无所谓　　　　　 D. 反对

3. 您的家庭参与生态移民的原因是____ （可多选，并按照重要程度排列）

A. 可以获得一笔补偿　　 B. 搬迁后打工收入高

C. 不愿意当农、牧民，希望转为城镇户口，改变身份

D. 移民以后地区的交通、医疗、教育等基础设施和公共服务条件比较好

E. 现在生活观念改变了，希望能过上现代化的城市生活

F. 生态问题严重，必须要牺牲自己的利益

G. 既然国家让移民，那就服从安排

H. 家里无人放牧

I. 生活水平不如别人　　　 J. 其他_____

4. 在搬迁后第_____年开始您家经济情况开始好转。

5. 由于移民，您家是否遭受了经济损失？ _____ （A. 是；B. 不是）。

6. 造成损失的原因是_____。

A. 国家补贴太少　　　　　 B. 迁移成本高　　　　 C. 家里本来就穷

D. 现在的农业收入没有原来的地方收入高

7. 移民以前，您居住的村是贫困村吗？ _____ （A. 是；B. 不是）。

8. 移民以前，您居住的村生态环境差吗？ _____

A. 差　　　　　　 B. 还行　　　　　 C. 很好

9. 在老家您家生活水平在同村中处于_____水平。

A. 中上等　　　 B. 中等以下　　　 C. 贫困　　　　　 D. 贫困线以下。

10. 现在在新定居点，您家的生活水平在同村中处于_____水平。

A. 中上等水平　 B. 中等以下　　　 C. 贫困　　　　　　 D. 贫困线以下

11. 与在老家收入相比，您搬迁之后，您家收入水平_____。

A. 提高了　　　 B. 降低了　　　　 C. 没什么变化

12. 移民之后，您家的食物消费水平怎样变化？ _____

A. 提高了　　　 B. 降低了　　　　 C. 没什么变化

13. 您搬迁前参加农村新型合作医疗保险了吗？ _____ ，现在 _____ 。

A. 参加了　　　　B. 没有参加

您家人现在也全参加了吗？ _____

A. 参加了　　　　　B. 没有全参加

14. 您家有老人吗？ _____

A. 有　　　　　　B. 没有

如有，他们是怎样养老的？ _____

A. 和子女在一起，子女养老　　B. 老人自己住，自己靠自己

C. 请人照顾，子女出钱　　　　D. 养老院

E. 老人退休金　　　　　　　　F. 其他（请注明） _____

15. 您家有参加其他社会保险吗？ _____

A. 有　　　　B. 没有。如果有，主要是 _____

A. 养老保险　　B. 低保　　　　C. 商业保险　　　　D. 其他 _____

16. 您家有残疾人或长期患病的人吗？ _____ （A. 有；B. 没有）。

他们的生活如何保障？ _____

A. 政府补贴　　B. 自己管自己　　C. 家人负担　　　　D. 其他

17. 您认为现在的劳动强度与以前相比发生了怎样的变化？ _____

A. 明显加大了　　　　　B. 加大了，但不明显

C. 和以前一样　　　　　D. 比以前轻松了

18. 促使您不愿意移民的原因是 _____ （可多选，并按照重要程度排列）

A. 生态移民的补偿标准太低

B. 失去了土、草地便失去了生活保障，没有其他技能，担心生态移民后，收入下降，生活质量下降

C. 保护区并没有因为生态移民而使草场显著变好

D. 习惯了现在的生活方式和环境，不想改变，也担心不适应

E. 如果等待补偿机制完善了再移民，可能会更好

F. 鼠害、矿业、工业和旅游对草场的危害比放牧严重，生态移民不是根本性的措施

19. 如果国家允许您现在返迁回草原或原住地，您是否愿意？

（A. 愿意；B. 不愿意如果您希望返迁），原因是＿＿＿＿。

A. 生态移民后，收入下降，生活质量下降

B. 不适应现在的生活

C. 没有技能，找不到更好的工作，不如放牧

D. 喜欢草原的环境和空气，城镇太吵闹

E. 经过几年的休息，草场已经恢复

F. 应该让其他人移民

G. 宗教活动受到了限制

如果您不想返迁，原因是＿＿＿＿。

A. 城市生活更现代化和文明以及时尚

B. 医疗、交通、通信、教育等更好

C. 自己已经找到了工作，生活水平并未下降

D. 放牧太辛苦，不想回去

E. 孩子都在上学，为了孩子能有更好的前途

F. 补偿标准足够生活

20. 您认为您搬迁前生态环境质量＿＿＿＿，现在的环境质量如何？＿＿＿＿

A. 非常好　　　　B. 较好　　　　C. 一般　　　　D 差

21. 您认为发展经济和保护环境哪个重要？＿＿＿＿

A. 发展经济　　　B. 保护环境　　C. 都重要　　　D. 不知道

22. 您当前急需的大宗支出是＿＿＿＿。

A. 购房　　　　　B. 购车　　　　C. 子女学费　　D. 医药费

E. 投资　　　　　F. 其他

23. 您目前提高家庭收入的困难是（多选题）＿＿＿＿

A. 缺乏投资资金　　　　　　B. 缺乏劳动力

C. 外出打工等增加收入的机会少　D. 农产品价格低

E. 缺乏科技技术　　　　　　F. 农资价格上涨

G. 缺少耕地　　　　　　　　H. 其他（请注明）＿＿＿＿＿＿

24. 搬迁后，政府有没有对定居点扶持的产业＿＿＿＿（A. 有；B. 没有）。

25. 如果有，主要是＿＿＿＿

A. 畜禽养殖   B. 温棚蔬菜   C. 花卉苗木   D. 药材

26. 结合本定居点特点，您认为当地更适合发展什么产业？ _____

A. 养殖业   B. 农业   C. 服务业   D. 工业

27. 你是否参加过技能方面的培训？ _____

A. 是   B. 否

是的话，培训的内容是什么？ _____

28. 培训对你是否有帮助？ _____

A. 帮助很多   B. 有一些帮助   C. 没帮助

您认为当前政府扶持的产业，存在哪些问题？ _____

非常感谢您的配合，调查到此结束。谢谢！

参考文献

［1］Black. R, Sessay M. Refugees and environmental change in West Africa: The role of institutions ［J］. Journal of International Development, 1998（10）: 700-710.

［2］Debbie, Dickinson, Michael, Webber. Environmental resett and development on the steppes of Inner Mongolia, PRC ［J］. Journal of Development Studies, 2007, 43（3）: 7-14.

［3］Du X. L. Ecomigration research in northwest sandstorm area of China ［J］. Legal System and Society, 1999（1）: 287-289.

［4］Kothari. Capitalization versus expensing: Evidence on the uncertainty of future earnings from capital expenditures versus R & Outlays ［J］. Review of Accounting Studies, 2002（7）: 7-14.

［5］Sara R. Curran, Agency, Accountability, and embedded relations: What's love got to do with it? ［J］. Journal of Marriage and Famil, 2002.

［6］Yang Du, Albert Park, Sangui Wang. Migration and rural poverty in China ［J］. Journal of Comparative Economics, 2005（1）: 7-14.

［7］［英］阿姆斯特朗. 区域经济学与区域政策（第三版）［M］. 刘乃全译. 上海: 上海人民出版社, 2007.

［8］阿不力孜·玉苏普, 陈祖群. 生态移民反贫困的实证研究 ［J］. 广西民族大学学报（哲学社会科学版）, 2007（5）.

［9］阿不力孜·玉苏普. 新疆生态移民研究 ［M］. 北京: 中国经济出版社, 2009.

［10］安瓦尔·买买提明, 买托合提·阿那依提, 马合木提·吐尔逊. 流动人

口与乌鲁木齐市的社会经济发展 [J]. 新疆大学学报 （自然科学版），2003 （6）.

[11] 白燕，李静. 新疆生态移民城镇化效应研究 [J]. 新疆社会科学，2016（9）.

[12] 白燕. 社会变迁视域下的新疆生态移民嵌入研究 [J]. 兵团党校学报，2016（2）.

[13] 包智明. 关于生态移民的定义、分类及若干问题 [J]. 中央民族大学学报 （哲学社会科学版），2004（6）.

[14] 陈玉兰，刘维忠，匡延昌，热合曼江·居马. 新疆少数民族地区生态移民的方式及政策研究 [J]. 现代农业科技，2007（22）.

[15] 陈育宁. 绿色之路：宁夏南部山区生态重建研究 [M]. 北京：中国社会科学出版社，2004.

[16] 陈钟祥. 宁夏移民问题的深层透视——对移民安置地后续发展的研究 [J]. 宁夏大学学报 （人文社会科学版），2007（4）.

[17] 东梅，刘算算. 农牧交错带生态移民综合效益评价研究 [M]. 北京：中国社会科学出版社，2011.

[18] 东梅. 生态移民瞄准精度实证研究——以宁夏为例 [J]. 农业技术经济，2011（9）.

[19] 东梅. 生态移民与农民收入——基于宁夏红寺堡移民开发区的实证分析 [J]. 中国农村经济，2006（3）.

[20] 东梅. 双重差分法在生态移民收入效应评价中的应用——以宁夏为例 [J]. 农业技术经济，2010（8）.

[21] 窦营，邓远建. 西北民族地区生态移民的适应性研究——以疏勒河流域东乡族移民为例 [J]. 现代商贸工业，2016（9）.

[22] 范建荣. 移民开发与区域发展——宁夏移民开发的历史、现实与未来 [M]. 银川：宁夏人民出版社，2006.

[23] 方兵，彭志光. 生态移民：西部脱贫与生态环境保护新思路 [M]. 北京：国家行政学院出版社，2007.

[24] 方兵. 加大国债扶贫移民力度，切实保护西部生态环境 [J]. 改革与

战略，2002（1）.

[25] 冯雪红，聂君. 宁夏生态移民地区民族关系评价指标体系构建研究[J]. 烟台大学学报（哲学社会科学版），2014，27（1）.

[26] 冯雪红等. 生态移民：来自青藏高原的民族志报告 [M]. 北京：科学出版社，2018.

[27] 高飞，向德平. 社会治理视角下的精准扶贫的政策启示 [J]. 南京：农业大学学报（社会科学版），2017（7）.

[28] 高培，孙昌龙. 新疆牧区二期生态移民的区域效应 [J]. 水土保持应用技术，2011（6）.

[29] 高新才，丁绪辉，高新雨. 西部生态脆弱地区反贫困模式探究——以甘南州舟曲县为例 [J]. 西藏大学学报（社会科学版），2013，28（4）.

[30] 葛根高娃，乌云巴图. 内蒙古牧区生态移民的概念、问题与对策 [J]. 内蒙古社会科学（汉文版），2003（2）.

[31] 葛志军，邢成举. 精准扶贫：内涵、实践困境及其原因阐释——基于宁夏银川两个村庄的调查 [J]. 贵州社会科学，2015（5）.

[32] 何红，王淑新. 生态移民技能培训需求意愿及其影响因素分析——基于对汉中市移民安置点的调查[J]. 陕西理工学院学报（社会科学版），2017（2）.

[33] 赫黎仁，樊元，郝哲欧等. SPSS实用统计分析 [M]. 北京：中国水利水电出版社，2003.

[34] 侯东民，张耀军，孟向京等. 西部生态移民跟踪调查——兼对西部扶贫战略的再思考 [J]. 人口与经济，2014（3）.

[35] 胡振军，黎与. 关于发展青海三江源生态移民后续产业建议 [J]. 现代农业科技，2009（3）.

[36] 黄桂华，黄立峰. 生态移民地区跨越式发展的思考——以宁夏吴忠市红寺堡区为例 [J]. 贵州民族研究，2010（2）.

[37] 黄桂华. 生态移民地区新农村建设与跨越式发展的调研与思考：以宁夏回族自治区为例 [M]. 银川：宁夏人民出版社，2010.

[38] 贾耀峰. 中国生态移民效益评估研究综述 [J]. 资源科学，2016，38

(8).

[39] 江波，赵利生. 从牧民到农民——对甘肃裕固族黄土坡—双海子移民项目村的一项人类学思考 [J]. 西北民族研究，2007（11）.

[40] 靳薇. 青海三江源生态移民现状调查报告 [J]. 科学社会主义，2014（1）.

[41] 黎志俊. 果洛州生态移民后续产业发展对策 [J]. 青海金融，2015（1）.

[42] 李芙琴等. 浅析三江源区生态移民后续产业发展存在的问题及对策 [J]. 草业与畜牧，2010（1）.

[43] 李宁，龚世俊. 论宁夏地区生态移民 [J]. 哈尔滨工业大学学报（哲学社会科学版），2003（1）.

[44] 李培林，王晓毅. 生态移民与发展转型——宁夏移民与扶贫研究 [M]. 北京：社会科学文献出版社，2013.

[45] 李朋. Excel 统计分析实例精讲 [M]. 北京：科学出版社，2006.

[46] 李笑春，陈智等. 对生态移民的理性思考——以浑善达克沙地为例 [J]. 内蒙古大学学报（人文社会科学版），2004（9）.

[47] 李耀松，许芬，李霞. 宁夏生态移民可持续发展研究 [J]. 宁夏社会科学，2012（1）.

[48] 李裕瑞，曹智，郑小玉，刘彦随. 我国实施精准扶贫的区域模式与可持续途径 [J]. 中国科学院院刊，2016（3）.

[49] 李宗远，陈化育. 三江源教育生态系列研究报告——关于玉树藏族移民教育问题的调研 [J]. 青藏高原论坛，2016（3）.

[50] 梁倩. 三江源生态移民后续产业发展困境及对策研究 [J]. 山东农业工程学院学报，2014（4）.

[51] 刘长庚，田龙鹏，陈彬. 经济制度变迁、包容性增长与收入分配 [J]. 财经科学，2016（1）.

[52] 刘海池. 蒙古族聚居区反贫困攻略中的生态移民——以通辽市为例 [J]. 民族论坛，2011（14）.

[53] 刘伟，蔡志洲. 完善国民收入分配与深化供给侧结构改革 [J]. 经济

研究，2017（8）.

[54] 刘学敏，陈静. 生态移民、城镇化与产业发展——对西北地区城镇化的调查与思考[J]. 中国特色社会主义研究，2002（2）.

[55] 刘学敏. 西北地区生态移民的效果与问题探讨[J]. 中国农村经济，2002（4）.

[56] 刘彦随，周扬，刘继来. 中国农村贫困化地域分异特征及其精准扶贫策略[J]. 中国科学院院刊，2016（3）.

[57] 鲁顺元. 三江源地区生态移民与社会适应问题的调查与思考[J]. 青海师范大学学报，2007（1）.

[58] 鲁顺元. 生态移民理论与青海的移民实践[J]. 青海社会科学，2008（6）.

[59] 马玉成. 三江源生态移民后续产业发展的对策措施[J]. 农业经济，2007（12）.

[60] 孟向京. 三江源生态移民选择性及对三江源生态移民效果影响评析[J]. 人口与发展，2011（4）.

[61] 闵文义. 西北地区民族关系与经济社会和谐发展调研报告集[M]. 银川：宁夏人民出版社，2012.

[62] 莫光辉，张玉雪. 大数据背景下的精准扶贫模式创新路径——精准扶贫绩效提升机制系列研究之十[J]. 理论与改革，2017（1）.

[63] 纳慧. 宁夏红寺堡生态移民经济效益提升的调研分析[J]. 北方民族大学学报（哲学社会科学版），2016（3）.

[64] 聂君，范建荣，刘学武. 宁夏生态移民地区社会稳定评估研究[J]. 三峡大学学报（人文社会科学版），2014，36（2）.

[65] 宁夏回族自治区发展和改革委员会，宁夏中南部地区生态移民领导小组办公室，宁夏回族自治区移民局. 宁夏中南部地区生态移民政策汇编[Z]. 2011.

[66] 牛璇. 三江源地区生态移民主观幸福感研究[J]. 湖北民族学院学报（哲学社会科学版），2018（1）.

[67] 皮海峰. 小康社会与生态移民[J]. 农村经济，2004（6）.

[68] 祁进玉. 三江源地区生态移民的社会适应性与社区文化重建研究 [J]. 中央民族大学学报（哲学社会科学版），2015（5）.

[69] 任保平，王蓉. 经济增长质量价值判断体系的逻辑探究及其构建 [J]. 学术月刊，2013（3）.

[70] 任善英，朱广印. 三江源生态移民后续产业发展机制研究 [J]. 生态经济，2012（10）.

[71] 任耀武，袁国宝，季凤瑚. 试论三峡库区生态移民 [J]. 农业现代化研究，1993，14（1）.

[72] 邵红伟，靳涛. 收入分配的库兹涅茨倒 U 曲线——跨国横截面和面板数据的再实证 [J]. 中国工业经济，2016（4）.

[73] 史俊宏. 基于 PSR 模型的生态移民安置区可持续发展指标体系构建及评估方法研究 [J]. 西北人口，2010（4）.

[74] 史俊宏. 少数民族牧区生态移民可持续发展战略研究 [J]. 生态经济，2015（10）.

[75] 束锡红，聂君，樊晔. 精准扶贫视域下宁夏生态移民生计方式变迁与多元发展 [J]. 宁夏社会科学，2017（9）.

[76] 索端智. 三江源生态移民的城镇化安置及其适应性研究 [J]. 青海民族学院学报（社会科学版），2009（4）.

[77] 邰秀军，畅冬妮，郭颖. 宁夏生态移民居住安置方式的减贫效果分析 [J]. 干旱区资源与环境，2017（4）.

[78] 汤榕，邹玉忠，许静怡，张闽剑，罗桥. 生态移民前后生活状况比较和对策研究 [J]. 世界最新医学信息文摘，2015，15（46）.

[79] 唐宏，张新焕，杨德刚. 农户生态移民意愿及影响因素研究——基于新疆三江河流域的农户调查 [J]. 自然资源学报，2011（10）.

[80] 童玉芬. 新疆塔里木河流域人口增长、水资源与沙漠化的关系 [J]. 人口学刊，2006（1）.

[81] 汪有奎等. 甘肃祁连山国家级自然保护区森林生态系统服务价值评估 [J]. 中国沙漠，2013（9）.

[82] 王朝良. 吊庄式移民开发：回族地区生态移民基地创建与发展

[M]. 北京：中国社会科学出版社，2005.

[83] 王丹莉. 失地生态移民"生活满意度"影响因素的实证研究 [J]. 南方农村，2017（4）.

[84] 王桂芬. 生态移民经济效益指标体系的构建及对贫困村瞄准效率的实证研究——来自宁夏农户的调查分析 [J]. 生态经济，2010（11）.

[85] 王国勇，邢溦. 我国精准扶贫工作机制问题探析 [J]. 农村经济，2015（9）.

[86] 王海飞. 移民定居与社区发展——对河西走廊少数民族两种类型定居点的调查 [J]. 西北民族大学学报（哲学社会科学版），2014（5）.

[87] 王娜，杨文健. 生态移民精准扶贫：显示困境、内在悖论与对策 [J]. 开发研究，2016（8）.

[88] 王培先. 生态移民：小城镇建设与西部发展 [J]. 国土经济，2000（6）.

[89] 王平，温丽. 宁夏生态移民可持续发展面临的挑战和对策 [J]. 中共银川市委党校学报，2017（6）.

[90] 王汝发. 西北地区生态环境问题再思考——以甘肃敦煌地区为例 [J]. 三峡大学学报（人文社会科学版），2008（9）.

[91] 王晓毅. 生态移民与精准扶贫 [M]. 北京：社会科学文献出版社，2017.

[92] 王晓毅. 易地搬迁与精准扶贫：宁夏生态移民再考察 [J]. 新视野，2017（3）.

[93] 温生辉. 实行休牧育草搞好"三江源区"生态保护和建设 [J]. 中国农村经济，2000（10）.

[94] 吴丹，曹巍，邵全琴，赵志平. 三江源地区草地退化对土壤含水量的影响 [J]. 南京林业大学学报（自然科学版），2018（42）.

[95] 吴殿廷. 区域经济学（第二版）[M]. 北京：科学出版社，2009.

[96] 吴海鹰. 挑战贫困：宁夏农村扶贫开发 20 年回顾与展望 [M]. 银川：宁夏人民出版社，2008.

[97] 吴琼. 新疆塔吉克族开发性生态移民建设中的几个问题——基于对

塔吉克阿巴提镇生态移民搬迁的调研［J］. 新疆大学学报（哲学人文社会科学版），2009（9）.

［98］袭勇，李林，唐利，章宜. 移民项目的低碳经济评价指标体系研究［J］. 华东经济管理，2013（10）.

［99］辛瑞萍，朱丽敏，谢萌. 三江源生态移民的生计发展困境与建立可持续生计的策略——基于青海省囊谦县的实地调查［J］. 济南大学学报，2017（1）.

［100］新疆维吾尔自治区概况编写组. 新疆维吾尔自治区概况［M］. 乌鲁木齐：新疆人民出版社，1985.

［101］杨蓉，米文宝，陈丽，郑佳. 宁夏南部山区的生态贫困与反贫困［J］. 水土保持研究，2005（4）.

［102］杨生银. 西部生态移民的经济效益评价研究——以宁夏红寺堡开发区为例［J］. 特区经济，2011（10）.

［103］杨文静. 绿色发展框架下精准扶贫新思考［J］. 青海社会科学，2016（5）.

［104］杨显明，米文宝，齐拓野，程子彪. 宁夏生态移民效益评价研究［J］. 干旱区资源与环境，2013（4）.

［105］杨显明，米文宝，齐拓野，陈子彪. 宁夏生态移民效益评价研究［J］. 干旱资源与环境，2013（2）.

［106］詹姆斯等. 经济地理学：区域和国家一体化［M］. 北京：中国人民大学出版社，2011.

［107］张京泽，任维桢. 红寺堡生态移民区域发展新视角［M］. 银川：黄河出版传媒集团，宁夏人民出版社，2013.

［108］张立，张连辰. 三江源地区生态移民的生存现状及其权益保障［J］. 长春教育学院学报，2014（8）.

［109］张丽君，刘云喜. 牧区生态移民安置的效益评估及其指标体系研究［M］. 北京：中国经济出版社，2015.

［110］张丽君. 中国牧区生态移民可持续发展实践及对策研究［J］. 民族研究，2013（1）.

［111］张灵俐，刘俊浩. 新疆生态移民工程与牧民定居工程关系比较研究 ［J］. 石河子大学学报（哲学社会科学版），2013（10）.

［112］张灵俐，安晓平. 论新疆生态移民的反贫困作用 ［J］. 贵州民族研究，2014（5）.

［113］张涛，袁辕，张志良. 移民效益评估理论与方法 ［J］. 中国人口科学，1997（6）.

［114］张伟，张爱国. 我国中西部生态移民的效益分析 ［J］. 山西师范大学学报（自然科学版），2016（12）.

［115］张英. 新疆生态移民的特点 ［J］. 水利规划与设计，2013（2）.

［116］张永红，张永明. 宁夏吴忠红寺堡区酿酒葡萄产业发展现状及对策 ［J］. 宁夏农林科技，2016（10）.

［117］张瑜. 宁夏生态移民政策供给缺陷与原因分析 ［J］. 北方民族大学学报（哲学社会科学版），2016（9）.

［118］赵晓峰，邢成举. 农民合作社与精准扶贫协同发展机制构建：理论逻辑与实践路径 ［J］. 农业经济问题，2016（4）.

［119］赵雪雁. 高寒牧区生态移民、牧民定居的调查与思考——以甘南牧区为例 ［J］. 中国草地学报，2007（2）.

［120］周建，施国庆，李菁怡. 生态移民政策与效果探析——以新疆塔里木河流域轮台县生态移民为例 ［J］. 水利经济，2009（9）.

［121］周克全. 甘肃民族地区生态与经济社会发展基本问题研究——基于甘肃省甘南藏族自治州的调查 ［J］. 开发研究，2014（12）.

［122］周宇. 三江源生态移民后续产业发展的经济人类学个案研究 ［J］. 黔南民族师范学院学报，2015（3）.

［123］踪家峰. 城市与区域经济学 ［M］. 北京：北京大学出版社，2016.

后　记

国家社科基金项目"西北民族地区生态移民的经济绩效评价研究"暂告一段落。本书的视角主要从经济、社会、生态三个方面对西北民族地区生态移民取得的成效进行评价，探寻存在的问题及其成因，并提出相应的对策建议。对于该问题的研究，尚不够深入和细致，还应当在移民后续的产业发展问题，搬迁居民生计可持续发展问题上，做进一步的深入研究。一路走来，最大的感触便是，做任何事情都需要有严谨、认真的态度以及踏踏实实的践行。

本书的完成得益于很多人的帮助。感谢挚爱的家人给我默默的支持。感谢领导和同事们给予我关心和帮助。感谢研究过程中提供数据、提供机会的各相关单位。感谢调研中帮我完成问卷的村民朋友们，他们的朴实和善良让我感动。感谢亲爱的朋友、亲爱的学生们。